Steffen Bender
Virtuelles Erinnern

Steffen Bender (Dr. phil.) war als Postdoktorand am Historischen Seminar der Eberhard Karls Universität Tübingen tätig. Seine Forschungsschwerpunkte liegen auf der Geschichte des deutschen Kaiserreichs, Erinnerungskultur und Gedenken.

STEFFEN BENDER

Virtuelles Erinnern

Kriege des 20. Jahrhunderts in Computerspielen

[transcript]

Die Ausarbeitung der vorliegenden Studie wurde durch die Fritz Thyssen Stiftung im Rahmen eines Stipendiums gefördert.

Gedruckt mit Unterstützung der Fritz Thyssen Stiftung

Bibliografische Information der Deutschen Nationalbibliothek
Die Deutsche Nationalbibliothek verzeichnet diese Publikation in der Deutschen Nationalbibliografie; detaillierte bibliografische Daten sind im Internet über http://dnb.d-nb.de abrufbar.

Umschlaggestaltung: Kordula Röckenhaus, Bielefeld
Umschlagabbildung: © Orhan Cam – Fotolia
Lektorat & Satz: Steffen Bender
Druck: Majuskel Medienproduktion GmbH, Wetzlar
ISBN 978-3-8376-2186-0

Gedruckt auf alterungsbeständigem Papier mit chlorfrei gebleichtem Zellstoff.
Besuchen Sie uns im Internet: *http://www.transcript-verlag.de*
Bitte fordern Sie unser Gesamtverzeichnis und andere Broschüren an unter: *info@transcript-verlag.de*

Inhalt

Vorwort

In den vergangenen zwei Jahren bin ich zum hochdekorierten Kriegsveteranen geworden. Ich habe Armeen in die Materialschlachten von Verdun geführt und den ‚Roten Baron' in seinem Dreidecker abgeschossen. Ich bin unzählige Male am 6. Juni 1944 aus Landungsbooten gesprungen und habe Strände in der Normandie gestürmt. Hinter feindlichen Linien habe ich Sabotageakte verübt, in den Tiefen des Meeres bin ich auf Feindfahrt gegangen. Ich habe die rote Fahne auf dem Berliner Reichstag gehisst. Pazifikatolle habe ich von der japanischen Besatzung befreit, im Dschungel Südostasiens habe ich nach Vietkong Ausschau gehalten. Ich habe mehrmals den Atomkrieg verhindert, um ihn an anderen Tagen an Kontrolltafeln zu führen. Ich bin ungezählte Male verwundet worden und gestorben, um nach einem Tastendruck wieder aufzuerstehen. Und ich bin froh, dies alles nur am Computerbildschirm erlebt zu haben.

Auch wenn sich meine Kriegserfahrungen glücklicherweise auf den virtuellen Raum der Computerspiele beschränken, fand die Arbeit an der vorliegenden Studie in der realen Wirklichkeit statt, in der ich von verschiedenen Seiten in vielfältiger Weise unterstützt worden bin. Ein besonderer Dank gilt der ‚Fritz Thyssen Stiftung für Wissenschaftsförderung', die die Ausarbeitung des Projektes mit der Vergabe eines Stipendiums ermöglicht hat. Prof. Dr. Ewald Frie hat mich als Postdoktorand an seinem Lehrstuhl an der Eberhard Karls Universität Tübingen aufgenommen und die Entstehung meines Projektes, das wenig bis nichts mit der Geschichte des 19. Jahrhunderts zu tun hat, interessiert begleitet. Bedanken möchte ich mich auch bei den Studierenden, die in den Sommersemestern 2010 und 2011 an Veranstaltungen teilgenommen haben, die ich zum Thema Geschichte und Computerspiele in Tübingen angeboten habe; ihre kritischen

Nachfragen und Hinweise haben mir zahlreiche Impulse für die Ausarbeitung meines Projektes gegeben. Prof. Dr. Angela Schwarz und Jan Pasternak von der Universität Siegen danke ich für die zahllosen anregenden und inspirierenden Gespräche, bei denen ich mich mit anderen Historikern austauschen konnte, die Computerspiele als geschichtliche Vermittlungsmedien verstehen. Gregor Leineweber stand mir mit Rat und Tat zur Seite, wenn der Computer nicht meinem Willen folgen wollte oder meinen Willen nicht verstanden hat. Von Stefan Butters profundem Wissen durfte ich immer dann profitieren, wenn Fragen zu Spielfilmen aufkamen. Julia Schmid danke ich für ihre Unterstützung im Fachlichen und im Privaten; sie war erneut so umfassend, dass es den Rahmen eines Vorworts sprengen würde, sie an dieser Stelle auszuführen.

Tübingen, im Frühsommer 2012   Steffen Bender

Einleitung

Im Herbst 2010 wurde virtuelle Geschichte zum Gegenstand einer geschichtspolitischen Auseinandersetzung über ein sensibles Thema der deutschen Vergangenheit. Ende September machte die BILD-Zeitung unter dem Titel „Widerwärtig!" auf das Projekt eines Karlsruher Studenten aufmerksam.[1] Jens Stober hatte als Diplomarbeit an der ‚Staatlichen Hochschule für Gestaltung' ein Computerspiel auf der technischen Grundlage des First-Person-Shooters *Half-Life 2* entwickelt.[2] Die Modifikation trägt den Titel *1378 (km)*, so benannt nach der Länge der Grenze, die die beiden deutschen Staaten bis 1989 getrennt hatte. In *1378 (km)* ist ein Abschnitt der innerdeutschen Grenze im Jahr 1976 nachmodelliert. Die Spieler werden in zwei

---

1 *Widerwärtig! DDR-Todesstreifen als Ballerspiel*, in: BILD vom 29.09.2010. Der ‚Deutsche Presserat' missbilligte im Dezember 2010 die Berichterstattung der BILD über *1378 (km)* aufgrund einer Beschwerde der ‚Staatlichen Hochschule für Gestaltung' sowohl dieses als auch eines entsprechenden Artikels in der Onlineausgabe: Sachlich falsche Behauptungen über das Spiel bewertete der Beschwerdeausschuss des Presserates als schwerwiegende „Verstöße gegen die publizistischen Grundsätze", namentlich die Sorgfaltspflicht. Siehe *Presserat missbilligt BILD-Berichterstattung*, 17.12.2009, in: Staatliche Hochschule für Gestaltung, URL: http://www.hfg-karlsruhe.de/news/presserat-missbilligt-bild-berichterstattung.html [Stand: 30.01.2012]. Vgl. den Artikel der Onlineausgabe *So widerwärtig! Die Morde am Todesstreifen als Online-Spiel*, 28.09.2010, in: bild.de, URL: www.bild.de/news/2010/news/computergame-simuliert-todes-schuetzen-grenzsoldaten-fluechtlinge-14115618.bild.html [Stand: 30.01.2012].

2 Siehe *Half-Life 2* (PC, Microsoft Xbox), Entwicklung: Valve, Vertrieb: Sierra Entertainment, 2004.

Gruppen aufgeteilt: Als Flüchtlinge müssen sie versuchen, die Grenzanlagen zu überwinden und von der DDR in die Bundesrepublik zu fliehen, als Grenzsoldaten der DDR ist es ihre Aufgabe, die Flüchtlinge daran zu hindern. Den Grenzsoldaten stehen dabei zwei Möglichkeiten zur Verfügung: Sie können die Flüchtlinge einfangen und damit verhaften, sie können sie jedoch auch erschießen, sobald diese den ‚Todesstreifen' betreten haben. Erschießt ein Grenzsoldat einen der unbewaffneten Flüchtlinge, erscheint eine Einblendung mit der Information, dass er einen Orden verliehen bekommen habe; tötet er jedoch drei Flüchtlinge, wird er aus der Spielrunde genommen und findet sich im Jahr 2000 in einem Gerichtssaal wieder, wo er in einem Mauerschützenprozess auf der Anklagebank Platz nimmt. Stober kündigte die Veröffentlichung von *1378 (km)*, das kostenlos heruntergeladen und als Multiplayer-Spiel mit anderen Spielern im Internet gespielt werden kann, für den 3.10.2010 an – es handelte sich um den 20. Jahrestag der deutschen Wiedervereinigung.[3]

Ausgehend von diesem Artikel in der BILD-Zeitung setzte eine breite mediale Debatte über *1378 (km)* ein. Die Feuilletons aller deutschen, überregionalen Zeitungen diskutierten die Geschichtsdarstellung des Spiels, Nachrichtensendungen der deutschen Fernsehsender hoben das Spiel in ihr Programm, Politiker meldeten sich zu Wort: Die Attribute, die *1378 (km)* verliehen wurden, reichten von „makaber und skandalös" bis hin zu „geschmacklos und dumm", wie sich die Linken-Vorsitzende Gesine Lötzsch ausdrückte, deren Partei sich nur ein halbes Jahr später selbst in eine interne Diskussion über die geschichtspolitische Einordnung der historischen Bedeutung der innerdeutschen Grenze verstricken sollte.[4] Besonders deutlich drangen in der Diskussion um *1378 (km)* die kritischen Stimmen von Vertretern von Opferverbänden und Gedenkstätten durch, die Stober und seine Hochschule dazu aufforderten, das Spiel nicht zu veröffentlichen. Hubertus Knabe, der Direktor der Gedenkstätte Berlin-Hohenschönhausen, die in der ehemaligen Untersuchungshaftanstalt der DDR-Staatssicherheit untergebracht ist, verwies darauf, dass das Spiel für die Angehörigen von Mauer-

---

3   Modifikation *1378 (km)*, Entwicklung: Jens Stober, 2009. Siehe 1378 (km), URL: www.1378km.de [Stand: 30.01.2012].

4   Zitiert nach Anna Fischhaber/Fabian Reinbold: *Kritiker verdammen Mauer-Ballerspiel*, 29.09.2010, in: Spiegel Online, URL: http://www.spiegel.de/politik/deutschland/0,1518,720281,00.html [Stand: 31.01.2012].

toten nicht zu ertragen sei, und ließ sich von der BILD-Zeitung in dem genannten Artikel mit der provokanten Frage zitieren, ob „die Hochschule so etwas auch mit Auschwitz machen würde". Knabe erstattete außerdem Anzeige wegen Gewaltverherrlichung. Der mediale Druck, der gegenüber einer Veröffentlichung von *1378 (km)* aufgebaut wurde, zeigte nach wenigen Tagen Wirkung: Stober und seine Hochschule, die ihn auch in der Diskussion unterstützte, verzichteten darauf, das Spiel wie ursprünglich geplant am ‚Tag der deutschen Einheit' zum Download bereitzustellen. Das Spiel wurde schließlich rund zwei Monate später veröffentlicht, flankiert von einer öffentlichen Diskussionsrunde in der ‚Staatlichen Hochschule für Gestaltung' in Karlsruhe, in der die kontroversen Standpunkte noch einmal aufeinanderprallten. Die mediale Aufmerksamkeit verflüchtigte sich danach wieder weitgehend.

Während Vertreter der Hochschule *1378 (km)* in der Diskussion als Kunstwerk verteidigten, zeigte die Debatte um das Spiel ein grundlegendes Missverständnis zwischen zwei Generationen, die der Pädagoge Marc Prensky mit Blick auf den Umgang mit Kommunikationstechnologien als „digital natives" und „digital immigrants" bezeichnet hat.[5] Während Stober in der Diskussion hervorhob, dass es sich bei *1378 (km)* um ein sogenanntes ‚Serious Game' mit einer klaren Aussageintention handle und es sein Ziel sei, seine Generation für die historische Thematik zu interessieren, indem er sie in ein Medium verpackt habe, das Menschen seines Alters nahe sei, waren Computerspiele für die Kritiker schlicht kein adäquater Rahmen, um sensible historische Themen wie die Flucht aus der DDR, den Schießbefehl und die Mauertoten darzustellen. Diese prinzipielle Ablehnung gegenüber dem Medium als Mittel der Darstellung von Vergangenheit war so stark und grundsätzlich ausgeprägt, dass der während der Diskussion geäu-

---

5 Marc Prensky: *Digital Natives, Digital Immigrants*, in: On the Horizont 9/5 (Oktober 2001); Marc Prensky: *Digital Natives, Digital Immigrants, Part II: Do they really think differently?* in: On the Horizont 9/6 (Dezember 2001). Siehe auch Johann Günther: *Digital Natives & Digital Immigrants*, Innsbruck 2007. Die Grenze zwischen den ‚digitalen Einheimischen' und den ‚digitalen Einwanderern' verläuft um den Geburtenjahrgang 1980: Seit dieser Zeit werden Kinder und Jugendliche im Umgang mit digitalen Technologien unmittelbar sozialisiert, während bei älteren Personen nachträgliche Adaptionen und Aneignungsprozesse stattfinden müssen.

ßerte Vorschlag, sich erst durch das Spielen von *1378 (km)* – zum Zeitpunkt des medialen Höhepunkts der Debatte kannte kaum ein Diskutant das
Spiel – ein Urteil zu bilden, von den Kritikern verworfen wurde. Die
‚Union der Opferverbände Kommunistischer Gewaltherrschaft' sah in dem
Spiel eine „unerträgliche Zumutung"; nach Ansicht ihres Bundesvorsitzen-
den Rainer Wagner bediene es „niedrigste menschliche Instinkte" und leiste
einen „weiteren Beitrag zur Brutalisierung und Enthemmung unserer Gesellschaft unter dem Deckmäntelchen der historischen Aufarbeitung".[6] Eine
konkrete Diskussion des Spiels auf der Grundlage der eigenen Beschäftigung mit *1378 (km)* lehnte Wagner ab: „Ich brauche ein Computerspiel,
dessen Spielspaß darin besteht, unbewaffnete Zivilsten abzuknallen, nicht
unbedingt zu spielen, um es zu kritisieren."[7] Auch Axel Klausmeier, der
Direktor der ‚Stiftung Berliner Mauer', nahm Anstoß daran, dass im Spiel
Flüchtlinge „abgeballert" werden würden: „Die Ernsthaftigkeit dessen, was
sich damals an der Grenze abspielte", so Klausmeier, „kann man so nicht
darstellen".[8] Dass das Schießen auf Flüchtlinge nicht das eigentliche Spielziel von *1378 (km)* ist und von Stober als Möglichkeit implementiert wurde,
um den Spieler vor eine moralische Entscheidung zu stellen, deren Konsequenzen mit der Darstellung des Mauerschützenprozesses im Spiel selbst
unmittelbar verdeutlicht werden, ließen die Kritiker nicht gelten.

Unabhängig von der subjektiv zu beantwortenden Frage, ob bestimmte
historische Thematiken in einem Unterhaltungsmedium adäquat dargestellt
werden können, bleibt als Bestandsaufnahme festzuhalten, dass eine Gruppe von Video- und Computerspielen geschichtliche Ereignisse als Grund-

---

6   *Presserklärung der UOKG*, 29.09.2010, in: Union der Opferverbände Kom-
    munistischer Gewaltherrschaft, URL: www.uokg.de/cms/attachments/2010-09-
    29_PM_UOKG_Game-1378km-Brutalisierung-der-Gesellschaft.pdf [Stand:
    20.02.2012].

7   Zitiert nach *Mauerschützenspiel kurz vor Veröffentlichung*, 09.12.2010, in:
    Focus Online, URL: www.focus.de/digital/games/ego-shooter-1378-km-mauer-
    schuetzenspiel-kurz-vor-veroeffentlichung_aid_580211.html [Stand: 30.01.2012].

8   Zitiert nach *Umstrittenes Computerspiel zum Schießbefehl*, 29.09.2010, in: Welt
    Online, URL: www.welt.de/wirtschaft/webwelt/article9945340/Umstrittenes-
    Computerspiel-zum-Schiessbefehl.html [30.01.2010].

lage wählt und Vergangenheit darstellt.[9] Als Teile einer Massenkultur besitzen diese Spiele eine enorme gesellschaftliche Reichweite, die sich bereits am kommerziellen Erfolg der Spielebranche ablesen lässt, deren Umsätze stetig ansteigen und mittlerweile aus dem Umfeld der Unterhaltungsindustrie immer deutlicher herausragen.[10] Parallel hierzu ist allgemein eine wachsende gesellschaftliche Akzeptanz von Computerspielen zu beobachten: Mit der Aufnahme des ‚Bundesverbandes der Entwickler von Computerspielen GAME' in seine Reihen und dem Ausloben eines Computerspielpreises dokumentierte der ‚Deutsche Kulturrat' im Jahr 2008 den Status der Spielebranche als Teil der Kulturwirtschaft und erkannt ihre Produkte als Gegenstände der Kulturpolitik, förderungswürdiges Kulturgut und Kunstform an.[11] Computerspiele, die Vergangenheit abbilden, sind bereits durch ihre bloße Verbreitung faktisch Teil der populären Geschichtskultur. Zusammen mit anderen medialen Vermittlungsformen stellen sie eine „praktisch wirksame Artikulation von Geschichtsbewußtsein im Leben einer Gesellschaft" dar.[12] Auch wenn der Einfluss, den virtuelle Vergangenheitsdarstellungen auf den geschichtlichen Wissenshorizont des Spielers

---

9 Die Begriffe ‚Videospiel' und ‚Computerspiel', die sich auf unterschiedliche technische Plattformen beziehen, zwischen denen in der Untersuchung nicht unterschieden wird, werden im Folgenden synonym verwendet.

10 Schätzungen gehen von weltweiten Jahresgesamtumsätzen zwischen 25 und 35 Milliarden Euro zum Ende des Jahres 2010 allein mit Spielesoftware aus; nicht eingerechnet sind hierbei die Umsätze mit Hardware wie Spielekonsolen und leistungsstarken Grafikkarten. Für Deutschland wird der Umsatz mit Spielesoftware für das Jahr 2008 mit 1,2 bis 1,7 Milliarden Euro angegeben. Siehe die Zahlen bei Jörg Müller-Lietzkow: *Überblick über die Computer- und Videospieleindustrie*, in: Tobias Bevc (Hrsg.): *Wie wir spielen, was wir werden. Computerspiele in unserer Gesellschaft*, Konstanz 2009, 241-261, hier 242-245.

11 Siehe hierzu den unter der Ägide des ‚Deutschen Kulturrates' entstandenen Sammelband Olaf Zimmermann/Theo Geißler (Hrsg.): *Streitfall Computerspiele. Computerspiele zwischen kultureller Bildung, Kunstfreiheit und Jugendschutz*, 2. erw. Aufl., Berlin 2008.

12 Jörn Rüsen: *Historische Orientierung. Über die Arbeit des Geschichtsbewußtseins, sich in der Zeit zurechtzufinden*, Köln et al. 1994, 213. Siehe auch Jörn Rüsen/Theo Grütter/Klaus Füßmann (Hrsg.): *Historische Faszination. Geschichtskultur heute*, Köln et al. 1994.

nehmen, nicht an den Medieninhalten messbar ist und nur auf der Grundlage breit angelegter, empirisch fundierter Studien erforscht werden kann, darf davon ausgegangen werden, dass Geschichte in Computerspielen konkrete Wirkungen auf das Geschichtsbewusstsein des Mediennutzers hat. Aufgeregte Auseinandersetzungen um die Deutungshoheit über die mediale Vermittlung von Geschichte in Computerspielen, wie sie in der Debatte über *1378 (km)* an einem wenig repräsentativen Beispiel und mit dem Hang zu Skandalisierungen ausgetragen wurden, sind selten; Computerspiele hingegen, die historische Vergangenheit darstellen, sind bereits mitten unter den Trägern, Produzenten und Vermittlern von Geschichtsbildern angekommen. Die grundsätzliche Frage, ob Computerspiele überhaupt Vermittlungsinstanzen für Geschichte sein können und sollten, scheint sich daher nicht zu stellen: Bislang weitgehend unbeobachtet von Historikern treten Computerspiele tatsächlich genau als solche auf; sie entwerfen historische Narrative, konstruieren Wirklichkeitsvorstellungen von der Vergangenheit und generieren damit Geschichtsbilder, deren Relevanz mit Bezug auf ihre bloße Verbreitung nicht überschätzt werden kann.

Als gesellschaftliches und kulturelles Phänomen sind Computerspiele in zahlreichen wissenschaftlichen Disziplinen zum Untersuchungsgegenstand geworden. Psychologische, medienpädagogische, neurobiologische und kriminalistische Studien beschäftigen sich mit Medienwirkungen und der Frage, inwieweit explizite Gewaltdarstellungen in Computerspielen und das Nachvollziehen gewalttätiger Handlungen im Spiel Einfluss auf das Verhalten des Spielers in der Realität nehmen können und auf die Sozialisation von Jugendlichen einwirken.[13] Besonders in Deutschland reproduziert diese wissenschaftliche Beschäftigung mit Gewalt in Computerspielen die öffentlich und politisch geführte ‚Killerspiel-Debatte' um die Frage nach einem erschwerten Zugang zu Computerspielen mit expliziter Gewaltdar-

---

13 Siehe aus der Vielzahl von Studien Craig A. Anderson/Douglas A. Gentile/ Katherine E. Buckley: *Violent Video Game Effects on Children and Adolescents. Theory, Research, and Public Policy*, Oxford 2007; aus dem Bereich der Psychologie siehe Esther Köhler: *Computerspiele und Gewalt. Eine psychologische Entwarnung*, Heidelberg 2008; aus dem Bereich der Neurobiologie siehe Rene Weber/Ute Ritterfeld/Klaus Mathiak: *Does Playing Violent Video Games Induce Aggression? Empirical Evidence of a Functional Magnetic Resonance Imaging Study*, in: Media Psychology 8/1, 39-60.

stellung oder sogar ihrem Verbot.[14] Abseits dieser Diskussionen, in denen über die Gewaltfrage und ihre gesellschaftlichen Effekte gestritten wird, betrachten empirische Untersuchungen aus dem Bereich der Medienwissenschaften das Nutzungsverhalten von Computerspielern, die auch hier im Mittelpunkt des Interesses stehen.[15] Mit Blick auf die Darstellung sozialer Wirklichkeit in den Spielen selbst wenden sich inhaltsanalytische Studien verschiedener Disziplinen etwa Geschlechterrepräsentationen zu und untersuchen virtuelle Politik- und Gesellschaftsmodelle in Computerspielen.[16] Bezogen auf eine konstatierte Militarisierung der Gesellschaft und ihre Wechselwirkungen mit Computerspielen, die kriegerische Auseinandersetzungen zeigen, werden Spiele unter den Stichworten ‚Banal Militarism' und ‚Militainment' an der Seite anderer Unterhaltungsmedien kulturwissenschaftlich untersucht.[17] Narratologen, die Computerspiele als Erzählungen verstanden und mit literaturwissenschaftlichen Ansätzen erforscht wis-

---

14 Zur Debatte siehe Michael Grunewald: *Vorsicht Computerspiel!* in: ders./Margit Fröhlich/Ursula Taplik (Hrsg.): *Computerspiele. Faszination und Irritation*, Frankfurt am Main 2007, 11-24. Der polemische und in der Debatte kaum definierte Begriff ‚Killerspiel' hat auch Eingang in den politischen Sprachgebrauch gefunden: Im Jahr 2005 verabredeten die an der Bundesregierung beteiligten Parteien in ihrem Koalitionsvertrag, als einen von vier vorrangigen Eckpunkten zur Neuregelung des Jugendschutzes ein „Verbot von ‚Killerspielen'" zu erörtern. *Gemeinsam für Deutschland – mit Mut und Menschlichkeit. Koalitionsvertrag zwischen CDU, CSU und SPD*, 11.11.2005, in: CDU Deutschlands, URL: www.cdu.de/doc/pdf/05_11_11_Koalitionsvertrag.pdf [Stand: 30.01.2012].

15 Siehe etwa Thorsten Quandt/Jeffrey Wimmer/Jens Wolling (Hrsg.): *Die Computerspieler. Studien zur Nutzung von Computergames*, Wiesbaden 2008.

16 Siehe etwa Tobias Bevc (Hrsg.): *Computerspiele und Politik. Zur Konstruktion von Politik und Gesellschaft in Computerspielen*, Berlin 2007. Vgl. den ausführlichen Forschungsüberblick bei Christoph Klimmt: *Empirische Medienforschung. Kommunikationswissenschaftliche Perspektiven auf Computerspiele*, in: Bevc/Zapf, *Wie wir spielen*, 65-74, hier bes. 68-70.

17 Siehe Tanja Thomas/Fabian Virchow (Hrsg.): *Banal Militarism. Zur Veralltäglichung des Militärischen im Zivilen*, Bielefeld 2006; Roger Stahl: *Militainment, Inc. War, Media, and Popular Culture*, New York 2010, bes. 91-138; ferner Hartmut Gieselmann: *Der virtuelle Krieg. Zwischen Schein und Wirklichkeit im Computerspiel*, Hannover 2002.

sen wollen,[18] diskutieren die Deutungshoheit über die wissenschaftliche Analyse von Computerspielen mit Vertretern ludologischer Ansätze, die eigene methodische Werkzeuge und theoretische Fundamente zur Beschäftigung mit Spielen entwickeln und sich als eigenständiges, interdisziplinär begründetes Fach etablieren möchten.[19]

Obwohl beobachtet werden kann, dass sich die Geschichtswissenschaft zunehmend der Darstellung von Geschichte in Unterhaltungsmedien zuwendet,[20] beginnen Historiker erst langsam damit, Computerspiele als Untersuchungsgegenstand zu entdecken. Inhaltsanalytische Untersuchungen zur Darstellung von Geschichte in Computerspielen sind bislang nur punktuell auffindbar.[21] Die wissenschaftliche Beschäftigung mit Spielen, die in historischen Szenarien angesiedelt sind, ist bislang fast ausschließlich das Metier der Geschichtsdidaktik geblieben, deren Erkenntnisinteresse in

---

18 Siehe den Forschungsüberblick bei Julian Kücklich: *Narratologische Ansätze – Computerspiele als Erzählungen*, in: Bevc/Zapf, *Wie wir spielen*, 27-48.

19 Siehe den Forschungsüberblick bei Alexander Weiß: *Ludologie, Arguing im Spiel und die Spieler-Avatar-Differenz als Allegorie auf die Postmoderne*, in: Bevc/Zapf, *Wie wir spielen*, 49-63. Vgl. auch den programmatischen Text der sich begründenden ‚Game Studies' bei Espen Aarseth: *Computer Game Studies, Year One*, in: Game Studies. The International Journal of Computer Game Research 1/1 (Juli 2001), URL: http://www.gamestudies.org/0101/editorial.html [Stand: 30.01.2012].

20 Siehe etwa Thomas Fischer: *Alles authentisch? Popularisierung der Geschichte im Fernsehen*, Konstanz 2008; Vadim Oswald/Hans-Jürgen Pandel: *Geschichtskultur. Die Anwesenheit von Vergangenheit in der Gegenwart*, Schwalbach am Taunus 2009. Weiterhin die Publikationen der an der Albert-Ludwigs-Universität Freiburg im Breisgau angesiedelten DFG-Forschergruppe ‚Historische Lebenswelten in populären Wissenskulturen der Gegenwart' wie etwa Wolfgang Hochbruck/Judith Schlehe/Carolyn Oesterle/Michikio Uike-Bormann (Hrsg.): *Staging the Past. Themed Environments in Transcultural Perspective*, Bielefeld 2010.

21 Als Beginn einer breiten fachwissenschaftlichen Auseinandersetzung mit Geschichte in Computerspielen kann gelten Angela Schwarz (Hrsg.): ‚*Wollten Sie auch schon immer einmal pestverseuchte Kühe auf Ihre Gegner werfen?' Eine fachwissenschaftliche Annäherung an Geschichte im Computerspiel*, Münster 2010.

der Frage besteht, ob derartige Spiele mit pädagogischem und didaktischem Gewinn im Geschichtsunterricht eingesetzt werden können.[22] Dieser Zugang bringt jedoch gerade bei der Untersuchung von Produkten einer gewinnorientierten Unterhaltungsindustrie grundsätzliche Probleme mit sich, die die Ergebnisse bereits stark präfigurieren: Zum einen muss die Suche nach lehrreichen Aspekten Maßstäbe und Kriterien anlegen, die die Spiele gar nicht erfüllen und bedienen möchten; sofern es sich nicht um ‚Serious Games' handelt, ist ein dezidiert didaktischer Nutzen bei den Computerspielen mit einem geschichtlichen Hintergrund nicht primär intendiert. Zum anderen erhält eine Mehrzahl der Spiele, die in kriegerischen Szenarien angesiedelt sind, aufgrund expliziter Gewaltdarstellungen von den zuständigen Prüfbehörden gerade in Deutschland hoch angesetzte Altersfreigaben; da diese Spiele einer Mehrheit der Schüler aus rein rechtlichen Gründen nicht zugänglich gemacht werden dürfen und somit für den Geschichtsunterricht nicht verwendbar sind, entgeht dem geschichtsdidaktischen Blick eine Gruppe von Spielen, die weit verbreitet ist und deren Inhalten damit eine nicht zu vernachlässigende Reichweite zukommt. Eine fachwissenschaftliche Beschäftigung mit Computerspielen erscheint jedoch auch über diese Kritikpunkte hinaus notwendig zu sein. Angela Schwarz hat jüngst in einem grundlegenden Beitrag über die Funktionen von Geschichte in Computerspielen zu Recht betont, dass „man dieses Feld nicht der Geschichtsdidaktik allein überlassen" sollte, und darauf hingewiesen, dass Computerspiele als „Teil der Kultur und im Besonderen der Geschichtskultur [...] zu den Formen der öffentlichen Präsenz und Präsentation von Geschichte" zu zählen sind.[23] Von einer derartigen, kulturwissenschaftlich fundierten Perspektive ausgehend, scheint es heuristisch wenig gewinnbringend zu sein, sich auf fachwissenschaftlicher Seite an – häufig so apostrophierten – narrativen Unstimmigkeiten und faktischen Schwächen der Geschichtsdarstellungen in Computerspielen abzuarbeiten und zu versuchen, „als Sachwalter der Vergangenheit [...] schiefe, primitive oder gar blutige und gewaltver-

---

22 Siehe etwa Waldemar Grosch: *Computerspiele im Geschichtsunterricht*, Schwalbach am Taunus 2002.

23 Angela Schwarz: ‚*Wollen Sie wirklich nicht weiter versuchen, diese Welt zu dominieren?' Geschichte in Computerspielen*, in: Barbara Korte/Sylvia Paletschek (Hrsg.): *History Goes Pop. Zur Repräsentation von Geschichte in populären Medien und Genres*, Bielefeld 2009, 313-340, hier 318.

herrlichende Geschichtsbilder zu korrigieren";[24] diese Art der Untersuchung nach den Kriterien eines absolut gedachten historischen Verismus verfällt ihrerseits wieder in ein wertendes Muster und versucht die Darstellung von Vergangenheit in Computerspielen nach Qualitätsmerkmalen abzuklopfen, die kaum quantifizierbar und objektivierbar sein dürften. Auch hier bleibt festzuhalten, dass es sich bei den Computerspielen mit historischen Inhalten um die Produkte eine gewinnorientierten Unterhaltungsindustrie handelt, deren Ziel nicht darin besteht, die Ergebnisse geschichtswissenschaftlicher Forschung im Medium des Computerspieles abzubilden oder didaktische Lernsoftware zu produzieren. Auch die von den Hersteller immer wieder zu Werbezwecken vorgebrachten Authentizitäts- und Realismusversprechen können nicht als Maßstab für eine fachwissenschaftliche Untersuchung dienen; sie sind vielmehr kritisch in Frage zu stellen und daraufhin zu prüfen, welche Funktionen sie für die Computerspiele einnehmen.

Eine Untersuchung von Computerspielen mit einem historischen Hintergrund sollte sich daher nicht primär mit dem bloßen Aufrechnen und der Beschreibung von geschichtlichen Darstellungen als defizitär aufhalten, da diese einem rein fachwissenschaftlichen Blick ohnehin kaum standhalten können – es aber auch nicht wollen und müssen. Die Grundannahme, dass Computerspiele, die historische Szenarien darstellen, Teil der populären Geschichtskultur sind, in der Medien Vergangenheit abbilden, historische Narrative entwickeln und damit Geschichtsbilder generieren, bietet eine weiterführende Perspektive an, die einen Zugang zu diesen nicht wissenschaftlichen, aber gesellschaftlich wirkmächtigen Vorstellungen und Konstruktionen von Geschichte verspricht. Ansätze der *Cultural Memory Studies*, die auf dem Konzept der ‚Erinnerungskultur' und der ‚Theorie des Kollektiven Gedächtnisses' fußen, wie sie auf der Grundlage der Arbeiten von Maurice Halbwachs und in Weiterentwicklung durch Pierre Nora entstanden sind,[25] haben sich bei der Untersuchung von medialen Repräsen-

---

24 Thomas Fischer: *Bildschirmgeschichtsbilder*, in: Thomas Stamm-Kuhlmann u.a. (Hrsg.): *Geschichtsbilder. Festschrift für Michael Salewski zum 65. Geburtstag*, Stuttgart 2003, 617-629, hier 627.

25 Siehe Maurice Halbwachs: *Das kollektive Gedächtnis*, Frankfurt am Main 1991; Pierre Nora: *Zwischen Geschichte und Gedächtnis*, Berlin 1990. Für einen Überblick über die aktuelle Forschung und ihre Untersuchungsfelder siehe Astrid

tationen historischer Vergangenheit bereits vielfach als fruchtbar erwiesen; es scheint nichts dagegen zu sprechen, sie auch auf Computerspiele und die von ihnen konstruierten Geschichtsbilder anzuwenden.

Als kollektive Erinnerungsformen haben Aleida und Jan Assmann das ‚kommunikative' und das ‚kulturelle Gedächtnis' ausdifferenziert: Während das ‚kommunikative Gedächtnis' durch zeitgeschichtliche und zeitgenössische Kollektiverinnerungen geprägt und „an die Existenz der lebendigen Träger und Kommunikatoren von Erfahrung gebunden" ist,[26] ist das ‚kulturelle Gedächtnis' in einem weiteren zeitlichen Rahmen ein „kollektiv geteiltes Wissen vorzugsweise (aber nicht ausschließlich) über die Vergangenheit, auf das eine Gruppe ihr Bewusstsein von Eigenheit und Eigenart stützt".[27] Im ‚kulturellen Gedächtnis', das gesellschafts- und epochenbedingt definiert wird, gerinnt „Vergangenheit [...] zu symbolischen Figuren, an die sich die Erinnerung heftet. [...] Für das kulturelle Gedächtnis zählt nicht faktische, sondern nur erinnerte Geschichte."[28] Das Konzept der ‚Erinnerungskultur' kann als „formaler Oberbegriff für alle denkbaren Formen der bewussten Erinnerung an historische Ereignisse, Persönlichkeiten und Prozesse" dienen; es umschließt „neben Formen des ahistori-

---

Erll/Ansgar Nünning (Hrsg.): *Cultural Memory Studies. An International and Interdisciplinary Handbook*, Berlin 2008.

26 Harald Welzer: *Das kommunikative Gedächtnis und woraus es besteht*, in: Michael C. Frank/Gabriele Rippl (Hrsg.): *Arbeit am Gedächtnis. Für Aleida Assmann*, München 2007, 47-62, hier 48. Vgl. auch Harald Welzer: *Das kommunikative Gedächtnis. Eine Theorie der Erinnerung*, München 2002.

27 Jan Assmann: *Kollektives Gedächtnis und kulturelle Identität*, in: ders./Tonio Hölscher (Hrsg.): *Kultur und Gedächtnis*, Frankfurt am Main 1988, 9-19, hier 15. Aleida und Jan Assmann sprechen bei dieser Unterscheidung auch vom „kommunikative[n] Kurzzeit-Gedächtnis und kulturelle[n] Langzeit-Gedächtnis". Siehe etwa Aleida Assmann/Jan Assmann: *Das Gestern im Heute. Medien und soziales Gedächtnis*, in: Klaus Merten/Siegfried J. Schmidt/Siegfried Weischenberg (Hrsg.): *Die Wirklichkeit der Medien. Eine Einführung in die Kommunikationswissenschaft*, Opladen 1994, 114-140, hier 119-121.

28 Jan Assmann: *Das kulturelle Gedächtnis. Schrift, Erinnerung und politische Identität in frühen Hochkulturen*, 2. durchges. Aufl., München 1997, 52.

schen oder sogar anti-historischen kollektiven Gedächtnisses alle anderen Repräsentationsmodi von Geschichte".[29]

Das ‚kollektive Gedächtnis' existiert in der Trägerschaft seiner Medien, die als Manifestationen der Kollektiverinnerung fungieren. Hierzu zählen organische Gedächtnisse ebenso wie Riten, Feste, Denkmäler, Texte sowie bewegte und unbewegte Bilder. Massenmedien sind „außerordentlich wirkungsvolle Medien der Erzeugung und Zirkulation von Geschichtsbildern"; nach ihrer Gedächtnisfunktion können sie „als *cues* – als (mediale) Hinweisreize – auf kollektiver Ebene" bezeichnet werden: Anders als Speichermedien, die ‚kulturelles Gedächtnis' generieren, sind die Verbreitungsmedien „von zentraler Bedeutung für den erinnerungskulturellen Prozess", da sie auf kollektiver Ebene „die Diskussion über Geschichte und Gedenken anregen und prägen [und] auf individueller Ebene beispielsweise als Ressource für die Imagination von Vergangenheiten dienen".[30] Da das ‚kulturelle Gedächtnis' „keine universelle Größe" ist, „sondern etwas, das jeweils abhängig ist von den jeweiligen Medien, die in einer Gesellschaft zur Anwendung kommen",[31] können auch Computerspiele mit historischem Hintergrund bei derartigen Medien der Vergangenheitsrepräsentation eingereiht werden, in denen sich erinnerungskulturelle Akte manifestieren und die mit einem kulturwissenschaftlich fundierten, gedächtnistheoretischen Medienbegriff als ‚Medien des kollektiven Gedächtnisses' bezeichnet werden können. Betont werden muss hierbei deren Konstruktionsleistung und Funktion bei der Ausgestaltung von Kollektiverinnerungen: Was Medien „zu enkodieren scheinen – bestehende Wirklichkeits- und Vergangenheitsversionen, Werte und Normen, Identitätskonzepte – konstituieren sie viel-

---

29 Christoph Cornelißen: *Was ist Erinnerungskultur? Begriff – Methoden – Perspektiven*, in: Geschichte in Wissenschaft und Unterricht 54 (2003), 548-563, hier 555.

30 Astrid Erll: *Medien und Gedächtnis. Aspekte interdisziplinärer Forschung*, in: Frank/Rippl, *Arbeit am Gedächtnis*, 87-110, hier 90-91 [Hervorhebung im Original].

31 Aleida Assmann: *Zur Mediengeschichte des kulturellen Gedächtnisses*, in: Astrid Erll/Ansgar Nünning (Hrsg.): *Medien des kollektiven Gedächtnisses. Konstruktivität – Historizität – Kulturspezifität*, Berlin 2004, 45-60, hier 59.

mals erst".[32] Mit Blick auf die mediale Gebundenheit der Gedächntiserzeu-
gung ist weiterhin eine Perspektive auf Medien notwendig, die bei der
Analyse der Rolle von Medien bei der Formation des ‚kollektiven Gedächtnisses' bereits in die kulturwissenschaftliche Gedächtnisforschung eingebracht worden ist. Mit Sybille Krämer soll mit Blick auf mediale Wirklich-
keits- und Gedächtniskonstruktionen vom „Medium als Spur und Apparat"
ausgegangen werden: Das Medium ist zum einen Erzeuger von Welten des
‚kollektiven Gedächtnisses', zum anderen als Gedächtnismedium jedoch
nicht neutral, sondern selbst medienspezifisch prägender Faktor bei der
Ausformung der Erinnerungsakte: Das „Medium ist nicht einfach die Botschaft; vielmehr bewahrt sich an der Botschaft die Spur des Mediums".[33]
Insbesondere wie die medialen Spezifika von Computerspielen – hier verstanden als Medientechnologie und als Medienangebot – an den von ihnen
konstruierten und abgebildeten Geschichtsbildern Spuren hinterlassen und
sie präfigurieren, in welchem Verhältnis also Form und Inhalt zueinander
stehen, kann aus dieser Perspektive heraus beleuchtet werden.

Wenn die Geschichtsdarstellungen von Computerspielen als gesellschaftlich relevant verstanden werden sollen, birgt es einen wichtigen Vorteil, Spiele mit historischem Hintergrund als Erinnerungsmedien zu unter-
suchen: Die in Computerspielen entworfenen Geschichtsbilder können eingebettet in die sie umgebende Erinnerungslandschaft betrachtet werden.
Auch Spiele, die eine bestimmte historische Zeit oder ein geschichtliches
Ereignis darstellen, entstehen nicht in einem luftleeren, erinnerungslosen
Raum, sondern sind in gesellschaftliche und mediale Entwicklungen der
Erinnerungskultur eingebunden. Aus dieser Beobachtung heraus können die
Fragen, wie in die Geschichtsdarstellungen erinnerungskulturelle Trends
einfließen, ob Konjunkturen und die ihnen spezifischen Deutungen aufge-
griffen werden oder ob Computerspiele eigene erinnerungskulturelle Modi
entwickelt haben, um Geschichtsbilder zu entwerfen, in den Blick kommen.
Bei der Betrachtung der in den Computerspielen konstruierten Geschichts-

---

32 Astrid Erll: *Medien des kollektiven Gedächtnisses – ein (erinnerungs-) kulturwissenschaftlicher Kompaktbegriff*, in: dies./Nünning, *Medien des kollektiven
Gedächtnisses*, 3-22, hier 5.

33 Sybille Krämer: *Das Medium als Spur und als Apparat*, in: dies. (Hrsg.): *Medien – Computer – Realität. Wirklichkeitsvorstellungen und Neue Medien*,
Frankfurt am Main 1998, 73-94, hier 81.

bilder können so zentrale Konstruktionsmuster der „drei Grundformen historischer Präsentation: Erzählen, Ausstellen und [mediales] Inszenieren"
herausgearbeitet werden,[34] die in den Spielen in unterschiedlicher Gewich-
tung als Formen geschichtlicher Darstellung genutzt werden. Neben den in
den Spielen dargestellten Narrativen und der Präsentation geschichtlicher
Vorbilder im audiovisuellen Bereich können so auch Komposition und Organisation des präsentierten geschichtlichen Wissens in den Blick genommen werden.

Die vorliegende Untersuchung fußt auf der qualitativen Auswertung eines Korpus aus rund einhundert Computerspielen unterschiedlicher Genres,
die Kriege des 20. Jahrhunderts als thematische Grundlage nutzen und sie
darstellen.[35] Da es nicht das Ziel ist, Computerspiele in ihrer medienge-
schichtlichen Entwicklung zu historisieren, werden aus pragmatischen
Gründen nur Spiele berücksichtigt, die seit dem Jahr 2000 erschienen sind;
Ausnahmen bestehen lediglich bei einer kleinen Anzahl von Titeln, die in
der Folgezeit des Golfkrieges veröffentlicht wurden und ihn unmittelbar
nach seinem Ende 1991 thematisierten. Sofern vorhanden, werden jeweils
die auf dem deutschen Markt angebotenen und für ihn überarbeiteten Versionen der Spiele verwendet – eine Unterscheidung im Vergleich zu den
internationalen und meist englischsprachigen Originalausgaben, die, wie zu
zeigen sein wird, insbesondere bei der Betrachtung der Spiele zum Zweiten
Weltkrieg von Bedeutung ist. Die Spiele werden in der Untersuchung in ihrer Gesamtheit betrachtet: Die konkrete Spielehandlung, die der Spieler im
Rahmen der vom Spiel definierten Möglichkeiten selbst bestimmt, werden
ebenso berücksichtigt wie nicht spielbare und cineastisch inszenierte An-
fangs- und Zwischensequenzen sowie Texte und Abbildungen in Handbüchern und weiterführende Informationen auf offiziellen Webseiten.[36] Als

---

34 Aleida Assmann: *Geschichte im Gedächtnis. Von der individuellen Erfahrung
    zur öffentlichen Inszenierung*, München 2007, 149-154.

35 Bei der Zitation der Spiele werden Titel, Entwickler, Publisher und Erschei-
    nungsjahr angegeben. Außerdem wird vermerkt, für welche Plattformen der je-
    weilige Titel veröffentlicht wurde. Sofern nicht anders angegeben, beziehen sich
    die Ausführungen in der Untersuchung immer auf die jeweilige PC-Version.

36 Das gesprochene Wort in den Spielen wird nach seiner Textform zitiert: Sofern
    Untertitel vorhanden sind, werden diese auch dann als Belege verwendet, wenn
    sie – wie teilweise zu beobachten – vom Wortlaut der Sprachausgabe abwei-

historische Ereignisfelder, die den Spielen als Hintergrund dienen, werden die Kriege des 20. Jahrhunderts ausgewählt: Zum einen bildet die überwiegende Mehrzahl der Spiele, die Vergangenheit darstellen, ohnehin Kriege und militärische Konflikte der Vergangenheit ab, wobei das 20. Jahrhundert eine quantitativ bedeutende Stellung einnimmt; zum anderen sind es besonders die Kriege, die im 20. Jahrhundert umfassende politische und gesellschaftliche Transformationen nach sich zogen, die innerhalb der Landschaft zahlreicher nationaler Erinnerungskulturen zentrale Marksteine bilden und nicht nur für Computerspiele, sondern auch für andere Erinnerungsmedien mit wechselnden Konjunkturen als Bezugspunkte fungieren.

Die Untersuchung ist in zwei Hauptteile gegliedert: Im Mittelpunkt des ersten Teils stehen Computerspiele als „Spur und Apparat" und damit die Fragen, mit welchen Mitteln Spiele Geschichte darstellen und wie die Spezifika des Mediums auf diese Darstellung einwirken, die anhand von Beispielen aus dem Bestand des Korpus beantwortet werden sollen. Zunächst werden mit den Genres zentrale Ordnungskategorien der virtuellen historischen Darstellung vorgestellt. Wie historisches Wissen in den Computerspielen organisiert und präsentiert wird und wie Ansprüche und Signale von Authentizität und Realismus eingebracht werden, ist das Thema des folgenden Teils. Daran anschließend werden Bedingungen und Möglichkeiten kontrafaktischer Geschichtsdarstellungen in Computerspielen diskutiert. Wie sich die Spiele mit anderen Erinnerungsmedien assoziieren und damit etablierte Geschichtsdarstellungen aufgreifen, wird unter den Stichworten ‚Remediationen' und ‚Crossmedialität' gezeigt. Die Diskussion der Fragen, ob Computerspiele als Gedenkorte fungieren können und welchen Stellenwert Erinnerungsorte hierbei einnehmen, beschließt diesen Teil. Der zweite Hauptteil besteht aus einem chronologischen Durchlauf durch die historischen Kriege, die von den Spielen als inhaltlicher Hintergrund gewählt werden: Neben den beiden Weltkriegen und dem Kalten Krieg sind dies der Vietnamkrieg, der Golfkrieg sowie die UN-Mission in Somalia; ein Exkurs über die Besonderheiten der Darstellung des Zweiten Weltkrieges in den deutschen Versionen der Spiele ergänzt diesen inhaltsanalytischen Teil. Das Ziel ist es in diesem Teil, strukturelle und narrative Muster und Topoi bei der Darstellung des jeweiligen Krieges herauszuarbeiten und sie, wenn

---

chen. Transkriptionen des gesprochenen Wortes werden nur dort vorgenommen, wo keine Untertitel verfügbar sind.

möglich, mit anderen erinnerungskulturellen Ausdrucksformen in Beziehung zu setzen. Auf diesem Weg soll zum einen beleuchtet werden, welche inhaltlichen Schwerpunkte die Spiele bei der Geschichtsdarstellung setzen und ob sie damit erinnerungskulturelle Konjunkturen aufgreifen oder kontrastieren; zum anderen kann auf diesem Weg auch gefragt werden, wie der Apparat seine Spur hinterlässt, also ob inhaltliche Darstellungsweisen an Konventionen und Spezifika von Computerspielen gebunden sind.

An dieser Stelle soll noch einmal eine explizite Einschränkung und damit eine Präzisierung des in der Untersuchung angesetzten Umgang mit Computerspielen als Erinnerungsmedien angeführt werden, die besonders aufgrund gängiger Sichtweisen auf Spiele und ihre geschichtswissenschaftliche Erforschung notwendig scheint: Ebenso wenig, wie Verkaufszahlen von Computerspielen oder Bewertungen durch entsprechende Fachpublikationen als vorgeblich aussagekräftiger Indikator für die Akzeptanz bei den Spielern in dieser Untersuchung eine Rolle spielen, sind Kriterien wie die Qualität der Spielegrafik, die Güte und Kohärenz der Erzählung oder ein wie auch immer zu fassender ‚Spielspaß' von Interesse. Der Leser wird auch keine Antwort darauf finden, welches Spiel einen bestimmten Krieg besonders authentisch, realistisch oder pädagogisch wertvoll darstellt – diese Frage kann letztlich nicht objektiv geklärt werden. Ausgangslage und Zielsetzung der Untersuchung lassen sich vielmehr auf den Nenner bringen, Computerspiele mit einem historischen Hintergrund als Erinnerungsmedien schlicht ernst zu nehmen.[37]

---

[37] Parallel zur Überarbeitung des Manuskripts der vorliegenden Studie erschienen und mit einem ähnlichen Zugang ist der Sammelband Daniel Appel u.a. (Hrsg.): *WeltKriegsShooter. Computerspiele als realistische Erinnerungsmedien?* Boizenburg 2012.

Geschichte und das Medium Computerspiel

„ERLEBEN SIE GESCHICHTE" – GENRES

Wenn Medien als „Spur und Apparat" verstanden werden und man somit davon ausgeht, dass die Form des Mediums den Inhalt mitbestimmt und prägt, sind gerade bei Computerspielen weitere Differenzierungen notwendig. Prägender Faktor bei der Ausformung der Inhalte – auch und gerade dann, wenn historische Vergangenheit dargestellt wird – sind die Genres, die sich in Computerspielen etabliert haben und durch bestimmte Konventionen und Handlungskonzepte vielfältige Grundlagen dafür bereitstellen, wie Inhalte im Medium des Computerspiels präsentiert werden. Im Fall von Spielen, die Geschichte darstellen, nehmen die Genres und ihre Spezifika entscheidenden Einfluss auf die inhaltlich generierten Geschichtsbilder: Als Ordnungs- und Strukturkategorien, in denen grundlegende Spielehandlungen und -ziele, Perspektiven und Schwerpunktsetzungen versammelt sind, schneiden sie die Darstellung der Vergangenheit thematisch zu, nehmen narrative Vorstrukturierungen vor und konzentrieren die ‚virtuelle Geschichte' inhaltlich.

Bei der Darstellung historischer Kriege in Computerspielen liegen die Schwerpunkte auf drei Genres: Strategiespiele, Fahrzeugsimulationen und First-Person-Shooter.[1] Strategiespiele bieten einen weiträumigen und um-

---

1 Angela Schwarz unterteilt die von ihr ausgewerteten historischen Spiele in weitere Genrekategorien wie Aufbau-, Wirtschafts- und Politiksimulationen sowie Rollenspiele und Jump & Run-Spiele, die hier jedoch aufgrund der dezidierten Konzentration auf Spiele mit kriegerischen Inhalten und auf eingrenzbare Konflikte des 20. Jahrhunderts – Aufbausimulationen überspannen in einer Spiel-

fassenden Blick auf historisches Kriegsgeschehen. Innerhalb zweier Sub-
genres – taktisch angelegte Strategiespiele und Globalstrategiespiele – betrachtet der Spieler eine Karte aus der Vogelperspektive.[2] Während in taktisch angelegten Strategiespielen jeweils eine Schlacht zu schlagen oder
eine bestimmte Operation durchzuführen ist, verfolgen Globalstrategiespiele einen umfassenden Ansatz, der über rein militärische Fragen hinaus
eine Vielzahl von Aspekten der Kriegsführung abdecken soll: Der Spieler
steuert für eine zuvor ausgewählte Kriegspartei nicht nur die Truppenbewe-
gungen, sondern ist auch für Diplomatie, Handel, Produktion, Forschung,
Koordination der Rüstung und weitere Aspekte, die Einfluss auf die Kriegsführung nehmen, verantwortlich. Während die Perspektive in den taktisch
angelegten Strategiespielen derjenigen eines Kommandanten auf einem
virtuellen Feldherrenhügel gleicht, betrachtet der Spieler in den Globalstrategiespielen den Krieg wie ein Staatsmann am Kartentisch, der eine
,Grand Strategy' im Auge behalten und sie in der Funktion eines gesamten
Kabinetts umsetzen muss. Die Vorgänge im Spiel sind dadurch in ein
Mikro- und ein Makromanagement eingeteilt: Auf der Karte können Einheiten mit unterschiedlichen Fähigkeiten verschoben werden, die Räume
besetzen und gegnerische Einheiten angreifen, wobei die Kampfhandlungen
meist nicht explizit und nur stilisiert gezeigt werden. In einem teilweise
enorm feingliedrig gestalteten Rahmen nimmt der Spieler auf der Mikro-
ebene Handlungen vor, die die Kriegsführung mittelbar beeinflussen: So
werden in Städten Aufträge für das Aufstellen neuer Einheiten vergeben,
mit Handelsabkommen benötigte Rohstoffe auf einem Weltmarkt besorgt,
diplomatische Allianzen geschmiedet oder entlang von Technologiebäumen
schrittweise militärische Neuerungen erforscht. Bei den Globalstrategie-

---

runde meist große historische Zeiträume – nicht berücksichtigt werden sollen.
Siehe Schwarz, *Geschichte in Computerspielen*, 320-324.

2   Ein weiteres Unterscheidungsmerkmal betrifft die Grundregeln des Spielablau-
fes: Während bei rundenbasierten Strategiespielen die Parteien ihre Züge abwechselnd und mit keinem oder geringem zeitlichen Druck vornehmen, geschieht dies bei den Echtzeitstrategiespielen gleichzeitig und parallel. Als Beispiel für ein rundenbasiertes Strategiespiel vgl. *Commander: Europe at War*
(PC), Entwicklung: Slitherine Software, Vertrieb: Matrix Games, 2007; als Beispiel für ein Echtzeitstrategiespiel vgl. *Hearts of Iron* (PC), Entwicklung: Paradox Entertainment, Vertrieb: 1C Company, 2002.

spielen handelt es sich somit um den Versuch, die für die Kriegsführung relevanten Belange eines gesamten Staates zu simulieren.[3]

Abbildung 1: Tag der alliierten Invasion in der Normandie 1944 im Globalstrategiespiel Making History. The Calm & The Storm

Quelle: Screenshot aus *Making History. The Calm & The Storm* (PC), Entwicklung: Muzzy Lane, Vertrieb: Strategy First, 2007.

Die Strategiespiele sind nicht-linear aufgebaut; es fehlt ihnen damit das entscheidende Merkmal einer konsistent angelegten Geschichtserzählung. In den Spielen sind Zeitschnitte als Ausgangspunkte der jeweiligen Spielrunde modelliert, die an historischen Daten orientiert sind und versuchen, die geschichtliche Situation zu einem festgelegten Zeitpunkt als Blitzlichtaufnahme wiederzugeben. Truppenstärken und der Bestand an militärischen

---

3 Die Globalstrategiespiele werden daher auch als ‚Government Games' bezeichnet. Siehe hierzu Ramón Reichert: *Government-Games und Gouverntainment. Das Globalstrategiespiel Civilization von Sid Meier*, in: Rolf F. Nohr/Serjoscha Wiemer (Hrsg.): *Strategie spielen. Medialität, Geschichte und Politik des Strategiespiels*, Münster 2008, 189-212.

Einheiten einer Kriegspartei sind hierbei ebenso berücksichtigt wie der Stand der technologischen Forschung, diplomatische Bündnisse und multilaterale Beziehungen, wirtschaftliche Voraussetzungen eines Staates und Zielsetzungen der jeweils machthabenden Staatsform. In das Regelwerk der Strategiespiele, das neben den Handlungsmöglichkeiten für den Spieler auch die Richtschnur für das Verhalten der künstlichen Intelligenz darstellt, die die gegnerischen Parteien steuert, sind als Gesetzmäßigkeiten definierte Strukturen historischer Prozesse eingeschrieben. Mit dem ersten Zug einer Spielrunde bewegt sich diese – ausgehend vom statischen Zeitschnitt und gesteuert von allgemeingültigen Regeln historischen Handelns – zwangsläufig in eine kontrafaktische Sphäre. Die Narration im virtuellen historischen Raum eines Strategiespiels wird – sei es mit Bezug auf eine einzelne Schlacht oder in Hinblick auf einen vollständigen Krieg – in jeder Spielrunde oder Mission durch den Vorgang des Spielens neu generiert; die Kombination verschiedener Handlungsoptionen mit den interagierenden Reaktionen der künstlichen Intelligenz bringt jeweils andere Alternativgeschichten hervor, die von der Realgeschichte teilweise grundsätzlich abweichen können.[4] Nicht Geschichte nachzuerzählen, sondern die Möglichkeit bereitzustellen, ihren realgeschichtlichen Verlauf durch die Modifikation verschiedener Parameter historischen Handelns kontrafaktisch zu verändern, ist daher das Ziel der Strategiespiele mit einem geschichtlichen Hintergrund – *Making History*, wie auch der Titel eines mittlerweile zweiteiligen Strategiespiels lautet.[5]

An einem wesentlich kleinteiligeren und spezialisierten Punkt setzen die Fahrzeugsimulationen an. In ihnen übernimmt der Spieler die Steuerung meist eines einzelnen mobilen Kriegsgeräts – von Flugzeugen und Hubschraubern über Panzer bis hin zu Schiffen und U-Booten – das er zur Lösung von Aufgaben, die das Spiel definiert, durch die Missionen manövriert. Während eine Gruppe von Spielen die Steuerung auf eine kleine An-

---

4 Vgl. hierzu in einem allgemeineren Rahmen Felix Raczkowski: *Die Dramaturgie virtueller Kriege. Narration in Strategiespielen*, in: Benjamin Beil u.a. (Hrsg.): *,It's all in the Game'. Computerspiele zwischen Spiel und Erzählung*, Marburg 2009, 121-133.

5 Siehe *Making History. The Calm & The Storm* (PC), Entwicklung: Muzzy Lane, Vertrieb: Strategy First, 2007; *Making History II: The War of the World* (PC), Entwicklung: Muzzy Lane, Vertrieb: Lace Mamba Global, 2010.

zahl von möglichen Aktionen reduziert und dem Spieler nur die Kontrolle über die reine Bewegung und das Schießen überträgt,[6] verfolgt eine Reihe von Titeln einen dezidiert simulativen Anspruch: Die physikalischen Eigenschaften des jeweiligen Kriegsgeräts sollen möglichst genau im Spiel wiedergegeben, die Komplexität der Steuerung in ihrer Gesamtheit an den Spieler weitergereicht werden. Der U-Boot-Simulation *Silent Hunter III*, die im Zweiten Weltkrieg angesiedelt ist, liegt etwa eine sogenannte ‚Referenzkarte' bei, die sich der Spieler zu seiner Orientierung vor die Computertastatur legen kann. Es handelt sich um eine maßstabsgetreue Abbildung einer Tastatur, auf der die Tastenfunktionen für das Spiel verzeichnet sind. Nahezu jeder der rund 100 Tasten der abgebildeten Standardtastatur ist eine Funktion für das Spiel zugewiesen – von der Bewegung des Bootes über die Verwaltung des Waffenarsenals und die Navigation bis hin zur Benutzung des Periskops und dem Aussetzen von Täuschkörpern zur Abwehr eines gegnerischen Angriffs.[7] Der große Funktionsumfang und die Notwendigkeit für den Spieler, sich dezidiert in die komplexe Steuerung einer Fahrzeugsimulation einzuarbeiten, wird bereits durch einen Blick in die Handbücher der Spiele deutlich: Insbesondere bei Flugsimulationen mit dem Anspruch einer möglichst genauen Wiedergabe des physikalischen Verhaltens der Maschinen im Spiel informieren die Handbücher nicht nur über die angebotenen Funktionen, die in ihrem Umfang denjenigen des realen Vorbilds entsprechen sollen, sondern stellen auch die Eigenheiten des Flugverhaltens einzelner Flugzeuge vor und unterweisen – vergleichbar mit dem Theorieunterricht einer Flugschule – in verschiedenen Angriffstaktiken und Flugmanöver.[8]

Mit der Konzentration auf die technischen Aspekte der Kriegsführung tritt die menschliche Komponente in den Fahrzeugsimulationen meist vollständig in den Hintergrund. Die Perspektive der Fahrzeugsimulationen wird

---

6   Siehe als Beispiele hierfür *Panzer Elite Action* (PC, Microsoft Xbox, Sony Play-
    Station 2), Entwicklung: ZootFly, Vertrieb: JoWooD Productions, 2006; *Heroes
    over Europe* (PC, Microsoft Xbox 360, Sony PlayStation 3), Entwicklung:
    Transmission Games, Vertrieb: Ubisoft, 2009.

7   ‚Referenzkarte', in: *Silent Hunter III* (PC), Entwicklung und Vertrieb: Ubisoft,
    2005.

8   Siehe als instruktives Beispiel Handbuch, in: *IL-2 Sturmovik* (PC), Entwicklung:
    1C Maddox Games, Vertrieb: Ubisoft, 2003.

dabei durchaus an der menschlichen Sicht ausgerichtet. In der Panzersimulation *WWII Battle Tanks: T-34 vs. Tiger* – bereits der Titel zeigt an, dass hier Maschinen gegeneinander antreten – kann neben einer Außenansicht des gesteuerten Panzers aus drei Perspektiven gewählt werden, die dem Blick des jeweiligen Besatzungsmitglieds entsprechen sollen.[9] Der Fahrer blickt auf die Armaturen und kann die Umgebung des Panzers nur durch einen schmalen Sehschlitz wahrnehmen, der Schütze kann durch das Periskop nach draußen sehen. Einzig der Kommandant kann – unter anderem durch sein Fernglas – einen Überblick darüber behalten, was um den Panzer herum geschieht; diese Rundumsicht ist allerdings nur so lange gewährleistet, bis die Luke des Turms in einer Gefechtssituation geschlossen werden muss. Ähnlich kann bei den U-Boot-Simulationen zwischen der Ansicht verschiedener Stationen gewechselt werden, die den Blick der Besatzung auf Kommandostände mit unterschiedlichen Aufgaben repräsentieren soll.[10] Die Cockpit-Sicht in einer Flugsimulation entspricht ebenfalls dem Blick eines – wenn auch meist als körperlos dargestellten – Piloten.[11] Trotz dieser Imitation des menschlichen Blickfeldes bei der Bedienung des jeweiligen Kriegsgeräts sind Menschen als geschichtliche Akteure in den Fahrzeugsimulationen visuell und narrativ nur wenig präsent: Die Narration ist in den Missionen mit dem Lösungsweg der Aufgaben des Spiels gleichzusetzen, den der Spieler mit dem jeweiligen Kriegsgerät durchläuft. Der Spieler kämpft mit der zu steuernden Kriegsmaschine gegen andere Maschinen des gleichen Typs – Flugzeuge gegen Flugzeuge, Panzer gegen Panzer, Schiffe gegen Schiffe. Simulationen historischer Fahr- und Flugzeuge sind daher die Abbildung einer annähernd vollständig technisierten

---

9 *WWII Battle Tanks: T-34 vs. Tiger* (PC), Entwicklung: G5 Software, Vertrieb: Lighthouse Interactive, 2008.

10 Siehe etwa *Silent Hunter 4: Wolves of the Pacific* (PC), Entwicklung und Vertrieb: Ubisoft, 2007. Im aktuellen Teil der *Silent Hunter*-Reihe wird die menschliche Besatzung im Spiel auch visuell dargestellt. Siehe hierzu *Silent Hunter 5: Battle of the Atlantic* (PC), Entwicklung und Vertrieb: Ubisoft, 2010.

11 Die Position der Kamera entspricht derjenigen des Kopfes eines Piloten. Der Blick kann, entsprechend der Drehung eines Kopfes, geschwenkt werden. Ein Blick nach unten zeigt jedoch einen leeren Pilotensitz; auch Hände, die Steuerknüppel und Schalter bedienen, sind nicht zu sehen. Siehe etwa *Wings Over Vietnam* (PC), Entwicklung: Third Wire Production, Vertrieb: Bold Games, 2004.

Kriegsführung, in deren Mittelpunkt die Bedienung von Maschinen steht, deren komplexe Anforderungen an die technische Beherrschbarkeit den eigentlichen Spielanreiz darstellen sollen.

Abbildung 2: Cockpitansicht in IL-2 Sturmovik 1946

Quelle: Screenshot aus *IL-2 Sturmovik 1946* (PC), Entwicklung: 1C Maddox Games, Vertrieb: Ubisoft, 2007.

Die Imitation eines Einzelnen, jedoch ganz auf die menschliche Komponente bezogen, liefern die First-Person-Shooter.[12] Die Spiele stellen die Perspektive eines Individuums dar und simulieren das menschliche Blick-

---

12 Nicht explizit als eigenes Genre besprochen werden an dieser Stelle die sogenannten ‚Third-Person-Shooter'. Die Kamera folgt dem Spielercharakter auch in diesen Titeln, blickt ihm jedoch in einer semi-subjektiven Perspektive quasi über die Schulter. Die Perspektive wird häufig in taktisch geprägten Shootern eingesetzt, da sie einen größeren Bildausschnitt der unmittelbaren Umgebung des Spielercharakters zeigt. Manche Titel bieten auch die Möglichkeit an, zwischen der First- und der Third-Person-Perspektive umzuschalten. Siehe als Beispiel für einen Third-Person-Shooter mit historischen Setting etwa *Shellshock: Nam '67* (PC, Microsoft Xbox, Sony PlayStation 2), Entwicklung: Guerilla Games, Vertrieb: Eidos, 2004.

feld: Der Spieler betrachtet die dreidimensionale Umgebung über die ge-
zückte Waffe eines Spielercharakters, also des Avatars und virtuellen Stellvertreters im Spiel. Visuell sind die Waffen dadurch präsenter als die Figur,
die sie führt, von der in den Missionen meist nur die Hände zu sehen sind.
Das Schießen auf Gegner, die sich dem Spielercharakter beim Durchlaufen
der Spielehandlung in den Weg stellen, ist das zentrale Spielekonzept.[13] Die
First-Person-Shooter sind in ihrer Mehrheit streng linear aufgebaut: Das
Spiel gibt innerhalb einer Mission den Weg vor, den der Spielercharakter
bis zu ihrem Ende beschreitet, und definiert in seiner räumlichen Struktur
die Wegpunkte, an denen der Spielercharakter auf Gegner trifft oder eine
bestimmt Aufgabe lösen muss. Auch die Narrative folgen einem vorgegebenen Drehbuch, indem die Missionen eines First-Person-Shooters außerhalb der eigentlichen Spielehandlung etwa durch filmische Zwischensequenzen oder textuelle Beschreibungen zu durchgängigen Erzählungen verknüpft sind.[14]

Die Imitation einer subjektiven Perspektive bietet in den First-Person-
Shootern stärker als bei Spielen anderer Genres die Möglichkeit einer Immersion an. Es handelt sich hierbei um einen psychologischen Effekt, bei
dem sich die Distanz zur virtuellen Darstellung des Spiels verringert und
das Bewusstsein dafür verschwindet, dass es sich bei dem Spiel um eine
Mediennutzung handelt – der Spieler taucht in die virtuelle Realität ein, die
Selbstwahrnehmung tritt zurück.[15] Zahlreiche First-Person-Shooter versu-

---

13 Zur Ästhetik des First-Person-Shooters und ihrer Entwicklung siehe Rune
    Klevjer: *The Way of the Gun. Die Ästhetik des singleplayer first person shoot-
    ers*, in: Beil, *‚It's all in the Game'*, 53-72.

14 Siehe hierzu Jan-Noël Thon: *Zur Struktur des Ego-Shooters*, in: Matthias
    Bopp/Rolf F. Nohr/Serjoscha Wiemer (Hrsg.): *Shooter. Eine multidisziplinäre
    Einführung*, Münster 2009, 21-41.

15 Richard A. Bartle definiert Immersion als „the sense that a player has of being in
    a virtual world". Richard A. Bartle: *Designing Virtual Worlds*, Indianapolis
    2004, 154 [Hervorhebung im Original]. Den Grad dieses Bewusstseins teilt
    Bartle in vier Abstufungen ein. Ein verwandtes Beschreibungs- und Untersu-
    chungskonzept aus dem Bereich der Psychologie ist das ‚Flow-Erlebnis'. Siehe
    hierzu Mihaly Csikszentmihaly: *Das Flow-Erlebnis. Jenseits von Angst und
    Langeweile: Im Tun aufgehen*, 11. Aufl., Stuttgart 2010. Zu weiteren psycholo-
    gischen Faktoren des Spielens vgl. auch die bereits ältere Abhandlung bei Jür-

chen, die Immersion in das Spiel durch visuelle Effekt zu verstärken: Erschütterungen werden durch ein Erzittern des Bildes imitiert, die Bereiche um Kimme und Korn herum werden unscharf gezeichnet, wenn die Waffe im Spiel angelegt wird, das Sichtfeld beginnt sich rot zu färben und zu verschwimmen, wenn der Spielercharakter getroffen wird.[16] Auch Wassertropfen, Schlamm- und Blutspritzer, die an der Innenseite des Bildschirms haften zu bleiben scheinen und damit die Existenz der ‚vierten Wand‘ zwischen dem Spieler und der virtuellen Realität eigentlich erst visuell hervorheben und unterstreichen,[17] können den immersiven Effekt begünstigen, da sie ein Einwirken der virtuellen Umgebung des Spielercharakters auf ihn verdeutlichen.

In Verbindung mit der Platzierung der Spielehandlung in einem geschichtlichen Rahmen suggerieren die First-Person-Shooter die Simulation einer historischen, individuellen Kriegserfahrung. Die Egoperspektive und die Konzentration auf ein Individuum, mit dem sich der Spieler über den immersiven Effekt identifizieren kann, erzeugen den Eindruck einer Teilhabe an Vorgängen in einem geschichtlichen Raum, die von den Herstellern der Spiele meist offensiv als solche postuliert und beworben wird. „Nehmen Sie Teil an einer der größten See- und Bodenoffensiven der ame-

---

gen Fritz: *Langeweile, Stress und Flow. Gefühle beim Computerspiel*, in: ders./Wolfgang Fehr (Hrsg.): *Handbuch Medien: Computerspiele. Theorie, Forschung, Praxis*, Bonn 1997, 207-215, hier bes. 210-213; ferner Gunnar Sandkühler: *Der Zweite Weltkrieg im Computerspiel. Ego-Shooter als Geschichtsdarstellung zwischen Remediation und Immersion*, in: Erik Meyer (Hrsg.): *Erinnerungskultur 2.0. Kommemorative Kommunikation in digitalen Medien*, Frankfurt am Main 2009, 55-65, hier bes. 56-58.

16 Als Beispiele, in denen alle beschrieben Effekte aufgeboten werden, siehe *Call of Duty – World at War* (PC, Microsoft Xbox 360, Sony PlayStation 3, Nintendo Wii), Entwicklung: Treyarch, Vertrieb: Activision, 2008; *Brothers in Arms – Hell's Highway* (PC, Microsoft Xbox 360, Sony PlayStation 3), Entwicklung: Gearbox Software, Vertrieb: Ubisoft, 2008.

17 Der Begriff der ‚Vierten Wand‘ stammt aus der Theaterwissenschaft und bezeichnet die imaginäre Ebene, die den Bühnen- und den Zuschauerraum trennt. Zur Entwicklung des Theaterraumes mit Bezug auf die ‚Vierte Wand‘ siehe Andreas Kotte: *Theaterwissenschaft. Eine Einführung*, Stuttgart 2005, 71-77.

rikanischen Navy", lautet etwa die für das Genre typische Aufforderung auf der Verpackung des First-Person-Shooters *The Heat of War*, der im Pazifikkrieg angesiedelt ist: „Erleben Sie Geschichte".[18] Die Immersion wird in derartigen Texten auch durch die direkte Ansprache des Spielers und seine Gleichsetzung mit dem Spielercharakter vorweggenommen. „Es war der letzte große Sieg der Deutschen", beschreibt ein einführender Text im Handbuch von *Brothers in Arms – Hell's Highway* die ‚Operation Market Garden' im Zweiten Weltkrieg, in der das Spiel angesiedelt ist. „Für S[ergeant] Baker und seine Männer war es die Hölle. Sie sind S[ergeant] Baker."[19] Als zunächst für ein Spiel paradox erscheinender Slogan taucht der Satz „You don't play, you volunteer!" in annähernd jedem Titel der *Medal of Honor*-Reihe auf, die ebenfalls den Zweiten Weltkrieg zum geschichtlichen Handlungsschauplatz hat.[20] Der hier zu beobachtende Anspruch einer Gleichsetzung von Spiel, historischer Realität und dem Vorgang des Spielens wird in einem Teil der Reihe auch explizit formuliert: Der Text auf einem Ladebildschirm von *Medal of Honor – Pacific Assault* lautet mehrdeutig und ebenfalls mit einem direkten Bezug auf die Spielsituation: „This is not a game. This is war."[21]

Der Anspruch, eine historische Kriegserfahrung zu simulieren, kollidiert im Fall der First-Person-Shooter mit den Konventionen des Genres, die sie als kleinster gemeinsamer Nenner für eine möglichst große Zielgruppe interessant machen sollen. Abseits der Platzierung der Handlung in einem geschichtlichen Rahmen müssen die Spiele aus diesen kommerziellen Erwägungen heraus gängige Eigenschaften vergleichbarer Titel ohne historischen Hintergrund aufweisen, die einer realistischen Kriegserfahrung jedoch meist diametral gegenüberstehen. Bereits ein kursorischer Blick über die wichtigsten Konzepte der First-Person-Shooter macht dies deut-

---

18 Text auf Verpackung, in: *The Heat of War* (PC), Entwicklung: Groove Games, Vertrieb: City Interactive, 2005.

19 Handbuch, in: *Brother's in Arms – Hell's Highway*.

20 Siehe beispielsweise Text auf Verpackung, in: *Medal of Honor – Vanguard* (Sony PlayStation 2, Nintendo Wii), Entwicklung und Vertrieb: Electronic Arts, 2007. Für die deutschen Versionen wurde der Slogan als „Das Spielen ist vorbei, melde Dich freiwillig!" übersetzt.

21 Text auf Ladebildschirm, in: *Medal of Honor – Pacific Assault* (PC), Entwicklung und Vertrieb: Electronic Arts, 2004.

lich: Der Spielercharakter verkraftet bis zum ‚Game Over' eine Vielzahl tödlicher Treffer. Während sich der Spielercharakter in neueren First-Person-Shootern selbstständig regeneriert, sobald er aus der Schusslinie gebracht wird, verfügt er in älteren Titeln meist über eine ‚Lebensanzeige', die bei Beschuss sukzessive abnimmt. Durch das Sammeln von Gegenständen kann dieses Reservoir an Lebensenergie wieder aufgefüllt werden – Feldflaschen, Medizin und Erste-Hilfe-Päckchen sind hierfür auf der Spielkarte verteilt. Die Möglichkeit des ‚Heilens' ist über die Verbindung mit diesen Gegenständen für einen historischen Rahmen kompatibel gemacht.[22] Munition ist meist zwar nicht unbegrenzt, aber in ausreichender Menge in den Spielen vorhanden. Ebenso wie die Waffen, die getötete Gegner fallen lassen, kann sie in den meisten Titeln während der Missionen aufgenommen werden. Es steht somit permanent eine große Bandbreite an Waffen mit entsprechender Munition zur Verfügung. Zivilisten sind in den wenigsten First-Person-Shootern ein Bestandteil des Krieges; sie treten in seltenen Fällen in Zwischensequenzen als Teile der Narration auf, nicht jedoch in der eigentlichen Spielehandlung. Krieg bleibt so in den First-Person-Shootern auf die militärische Auseinandersetzung zwischen Kombattanten beschränkt; dem Spieler wird somit keine moralische Festlegung abverlangt, wie mit Nicht-Kombattanten in einer Kriegssituation umzugehen ist. Die Lösung der vom Spiel gestellten Aufgaben ist ausschließlich durch den Gebrauch der Schusswaffe zu bewerkstelligen: Spielegegner ergeben sich nicht, Gefangene können nicht gemacht werden. Selbst in Missionen, die ausdrücklich als geheimdienstliche Infiltrationen präsentiert werden, schießt sich der Spielercharakter als ‚One Man Army' den Weg frei. Alle genannten Aspekte – es ließen sich noch weitere Beispiele anführen – zielen auf eine komplexitätsreduzierte Darstellung reiner Kampfhandlungen ab, die mit dem Kriegserleben historischer Soldaten – gleich welchen Krieges – kaum in Einklang stehen dürfte. Psychologische Aspekte wie die emotionale Disposition eines Individuums in einer Kriegssituation und das

---

22 In *Medal of Honor – Pacific Assault* wird die Funktion des Heilens auf die Figur eines Sanitäters übertragen, der den Spielercharakter – neben anderen Figuren – durch die Missionen begleitet. Er kann zu einem beliebigen Zeitpunkt herbeigerufen werden und füllt die Lebensanzeige des Spielercharakters wieder auf. In jeder Mission steht allerdings nur eine begrenzte Anzahl derartiger Heilungen zur Verfügung. Siehe *Medal of Honor – Pacific Assault*.

Einwirken existenzieller Bedrohungen als übergreifend zentraler Faktor des Kriegserlebens können außerdem virtuell nicht nach- und dargestellt werden.

Abbildung 3: Egoperspektive in Call of Duty 2

Quelle: Screenshot aus *Call of Duty 2* (PC, Microsoft Xbox 360), Entwicklung: Infinity Ward, Vertrieb: Activision, 2005.

Spiele weiterer Genres, die im Kontext historischer Kriege angesiedelt sind, bleiben in der Minderheit. So ist eine kleine Zahl sogenannter ‚Stealth-Spiele' in Kriegen des 20. Jahrhunderts angesiedelt. Es handelt sich hierbei um Spiele, in denen zwar auch Kämpfe und kriegerische Handlungen zu den zentralen Spielekonzepten zählen, bei denen jedoch nicht die offene Konfrontation zum Ziel führt, sondern möglichst unauffälliges Verhalten, vorsichtiges Schleichen und Angriffe auf den Gegner aus dem Hinterhalt. Handlungsschauplätze sind in Spielen wie *Prisoner of War* und *The Great Escape* häufig Kriegsgefangenenlager des Zweiten Weltkrieges, in denen sich die Spielercharaktere unbemerkt von den Wachen bewegen müssen.[23] Die Limitation der Bewegungsfreiheit in der Gefangenschaft wird in diesen Titeln aufgebrochen, indem sich die Spielercharaktere in den Lagern eine eigene und von den Bewachern unbemerkte Infrastruktur aufbauen, die schließlich auch der Vorbereitung eines Ausbruchs dient. Ein erwähnenswertes Beispiel, in dem das Spielekonzept dezidiert in den Bereich der klandestinen Kriegsführung verlegt ist, stellt *Velvet Assassin* dar, in dem eine britische Agentin hinter den feindlichen Linien Sabotageakte und Auftragsmorde im von der Wehrmacht besetzten Europa verübt.[24] Gegnerische Soldaten, die die anzugreifenden Einrichtungen oder Personen bewachen, können im Spiel wahlweise aus dem Hinterhalt attackiert oder teilweise unbemerkt umgangen werden. Nicht entdeckt zu werden stellt – wie in den ‚Stealth-Spielen‘ üblich – das zentrale Konzept dar: Wird die vom Spieler gesteuerte Protagonistin von *Velvet Assassin* bemerkt, kann sie sich zwar wehren, die Möglichkeiten, gegen einen gewarnten Gegner bestehen oder flüchten zu können, sind vom Spiel jedoch begrenzt angesetzt und haben nur geringe Erfolgsaussichten. Die Kriegsführung in *Velvet Assassin* findet im Verborgenen statt; Kämpfe durch taktisches Vorgehen zu vermeiden und sie aus dem Hinterhalt heraus zu führen ist als wichtiges Alleinstellungsmerkmal der ‚Stealth-Spiele‘ zielführender als eine offene Konfrontation, deren Austragung das Spiel dadurch sanktioniert, dass es die Kräfteverhältnisse zu Ungunsten des Spielercharakters definiert.

Weiterhin ist eine ebenfalls überschaubare Anzahl sogenannter ‚Adventures‘ in einem größeren narrativen Umfeld der Kriege des 20. Jahrhunderts angesiedelt. Genregemäß steht bei den Adventures das Lösen von Rätseln und die Suche nach Gegenständen und Informationen im Vordergrund, wodurch die Narration schrittweise vorangetrieben wird; im Zentrum der Spiele stehen daher meist weniger die militärischen Kampfhandlungen, als vielmehr deren Umfeld. In *Undercover: Operation Wintersonne* steuert der Spieler etwa einen britischen Physiker, der als Agent während des Zweiten Weltkrieges die Entwicklung einer deutschen ‚Wunderwaffe‘

---

23 *Prisoner of War* (PC), Entwicklung: Wide Games, Vertrieb: Codemasters, 2002; *The Great Escape – Gesprengte Ketten* (PC), Entwicklung: SCi Games, Vertrieb: Pivotal Games, 2003.

24 *Velvet Assassin* (PC, Microsoft Xbox 360), Entwicklung: Replay Studios, Vertrieb: Southpeak Games, 2008.

untersucht.[25] Die Handlung des Spiels führt ihn zwar auch zu dem historischen Zeitpunkt nach Stalingrad, an dem die Stadt von der Roten Armee
bereits vollständig eingekesselt war, die Darstellung der Kämpfe bleibt jedoch hauptsächlich auf das hintergründige Einspielen von Schlachtenlärm
beschränkt. Bedrohungen durch kriegerische Gewalt kann nicht konfronta-
tiv begegnet werden; vielmehr werden rein defensive Maßnahmen durch
intellektuelle Fähigkeiten eingeleitet: Eine Stelle auf dem Weg durch Stalingrad, die im Schussfeld eines Scharfschützen liegt, kann erst passiert
werden, wenn der Spielercharakter aus einem Stock und einem Helm eine
Attrappe zusammenfügt, die das Feuer des Schützen kurzzeitig auf sich
zieht.[26]

Die dargestellten Genres sind gerade bei neueren Computerspielen nicht
immer in einer Reinform zu beobachten: Spielekonzepte werden miteinander kombiniert und Bestandteile von Genres in neue Kontexte eingebracht.[27] Die Genres und ihre Charakteristika stellen dennoch einen grundlegenden Zugang für die Interpretation der Darstellung von Geschichte in
Computerspielen dar, da sie die Konstruktion von Geschichtsbildern maßgeblich prägen und strukturieren. Dies bezieht sich zunächst auf die ge-
wählte Perspektive auf die dargestellte Vergangenheit: Strategiespiele bieten einen universellen Blick auf historische Kriege, der zwangsläufig eine
visuelle und überindividuelle Distanz zur Folge hat. Planerisches Denken
mit Bezug auf eine Armee oder ein ganzes Staatswesen in einem virtuellen
historischen Raum bestimmt hierbei die Spielrunden. Durch ihre nicht-lineare Struktur laden die Strategiespiele dazu ein, Geschichte als ein Netz von

25 *Undercover: Operation Wintersonne* (PC), Entwicklung: Sproing Interactive,
Vertrieb: Anaconda, 2006. Vgl. auch *Undercover: Doppeltes Spiel* (Nintendo
DS), Entwicklung: Sproing Interactive, Vertrieb: Anaconda, 2007.

26 Siehe Mission *Ruinen*, in: *Undercover: Operation Wintersonne*.

27 Ein Beispiel für einen ‚Genremix‘ ist die im Zweiten Weltkrieg angesiedelte
Commandos-Reihe, die die Konzepte eines taktisch angelegten Strategiespiels
mit Adventure-Elementen kombiniert. Siehe etwa *Commandos 2: Men of Cou-
rage* (PC, Microsoft Xbox, Sony PlayStation 2), Entwicklung: Pyro Studios,
Vertrieb: Eidos Interactive, 2001. First-Person-Shooter werden teilweise um
Missionen ergänzt, in denen Fahrzeuge gesteuert werden. Als Beispiele siehe
Missionen *Crusader-Angriff* und *88er-Kamm*, in: *Call of Duty 2* (PC, Microsoft
Xbox 360), Entwicklung: Infinity Ward, Vertrieb: Activision, 2005.

Möglichkeiten zu verstehen, mit dem im Spiel experimentiert werden kann: Realgeschichte wird im Aufbau der geschichtlichen Ausgangslage und den Regeln historischer Prozesse evident, kontrafaktische Geschichtsdarstellungen bestimmt den Verlauf der eigentlichen Spielrunde. Fahrzeugsimulationen setzen an einem wesentlich kleinteiligeren perspektivischen Punkt an, indem sie den Anspruch erheben, historische Kriegsgeräte visuell und physikalisch möglichst realitätsgetreu wiederzugeben. Sie zeigen dabei einen technologisierten Krieg zwischen Maschinen, in dem zwar die menschliche Perspektive bei deren Bedienung imitiert wird, Menschen als geschichtliche Akteure jedoch visuell kaum vorhanden sind. First-Person-Shooter hingegen konzentrieren sich ganz auf die Imitation der Sicht eines menschlichen Individuums auf das historische Geschehen: Sie stellen Krieg in seiner Interaktion mit einem einzelnen Soldaten dar und entwerfen Geschichtsbilder aus dessen Blickwinkel.

Linearität und Nicht-Linearität unterscheiden als Genremerkmale außerdem die Geschichtsdarstellung und die entworfenen historischen Narrative in den Spielen grundlegend voneinander: Die Strategiespiele produzieren durch ihre nicht-lineare Anlage mit den kontrafaktischen Geschichtsverläufen die Narration in jeder Spielrunde neu; durch das Variieren und Einstellen von Parametern geschichtlichen Handelns trägt der Spieler maßgeblich dazu bei, in welche narrative Richtung sich eine Spielrunde bewegt. Fahrzeugsimulationen stellen in den Missionen bestimmte Aufgaben, deren Lösung der Spieler mit den ihm zur Verfügung stehenden Mitteln lösen kann. Narrative Aspekte sind hier sekundär und zeigen ihre Linearität in der Abfolge der Einzelmissionen des Spiels aufeinander. Streng linear sind die First-Person-Shooter aufgebaut: Die Narration, die der Spieler in den Missionen durchläuft und die häufig durch cineastische Zwischensequenzen vorangetrieben wird, folgt einem in die Spiele eingeschriebenen Drehbuch. Alternative und durch den Spieler generierte Wege und narrative Verläufe sind nicht vorgesehen.

Ein weiteres Unterscheidungsmerkmal der Genres wird durch die Spielanreize repräsentiert, die als Wettbewerbskonzepte angeboten werden und damit auch einen strukturellen Einfluss auf die Geschichtsdarstellung nehmen. Strategiespiele fordern für ein erfolgreiches Absolvieren des Spiels planerisches, analytisches und antizipierendes Denken, das das Erkennen von Zusammenhängen historischer Prozesse voraussetzt. Die Fahrzeugsimulationen verlangen vom Spieler eine dezidierte Einarbeitung in die physikalischen und technologischen Eigenheiten eines historischen Kriegsgeräts, deren Verständnis mit der Bedienung erst in eine zielgerichtete Handlung überführt werden kann. Während hierbei kognitive Fähigkeiten bereits eine wichtige Rolle für die Bewältigung des Spiels darstellen, kommt der Senseomotorik des Spielers wie der sogenannten ‚Hand-Auge-Koordination' – also das Verarbeiten visueller Reize und ihre Umsetzung in eine zielgerichtete, motorische Handlung – bei den First-Person-Shootern eine zentrale Funktion zu: Die Fähigkeit, die vom Spiel aufgerufenen Situationen schnell zu erfassen und auf sie zu reagieren, steht hier im Vordergrund. Die First-Person-Shooter mit einem historischen Hintergrund unterscheiden sich mit diesen grundlegenden Wettbewerbsanforderungen nicht von Spielen des gleichen Genres, die in der Gegenwart oder einem fiktiven Setting angesiedelt sind.

Eine Beschäftigung mit medialen Ausdruckformen der Geschichts- und Erinnerungskultur zielt auf „Techniken der Erinnerung ab, was zwangsläufig die Analyse unterschiedlicher Erinnerungsgattungen einbezieht".[28] Verschiedene Medien des sozialen Gedächtnisses verfügen über jeweils eigene Mittel und damit verbundene Beschränkungen, mit denen sie Erinnerung ausdrücken und die ihre inhaltliche Ausformung und Generierung durch diese technischen Charakteristika präfigurieren und prägen. Auch Geschichtsdarstellungen von Computerspielen werden maßgeblich durch die Möglichkeiten und Eigenschaften des Mediums und seiner inhaltlichen Konventionen und Intentionen vorstrukturiert und mit medialen Spuren versehen. Aufgrund der Heterogenität der Darstellungstechniken, Perspektiven und Zielsetzungen scheinen im Fall von Computerspielen weitere Differenzierungen notwendig zu sein: Auch bei der inhaltlichen Analyse und der erinnerungskulturellen Interpretation sollten die Genres als Unterformen einer übergeordneten, gemeinsamen Erinnerungsgattung verstanden werden. Durch die Abgrenzung und ihre Vergegenwärtigung können die Techniken bei der Konstruktionen historischer Erinnerung besser gegriffen werden, indem die Spuren, die der mediale Apparat auf den Geschichtsdarstellungen hinterlassen hat, miteinander verglichen und von den inhaltlichen Einschreibungen getrennt werden können.

---

28 Cornelißen, *Was heißt Erinnerungskultur?* 558.

„UM ETWA 1944 LIVE DABEI SEIN" – AUTHENTIZITÄT UND HISTORISCHES WISSEN

Selbstbeschreibungen von Computerspielen sparen nicht mit Komparativen und Superlativen, um die Qualität ihrer Geschichtsdarstellung hervorzuheben. „Noch gewaltigere, intensivere und realistischere Schlachten als wohl jemals zuvor", verspricht die Beschreibung von *Call of Duty 2*,[29] und bei *Vietcong 2* ist sogar von „[u]nglaubliche[m] Realismus" die Rede, der durch die „[e]xtrem realistische Nachempfindung" des historischen Geschehens erreicht werde.[30] Der Mulitplayer-Shooter *Day of Defeat* möchte den Spieler „das Gefühl, auf dem europäischen Kriegsschauplatz um etwa 1944 live dabei zu sein" erleben lassen, unter anderem durch „historische Watten und ein lebendiges, realistisches Gameplay".[31] Von „authentischen Waffen" zu sprechen, gehört bei diesen Texten zum Standardrepertoire.[32] ‚Authentisch' und ‚realistisch' sind die mit Abstand am häufigsten verwendeten Adjektive, mit denen Hersteller Computerspiele mit historischem Hintergrund beschreiben und bewerben; im Entwicklungsprozess fungieren sie als Zielvorgaben für das Endprodukt.

Auch wenn er von den Spielen meist synonym mit ‚Realismus' verwendet wird,[33] ist ‚Authentizität' ein Begriff, dessen Bedeutung flüchtig

---

29 Text auf Verpackung, in: *Call of Duty 2*.

30 Text auf Verpackung, in: *Vietcong 2* (PC), Entwicklung: Pterodon, Vertrieb: 2K Games, 2006.

31 Text auf Verpackung, in: *Day of Defeat. Source* (PC), Entwicklung und Vertrieb: Valve, 2005.

32 Bei *Royal Marines Commando* heißt es etwa: „Bekämpfen Sie die Achsenmächte mit authentischen Waffen aus dem Zweiten Weltkrieg." Text auf Verpackung, in: *Royal Marines Commando* (PC), Entwicklung: EX Jupiter, Vertrieb: City Interactive, 2008. Vgl. als weiteres Beispiel *Medal of Honor – Allied Assault* (PC), Entwicklung: 2015 Inc., Vertrieb: Electronic Arts, 2005.

33 Bei *Cold War* soll der Spieler laut Ankündigung „die authentischen Nachbildungen echter sowjetischer Schauplätze" erkunden können. Text auf Verpackung, in: *Cold War* (PC, Microsoft Xbox), Entwicklung: Mindware Studios, Vertrieb: DreamCatcher Interactive, 2005.

und seine Verwendung vielgestaltig ist.[34] Während er nach seiner Herkunft eine erwiesene und beglaubigte Echtheit eines Objektes bezeichnet, wird Authentizität mit Blick auf populäre Darstellungsformen historischer Vergangenheit vielfach für den Effekt eines subjektives Empfindens und den Glauben an die historische Originalität verwendet.[35] Dieser stellt sich ein, wenn sich „das Dargestellte durch die Darstellung als nicht Dargestelltes präsentiert",[36] das Medium also seine Funktion als Träger und Produzent von Geschichtsbildern verschleiert und Unmittelbarkeit suggeriert. Als vollständig virtuelle und künstliche Abbildungen historischer Vergangenheit mit einem hohen Maß an Inszenierung sind Computerspiele darauf angewiesen,[37] bei dem Versuch einer authentischen Darstellung von Geschichte verschiedene Verfahren zu nutzen und Signale zu senden, die diesen „Effekt des Authentischen" hervorrufen und auslösen können.[38]

---

34 Zur Begriffsgeschichte siehe Susanne Knaller: *Ein Wort aus der Fremde. Geschichte und Theorie des Begriffs Authentizität*, Heidelberg 2007.

35 Siehe hierzu die Diskussion bei Eva Ulrike Pirker/Mark Rüdiger: *Authentizitätsfiktionen in populären Geschichtskulturen. Annäherungen*, in: dies. u.a. (Hrsg.): *Echte Geschichte. Authentizitätsfiktionen in populären Geschichtskulturen*, Bielefeld 2010, 11-30.

36 Christoph Strub: *Trockene Rede über mögliche Ordnungen der Authentizität*, in: Jan Berg/Hans-Otto Hügel/Hajo Kurzenberger (Hrsg.): *Authentizität als Darstellung*, Hildesheim 1997, 7-17, hier 9.

37 Zum Gegensatzpaar ‚Authentizität' und ‚Inszenierung' siehe Tanjev Schultz: *Alles inszeniert und nichts authentisch? Visuelle Kommunikation in den vielschichtigen Kontexten von Inszenierung und Authentizität*, in: Thomas Knieper/ Marion G. Müller (Hrsg.): *Authentizität und Inszenierung von Bilderwelten*, Köln 2003, 10-24.

38 Helmut Lethen: *Versionen des Authentischen. Sechs Gemeinplätze*, in: Hartmut Böhme/Klaus R. Scherpe (Hrsg.): *Literatur und Kulturwissenschaft. Positionen, Theorien, Modelle*, Reinbeck bei Hamburg 1996, 205-231, hier 209. Helmut Lethen stellt klar: „Was ‚authentisch' ist, kann nicht geklärt werden." Mit Bezug auf virtuelle Realitäten und deren „Prinzip der Illusion" siehe Martin Andree: *Archäologie der Medienwirkung. Faszinationstypen von der Antike bis heute (Simulation, Spannung, Fiktionalität, Authentizität, Unmittelbarkeit, Geheimnis, Ursprung)*, München 2005, 151-155.

Als ‚gemachte' Darstellungen historischer Vergangenheit müssen die Spiele versuchen, den Spieler von ihrer Geschichtlichkeit und der Realitätsnähe des Gezeigten zu überzeugen, um authentisch zu wirken. Neben der reinen Spielehandlung sind Computerspiele ein mediales Amalgam, in dem Filmsequenzen eingespielt, Töne und Musik reproduziert und Texte eingeblendet werden können, so dass eine Vielzahl von Möglichkeiten besteht, den intendierten Effekt zu erzeugen. Das audiovisuelle Nachmodellieren dinglicher historischer Vorbilder stellt in den Computerspielen ein starkes Authentizitätssignal dar, in das teilweise große Detailverliebtheit von den Entwicklern eingebracht wird. Der Versuch, Uniformen, Fahr- und Flugzeuge, Waffen und historische Schauplätze der dargestellten Zeit kleinteilig und visuell dicht an der realhistorischen Vorlage virtuell nachzubilden und zu replizieren, gehört in den meisten Computerspielen zu einer Standardvorgabe, die die Entwickler an ihre Tätigkeit anlegen. Das Entwicklerteam von *Brothers in Arms – Hell's Highway* wertete unter dem Motto „History Remade" zeitgenössische Luftaufnahmen aus dem Zweiten Weltkrieg aus, die es in die Gestaltung niederländischer Dörfer und Landschaften einbrachte; Fotografien der Kampfhandlungen der dargestellten ‚Operation Market Garden' sollten außerdem als visuelle Topoi in das Spiel integriert werden.[39] Flugsimulationen präsentieren die Aufmerksamkeit, die technischen Details beim virtuellen Nachmodellieren der Flugzeuge zukommt, indem den Handbüchern ausführliche Dokumentationen der technischen Eigenschaften beigegeben sind. Dieses enzyklopädische Auflisten von historischen Informationen folgt hierbei einem konventionellen Ansatz der Wissensvermittlung, indem die Möglichkeit bereitgestellt wird, Details nachzuschlagen, die jedoch auch im physischen Aussehen und physikalischen Verhalten der Maschinen im Spiel sichtbar sein sollen. Ein Extremfall ist der „Flyable Aircraft Guide", ein über 450 Seiten starkes Dokument, das der Flugsimulation *IL-2 Sturmovik 1946* beigegeben ist und das die rund 230 verwendbaren Flugzeugtypen, die in den Spielen der gesamten

---

39 Video *Dev Diary 1*, in: Brothers in Arms Hell's Highway, URL: brothersinarmsgame.de.ubi.com [Stand: 19.02.2012]. Vgl. auch Benedikt Schüler/Christopher Schmitz/Karsten Lehmann: *Geschichte als Marke. Historische Inhalte in Computerspielen aus Sicht der Softwarebranche*, in: Schwarz, *Annäherung an Geschichte im Computerspiel*, 199-215, hier 207-210.

Reihe gesteuert werden können, beschreibt.[40] Im Mittelpunkt der Auflistung steht die jeweilige Darstellung des Cockpits der Maschine, bei der sämtliche Instrumente, Anzeigen, Hebel und Schalter beschriftet sind; Vor- und Nachteile der Flugzeuge werden ebenso wie das Flugverhalten in bestimmten Situationen und die Bewaffnung beschrieben. Während diese Angaben bei einem Spiel mit einem hohen Authentizitätsanspruch für einen Spieler, der tief in die Materie einsteigen möchte, durchaus von Nutzen für die Steuerung der Flugzeuge im Spiel sein kann, kommt in der enzyklopädischen Auflistungen anderer Simulationen dem Ausstellungsaspekt eine gewichtige Rolle zu. In der U-Boot-Simulation *Silent Hunter III* etwa findet sich ein Menüpunkt außerhalb des Spiels, der sogar explizit mit ‚Museum‘ bezeichnet ist.[41] Hier können die im Spiel steuerbaren Unterseeboote von allen Seiten betrachtet und technische Informationen eingeholt werden. Das ‚Museum‘ ermöglicht somit mit der Außenperspektive einen Blick auf die zu steuernden Objekte, die in der Inszenierung des eigentlichen Spiels, in der die U-Boot hauptsächlich von verschiedenen Steuerzentralen aus gelenkt wird, fehlt. Die detailgenaue visuelle Darstellung mit der Angabe technischer und technikgeschichtlicher Informationen soll jedoch ebenso als Authentizitätssignal dafür bürgen, dass die Maschinen im Spiel mit Kenntnis und unter Verwendung dieser Informationen realitätsnah dargestellt sind.

Neben dem visuellen Nachmodellieren historischer Vorbilder wird auch die Tonspur der Spiele mit den rekonstruierten Geräuschen der Vergangenheit angereichert. Vor allem bei Großproduktionen von Shootern ist es mittlerweile eine etablierte Praxis der Entwickler, für Fahrzeuggeräusche sowie Schuss- und Ladegeräusche der Waffen, die im Spiel verwendet werden können, nicht auf das Klangarchiv zurückzugreifen, sondern sie eigens mithilfe von historischen Originalwaffen aus dem jeweiligen Konflikt aufzuzeichnen. Die Tonaufnahmen, die auf Schießplätzen vorgenommen werden, werden wie im Fall von *Call of Duty – World at War* häufig filmisch dokumentiert und für die Werbekampagnen verwendet, was bereits

---

40 Dokument *Flyable Aircraft Guide*, in: *IL-2 Sturmovik 1946* (PC), Entwicklung: 1C Maddox Games, Vertrieb: Ubisoft, 2007.

41 Menüpunkt *Museum*, in: *Silent Hunter III*.

auf die Funktion des Verfahrens als Authentizitätssignal verweist.[42] Der Aufwand, der betrieben wird, um digitale Mitschnitte von Geräuschen historischen Kriegsgerätes zu erhalten, ist teilweise enorm: Das Produktionsteam von *Medal of Honor – Airborne*, in dessen Mittelpunkt US-amerikanische Fallschirmjäger im Zweiten Weltkrieg stehen, organisierte eine authentische und flugfähige Douglas C-47, also ein Exemplar jenes Flugzeugtyps, der tatsächlich massenhaft in diversen Luftlandeoperationen eingesetzt wurde. Toningenieure nahmen nicht nur Motoren- und Überfluggeräusche der Maschine auf, sondern auch die Klänge der sich öffnenden und schließenden Schnallen der Sicherheitsgurte sowie die Geräusche von Schritten im Inneren des Flugzeugs.[43] Durch das Vorgehen, historische Geräusche nicht nur zu imitieren, sondern sie tatsächlich erneut zu erzeugen und zu reproduzieren, knüpfen die Spiele – zumindest im Fall der technischen Bestandteile des Schlachtenlärms – an ein „akustisches Gedächtnis" an: An das konkrete Erleben gebundene Reize und solche, die als akustische Signale in die Lautsphäre von Erinnerungsmedien eingearbeitet werden, fallen trotz des zeitlichen Abstandes nahezu zusammen.[44] Dennoch dürfte der Nutzen der Reproduktion einzelner historischer Geräusche in Computerspielen zur Erzeugung einer historischen Klanglandschaft des Krieges im Spiel kaum wahrnehmbar sein: Herauszuhören, ob Schuss- und Ladegeräuschen von einer historischen Waffe oder aus dem Klangarchiv stammen, dürfte nur Experten möglich sein. Die Aufnahmen an eigens bereitgestelltem Kriegsgerät aus der Zeit, die im Spiel dargestellt werden soll, dienen wohl hauptsächlich als Anspruch und ein für die Werbung verwendbares Zeichen, das das Bemühen um eine möglichst authentische Darstellung signalisieren soll.

Im Zusammenhang mit einer authentischen Präsentation der kriegerischen Handlungen selbst – also spezifischer Vorgehens- und Verhaltens-

---

42 Trailer *CoD: World at War – BTS Audio*, in: Call of Duty – World at War, URL: www.callofduty.com/CoDWW/reconnaissance/videos#270 [Stand: 21.03.2011].

43 Trailer *MoH: Airborne C47*, in: Medal of Honor – Airborne, URL: http://games. ea.com/moh/airborne/home.jsp [Stand: 21.03.2011].

44 Zum Begriff des ‚Akustischen Gedächtnisses' und seiner Kategorisierung siehe Rüdiger Ritter: *Tönende Erinnerung. Überlegungen zur Funktionsstruktur des akustischen Gedächtnisses. Das Beispiel der Schlacht von Stalingrad*, in: Robert Maier (Hrsg.): *Akustisches Gedächtnis und Zweiter Weltkrieg*, Göttingen 2011, 31-42.

weisen bestimmter militärischer Einheiten – greifen die Entwickler zumindest bei Großproduktionen auf militärische und historische Berater zurück, deren Beteiligung für die realitätsnahe Darstellung bürgen soll. Diese Berater treten nicht selten auch bei den Werbemaßnahmen für die Spiele in Erscheinung: Martin Morgan, ein Historiker, der sich mit Fallschirmjägern beschäftigt hat, tritt etwa in mehreren Videos auf, die eine Recherchereise für *Medal of Honor – Airborne* im Rahmen der Promotion für das Spiel zeigt. John Antal, ein ehemaliges Mitglied der US-Armee, wird als ‚Military Advisor‘ für *Brothers in Arms – Hell's Highway* geführt und von den Entwicklern als historischer Berater benannt. In welchem Umfang die beratende Tätigkeit der Historiker tatsächlich auf den Entwicklungsprozess Einfluss genommen hat und wie die Kompetenzen bei der Deutung und Implementierung historischen Wissens in die Spiele zwischen ihnen und den Entwicklern verteilt und gewichtet waren, bleibt unklar. Dass die Aufgabe der Berater zu einem mindestens gleichberechtigten Grad darin besteht, durch ihre Tätigkeit gegenüber den Spielern für Wissenschaftlichkeit zu bürgen und somit selbst als Authentizitätssignale zu fungieren, zeigt beispielhaft der Einsatz von Dale Dye als Berater in mehreren Teilen der *Medal of Honor*-Reihe. Dye kann als prominentester militärischer und historischer Berater bei Filmproduktionen gelten: In zahlreichen Filmen, bei denen Dye als Berater mitgewirkt hat, hat der ehemalige Militärangehörige auch eine kleine Rolle übernommen; auf seiner Filmografie finden sich somit Spielfilme wie *Platoon, Outbreak, Rules of Engagement* und *Alexander*. Für die Produktion von *Saving Private Ryan* absolvierte Dye mit den Darstellern ein einwöchiges Trainingslager, das zum Ziel hatte, den Lebensalltag eines Infanteristen im Zweiten Weltkrieg für die Schauspieler nachzustellen. Als Berater für die Titel der *Medal of Honor*-Reihe scheint Dye diese Tätigkeitsprofile von den Spielfilm- auf die Computerspielproduktionen übertragen zu haben: So absolvierte er mit dem Entwicklerteam von *Medal of Honor – Allied Assault* Schießübungen mit echten Waffen des Zweiten Weltkrieges und scharfer Munition, „so they could get the feel of reloading and recoil, and what a weapon would do".[45] Ebenso ist Dye

---

45 *Rick Giolito of Electronic Arts and Dale Dye. Interview*, 15.02.2002, in: Eurogamer, URL: www.eurogamer.net/articles/i_mohassault [Stand: 19.02.2012]. Vgl. *Medal of Honor – Allied Assault*.

auch in einer Reihe von Spielen präsent, indem er als Synchronsprecher für den Erzähler in Zwischensequenzen oder für den Spielercharakter tätig war.[46]

Während die Berater ihre Kompetenz, mit der sie als Authentizitätssignale fungieren, aus ihrer Stellung als Wissenschaftler oder Armeeangehörige beziehen sollen, wird in Werbekampagnen auch auf Personen gesetzt, die durch Zeitzeugenschaft und unmittelbare Beteiligung an den historischen Ereignissen der Spiele für Authentizität bürgen sollen. In einem Trailer, der eine *Director's Edition* des First-Person-Shooters *Medal of Honor – Pacific Assault* bewirbt, kommen fünf US-Veteranen zu Wort, die an den Kämpfen im Pazifikkrieg teilgenommen haben.[47] Ihre Aussagen sind mit Sequenzen aus dem Spiel gegengeschnitten, die inhaltlich auf sie abgestimmt sind. Weiterhin sind historische Film- und Tonaufnahmen in den Trailer integriert. An diesem Beispiel zeigt sich der Versuch, den dokumentarischen Charakter historischen Bild- und Tonmaterial sowie der Aussagen von Zeitgenossen auf die Virtualität der Spiele übergehen zu lassen und den Eindruck einer in sich abgeschlossenen Authentizität zu erzeugen. Die dokumentarischen Bilder und Aussagen dienen durch die unmittelbare Vergleichbarkeit einerseits als Belege für die historische Realitätsnähe der Spiele und verleihen den virtuellen Geschichtsdarstellungen der Spiele selbst den Eindruck verbürgter Glaubwürdigkeit.

In nahezu jedem Spiel, in dem eine Narration durchlaufen wird, wird der Spielercharakter mit einem Namen, teilweise auch mit einer Biographie versehen, die in unterschiedlichem Maß Einfluss auf den Verlauf der Handlung nimmt oder die durch die Narration fortgeschrieben wird. In kaum einem der Spiele handelt es sich hierbei jedoch um eine realhistorische Person, sondern um fiktive Charaktere, deren Ausgestaltung sich an

---

46 Siehe Eintrag ‚*Dale Dye*‘, in: IMDB, URL: www.imdb.com/name/nm0245653 [Stand: 19.02.2012]. Hier sind neben den Filmen auch die Computerspiele aufgelistet, in denen Dye als Sprecher zu hören ist.

47 Trailer *Medal of Honor – Director's Edition*, in: Gametrailers, URL: www. gametrailers.com/player/2153.html [Stand: 29.02.2012]. Die Interviews mit den Zeitzeugen entstammen einer Dokumentation, die sich auch auf der Spiele-CD befindet. Siehe *Medal of Honor – Pacific Assault: Director's Edition* (PC), Entwicklung und Vertrieb: Electronic Arts, 2004.

der Narration des Spiels orientiert. Die Shooter-Reihe *Brothers in Arms* verfolgt den Weg einer Gruppe von US-Soldaten durch den Zweiten Weltkrieg, die mit jedem neuen Teil fortgeschrieben wird. Die Figuren sind mit eigenen, teilweise sehr kleinteiligen Biographien ausgestattet;[48] ihre Charaktersierung wird durch übergreifende Bezugnahmen über die Teile der Reihe hinweg schrittweise vorangetrieben. Die biographischen Angaben mit Alter, Heimatstadt und persönlicher Vorgeschichte sowie die Darstellung der Beziehungen der Figuren zueinander sind für die konkrete Spielehandlung – primär bleiben die Titel First-Person-Shooter – nicht relevant. Als Authentizitätssignal verleihen sie den Figuren und damit der dargestellten Geschichte erzählerische Komplexität und eine narrative Tiefe, die auf die Glaubwürdigkeit der Handlung abzielt.

Neben den fiktiven Figuren mit einer teilweise detaillierten Charakterzeichnung sind in den Spielen häufig realgeschichtlich existente Persönlichkeiten präsent, die als prominente historische Protagonisten des jeweils dargestellten Krieges die Glaubwürdigkeit der Darstellung des historischen Kontextes erhöhen sollen. Nur selten werden diese narrativen Nebenfiguren, bei denen es sich meist um militärische Oberbefehlshaber und Generäle handelt, in den Spielen visuell dargestellt, wie es etwa in *Royal Marines Commando* zu beobachten ist, in dem der Spielercharakter seine Befehle in Sequenzen zwischen den Missionen direkt von einem virtuell nachmodellierten Winston Churchill erhält.[49] Vielmehr werden diese Personen in Texten genannt und erwähnt, ohne dass ihnen eine handlungstragende Funktion zukommt. Die Trennlinie zwischen realhistorischen Personen und fiktiven Figuren ist in den meisten Spielen nicht erkennbar: Eine Angabe wie bei *Undercover – Operation Wüstensonne*, dass das Setting eine „faszinierende Mischung aus historischen Fakten und realen Schauplätzen mit fiktiven Personen" sei, ist in dieser Offenheit selten zu finden.[50]

Präsenz zeigen realhistorische Persönlichkeiten vor allem im Umfeld der eigentlichen Spielehandlung, indem Zitate historischer, zeitgenössischer Personen des dargestellten Konfliktes eingeblendet werden. *Men of Valor*, das hierfür die Pausen nutzt, die entstehen, wenn das Programm Daten für die nächste Mission nachladen muss, zeigt teils ganze Absätze von Zitaten

---

48 Siehe Handbuch, in: *Brothers in Arms – Hell's Highway.*

49 *Royal Marines Commando.*

50 Text auf Verpackung, in: *Undercover: Operation Wüstensonne.*

zum Vietnamkrieg von Personen wie den US-Präsidenten John F. Kennedy, Lyndon B. Johnson und Richard Nixon, dem nordvietnamesischen Präsidenten Ho Chi Minh, weiteren militärischen und politischen Beteiligten und selbst namentlich ungenannten US-Soldaten, die tatsächlich zu einem erweiterten historischen Verständnis des dargestellten Vietnamkrieges beitragen können.[51] Die Zitate wechseln sich in einer unregelmäßigen und nicht festgelegten Reihenfolge ab, sind also nicht inhaltlich auf die im Spiel gezeigten Situationen abgestimmt, sondern beziehen sich auf das Gesamtbild des Krieges. Anders als in *Men of Valor* werden die Zitate historischer Persönlichkeiten meist jedoch als Sinnsprüche verwendet, die sich auf vermeintlich überzeitlich gültige Regeln der Kriegsführung beziehen und denen eine atmosphärische Funktion zukommt: So hatte Benjamin Franklin, der in *Medal of Honor – Airborne* vor Beginn der ersten Mission zitiert wird, mit Sicherheit nicht den Zweiten Weltkrieg im Sinn, als er 1784 rhetorisch fragte, wer es sich leisten könne, „sein Land mit so vielen Truppen zu schützen, um 10.000 Mann, die vom Himmel fallen, zurückzuwerfen, bevor sie unendliches Leid verursachen".[52] Diese Zitate sind an den situativen Kontext, nicht an den historischen Zusammenhang gekoppelt, auch wenn eine derartige Verbindung suggeriert wird. Das Zitat „Die Geschichte überlässt die Verteidigung der Freiheit niemals den Schwachen und Ängstlichen" von Dwight D. Eisenhower, das am Beginn von *Medal of Honor – European Assault* eingeblendet wird,[53] ist hierfür ein gutes Beispiel: Eisenhower äußerte den Satz nicht in seiner Funktion als Oberbefehlshaber der alliierten Streitkräfte im Zweiten Weltkrieg oder mit Bezug auf die Kampfhandlungen, die im Spiel dargestellt werden; das Zitat entstammt der Antrittsrede Eisenhowers bei seiner Vereidigung zum US-Präsidenten im Jahr 1953.[54]

---

51 *Men of Valor* (PC, Microsoft Xbox), Entwicklung: 2015 Inc., Vertrieb: Sierra Entertainment, 2004.

52 Intro der Mission *Unendliches Leid*, in: *Medal of Honor – Airborne*.

53 Intro, in: *Medal of Honor – European Assault* (Microsoft Xbox, Sony PlayStation 2, Nintendo Gamecube), Entwicklung und Vertrieb: Electronic Arts, 2005.

54 Dwight D. Eisenhower: *First Inaugural Adress*, 20.01.1953, in: The American Presidency Project, URL: www.presidency.ucsb.edu/ws/?pid=9600 [Stand: 19.02.2012]. Der Kontext der Äußerung lautet vollständig: „We must be ready to dare all for our country. For history does not long entrust the care of freedom

Bei der Präsentation historischer Narrative erlegen sich Computerspiele keine Grenzen auf, die etwa durch die Wiedergabe eines realgeschichtlichen Ereignisverlaufes bestehen könnten. Computerspiele stoßen gerne gezielt in Lücken und auf ungesichertes Terrain historischen Wissens vor, um die dortigen Leerstellen mit ihren Narrationen zu füllen und so konkrete, plausibel erscheinende Geschichtsdeutungen anzubieten, die durch ihre Einbettung in einen realhistorischen Kontext und ihre Visualisierung besondere Glaubwürdigkeit erzeugen sollen. Diese narrative Vorgehensweise kann an zwei besonders instruktiven Beispielen verdeutlicht werden, bei deren Diskussion eine genauere Betrachtung lohnt, wie die Lücken historisch entstanden sind und wie sie von den Spielen narrativ geschlossen werden. Im First-Person-Shooter *Sniper Elite* steuert der Spieler einen US-amerikanischen Scharfschützen, der in der Endphase des Zweiten Weltkrieges verschiedene geheimdienstliche Aufträge in Berlin erfüllt, während die Rote Armee die Stadt bereits erobert.[55] Übergeordnetes Ziel der Missionen ist es zu verhindern, dass die Sowjetunion in den Besitz deutscher Waffentechnologie gelangt, die ihr einen Vorteil in der bevorstehenden Konfrontation mit dem USA – die im Spiel bereits prognostiziert wird – verschaffen würde. In einer der Missionen ist es die Aufgabe des Scharfschützen, einen Anschlag auf Martin Bormann durchzuführen. Aus sicheren Quellen habe man erfahren, so wird es in der Missionsbeschreibung erläutert, dass Bormann den Sowjets Informationen über das deutsche Atomprogramm übergeben wolle, um im Gegenzug freies Geleit aus Deutschland zu erhalten. Der Scharfschütze legt sich in der Nähe des Brandenburger Tores auf die Lauer; der tödliche Schuss fällt, als sich Bormann mit einem Kontaktmann des sowjetischen Geheimdienstes trifft.[56]

Um diesen Auftritt Bormanns – der einzigen historischen Persönlichkeit, die in *Sniper Elite* dargestellt wird – einordnen zu können, ist ein Blick auf seine erinnerungskulturelle Relevanz in der Nachkriegszeit hilfreich. Als ‚Chef der Parteikanzlei‘ und ‚Sekretär des Führers‘ nahm Bormann nach 1943 inoffiziell die Rolle des Stellvertreters Hitlers ein; das po-

---

to the weak or the timid. We must acquire proficiency in defense and display stamina in purpose.“

55 *Sniper Elite* (PC, Microsoft Xbox, Sony PlayStation 2), Entwicklung: Rebellion Developments, Vertrieb: MC2 France, 2005.

56 Siehe Mission *Töte Bormann: Der Reichstag*, in: *Sniper Elite*.

litische Gewicht des „absolut zuverlässigen Erfüllungsgehilfen" im NS-Staat lag vor allem in der Endphase des Krieges darin begründet, dass Bormann den Zugang zu Hitler kontrollierte. Bormanns Spur verlor sich zunächst bei seinem Versuch, nach dem Selbstmord Hitlers am 1.5.1945 aus der von sowjetischen Truppen eingeschlossenen Reichskanzlei in Berlin zu entkommen. Während der an dem Ausbruchsversuch beteiligte Reichsjugendführer Artur Axmann nach Kriegsende angab, Bormanns Leiche am 2.5.1945 in der Nähe des Lehrter Bahnhof gesehen zu haben, wurde Bormann 1946 im Nürnberger Hauptkriegsverbrecherprozess „in Abwesenheit" zum Tode verurteilt, weil weder seine Leiche gefunden worden war noch auf anderem Weg sicher ausgeschlossen werden konnte, dass er am Leben sei.[57]

In der Nachkriegszeit stützten sich die Spekulationen über den Verbleib Bormanns meist auf die Vermutung, der Sekretär Hitlers sei lebend aus Berlin entkommen. Simon Wiesenthal, der es sich als Holocaust-Überlebender zur Aufgabe gemacht hatte, flüchtige und untergetauchte NS-Größen aufzuspüren, kam 1967 aufgrund einer Reihe von Indizien und Hinweisen, die er für glaubhaft hielt, zu der Überzeugung, Bormann sei nach dem Krieg über Flensburg und Südtirol nach Südamerika geflohen, wo er im Grenzgebiet zwischen Argentinien und Chile lebe.[58] Reinhard Gehlen, Wehrmachtsgeneral und Chef der militärischen Geheimdienstabteilung ‚Fremde Heere Ost', gab in seiner 1971 erschienenen Autobiographie an, er und Wilhelm Canaris, Chef der Abwehrabteilung des Reichskriegsministeriums, hätten bereits während des Krieges den starken Verdacht gehabt, dass Bormann ein Agent der Sowjetunion sei. Nach dem Krieg habe Geh-

---

57 Siehe Art. ‚*Martin Bormann* ', in: Hermann Weiß (Hrsg.): *Biographisches Lexikon zum Dritten Reich*, Frankfurt am Main 1998, 49-51.

58 Siehe Simon Wiesenthal: *Doch die Mörder leben*, München und Zürich 1967, 399-420. Die These, Bormann sei nach Südamerika entkommen, war weit verbreitet. Siehe etwa Ladislas Farago: *Aftermath. Martin Bormann and the Forth Reich*, London 1975. Bereits Wiesenthal sah in Bormann einen der führenden Köpfe der ‚Organisation Odessa', einem informellen Netzwerk von nach Südamerika geflohenen Mitgliedern der SS, dessen Existenz jedoch nie stichhaltig nachgewiesen werden konnte. Siehe zur ‚Organisation Odessa' – auch mit Bezug auf Bormann – Heinz Schneppen: *Odessa und das Vierte Reich. Mythen der Zeitgeschichte*, Berlin 2007, bes. 71-78.

len, der später den Bundesnachrichtendienst aufbaute, aus zuverlässigen Quellen erfahren, dass sich Bormann in die Sowjetunion abgesetzt habe; zum Zeitpunkt des Erscheinens seines Buches sei Bormann dort bereits verstorben gewesen.[59]

1972 wurden bei Erdarbeiten in der Nähe des Lehrter Bahnhofes zwei Skelette entdeckt, von denen eines durch gerichtsmedizinische Untersuchungen anhand des Zahnschemas Bormann zugewiesen wurde. Glassplitter an den Zähnen legten den Befund nach, dass Bormann und die als Ludwig Stumpfegger, der Begleitarzt Hitlers, identifizierte zweite Person mithilfe von Blausäure aus zerbissenen Ampullen Selbstmord begangen hatten. Der endgültige Nachweis, dass es sich um die Überreste Bormanns handelte, wurde 1998 durch ein forensisches Gutachten auf molekulargenetischer Grundlage erbracht, für das die DNS der gefundenen Knochen mit derjenigen einer noch lebenden Cousine Bormanns verglichen wurde.[60]

Wie bereits diese knappe Zusammenfassung der Suche nach Bormanns Verbleib in der Nachkriegszeit zeigt, wurde der vermeintlich noch lebende Sekretär Hitlers zu einem Mythos, der auch durch die Medien im populären Bewusstsein gehalten wurde, indem neue Sichtungen oder vorgebliche Erkenntnisse über Bormanns Aufenthaltsort bereitwillig aufgenommen wurden. Die Aufmerksamkeit, die Bormann so nach dem Krieg zuteil wurde, stand in einem deutlichen Missverhältnis zu seiner Bekanntheit in der Zeit der NS-Herrschaft, als sein Name einem Großteil der Zeitgenossen selbst in Deutschland unbekannt gewesen sein dürfte.[61] In die Erinnerungskultur

---

59 Siehe Reinhard Gehlen: *Der Dienst. Erinnerungen 1942-1971*, Mainz und Wiesbaden 1971, 47-49. Die These, Bormann habe während des Krieges Informationen an die Sowjetunion weitergegeben, wird weitergeführt bei Louis C. Kilzer: *Hitler's Traitor. Martin Bormann and the Defeat of the Reich*, Novato 2000. Siehe hierzu auch Thomas Burnet: *Conspiracy Theories. The Encyclopedia of Conspiracy Theories*, London 2006, 216-217.

60 Siehe Klaus Rötzscher: *Forensische Zahnmedizin*, Berlin et al. 2003, 143-145.

61 Jochen von Lang bezeichnet Bormann in seiner Biographie als den „unbekannte[n] Angeklagte[n]" der Nürnberger Hauptkriegsverbrecherprozesse: Niemand aus der NS-Führungsriege sei in der deutschen Öffentlichkeit weniger bekannt gewesen; „[g]ekannt hatte ihn eigentlich nur die unmittelbare Umgebung Adolf Hitlers". Jochen von Lang: *Der Sekretär. Martin Bormann: Der Mann, der Hitler beherrschte*, 3., völlig überarb. Neuaufl., München 1987, 11-22.

ging Bormann nicht aufgrund seiner exponierten Stellung in der Führungsriege des NS-Regimes ein, sondern hauptsächlich als ein Phantom, das sich
nach dem Krieg seiner Strafverfolgung erfolgreich entzogen habe.

Sniper Elite knüpft mit der Episode, in der das Spiel Bormann auftreten
lässt, gezielt an diesen Mythos an. Im Rahmen der Narration ist der Bezug
zu Hitlers Sekretär nur wenig plausibel: Weder verfügte der historische
Bormann über einen bekanntermaßen privilegierten Zugang zu Informationen über das deutsche Atomwaffenprogramm, wie es im Spiel suggeriert
wird, noch nahm er für die dargestellte Zeit einen – erinnerungskulturell
wahrgenommenen – prominenten Platz in der Spitze der NS-Führungsriege
ein, der seine Darstellung im Spiel rechtfertigen würde. Sniper Elite nutzt
die Bekanntheit Bormanns aus der Diskussion zu seinem ungewissen Verbleib und seine so für lange Zeit lückenhaft bleibende Biographie, um eine
historische Persönlichkeit zu präsentieren, deren Geschichte durch die Narration des Spiels ergänzt werden kann. Dennoch folgt das Spiel der populären Ansicht über das Schicksal Bormanns in deren zentralen Aspekt nicht:
Während der Mythos durch die Festlegung, der Sekretär Hitlers sei nach
dem Krieg noch am Leben gewesen, überhaupt erst entstanden war und
jahrzehntelang genährt wurde, präsentiert das Spiel eine eigene Version,
indem es ihn 1945 durch die Hand des Spielers sterben lässt. Der Mythos
um den Verbleib Bormanns dient dem Spiel somit als Steigbügel, um biographische Leerstellen narrativ zu füllen.

Ähnlich verfährt das Strategiespiel Codename: Panzers – Cold War mit
einer realhistorischen Person, deren Leben nach Darstellung des Spiels
ebenfalls einen anderen Weg genommen haben soll, als es von geschichtswissenschaftlich gesichertem Terrain aus betrachtet aussieht. Codename:
Panzers – Cold War thematisiert vor einem alternativgeschichtlichen Hintergrund einen Krieg zwischen den Westalliierten und der Sowjetunion, der
im Spiel 1949 während der Berlin-Blockade ausbricht, als ein alliiertes
Versorgungsflugzeug beim Anflug auf die eingeschlossene Stadt mit einem
sowjetischen Abfangjäger kollidiert.[62] Im Lauf der Narration lässt das Spiel
im Jahr 1953 John Dillinger auftreten – aus realgeschichtlicher Perspektive
betrachtet unmöglich, da der berüchtigte Bankräuber und ‚Public Enemy

---

62 Codename: Panzers – Cold War (PC), Entwicklung: Stormregion, Vertrieb:
Atari Europe, 2009.

Number One' in der Zeit der Großen Depression bereits 1934 in Chicago von FBI-Agenten nach einem Kinobesuch erschossen worden war.[63]

Codename: Panzers – Cold War lehnt diesen Auftritt Dillingers offenkundig an die Thesen des US-amerikanischen Journalisten und Schriftstellers Jay Robert Nash an, der bewiesen haben will, dass das FBI 1934 nicht Dillinger, sondern einen Doppelgänger getötet habe; der nur vermeintlich tote Dillinger habe daraufhin die Gelegenheit zum Untertauchen genutzt und jahrzehntelang unerkannt gelebt. Nashs Ausgangspunkt sind Briefe aus den Jahren 1959 und 1963, in denen ein Mann behauptete, Dillinger zu sein, sowie eine Fotographie des Schreibers, der unter Berücksichtigung der zwischenzeitlichen Alterung eine gewisse Ähnlichkeit mit dem Bankräuber aufweisen soll. Seine Behauptung, es habe sich bei dieser Person, die Nash über die Dokumente hinaus nicht auftreiben konnte, tatsächlich um Dillinger gehandelt, versucht er mit weiteren dünnen Indizien zu untermauern, die sich hauptsächlich auf eine Reihe offen gebliebener Fragen im Zusammenhang mit dem Festnahmeversuch des FBI beziehen.[64] Einer wissenschaftlichen Betrachtung hält Nashs abenteuerliche These, die Züge klassischer Verschwörungstheorien trägt, nicht stand.

Anknüpfend an die Vorstellung, Dillinger habe nach 1934 noch gelebt, bietet *Codename: Panzers – Cold War* eine konkrete Version über seinen weiteren Verbleib an. In einer Zwischensequenz tritt Iwan Saitzew auf, der sich einem Offizier der Westalliierten als Oberst des militärischen Geheimdienstes der Roten Armee vorstellt. Er vertrete eine Gruppe sowjetischer Militärs, die einen Nuklearkrieg verhindern und daher die erste funktionstüchtige Atombombe der Sowjetunion unter ihre Kontrolle bringen wolle. Nachdem er in der Unterhaltung seine wahre Identität angedeutet hat, vervollständigt er die Nachfrage seines Gegenübers, wer er sei, vordergründig ablehnend:

„John Herbert Dillinger? Nein, der ist '34 von FBI-Agenten vor dem Biograph Theater in Chicago auf der Flucht erschossen worden. Er ist auch nie von einem Film-

---

63 Zur Biographie Dillingers siehe G. Russell Girardin: *Dillinger. The Untold Story*, Bloomington 1994; Dary Matera: *John Dillinger. The Life and Death of America's First Celebrity Criminal*, New York 2004.

64 Siehe Jay Robert Nash: *Dillinger – Dead or Alive?* Chicago 1970; Jay Robert Nash: *The Dillinger Dossier*, Highland Park 1983.

freund namens Stalin angeheuert worden, hat nie mit einem gewissen Jimmy Lawrence aus Wisconsin die Rollen getauscht, und wurde nie über Mexiko in die Sowjetunion eingeschleust, wo er seitdem leben soll – alles nur Verschwörungstheorien."[65]

Besonders der Hinweis auf Jimmy Lawrence lässt erkennen, dass sich das
Spiel an den Arbeiten Nashs orientiert – Nash benennt den Kleinkriminel-
len, zu dem Dillinger lose Kontakte hatte, als denjenigen, der 1934 in Chicago erschossen worden sei.[66] Es bleibt in *Codename: Panzers – Cold War*
nicht bei dieser erkennbar ironischen Andeutung: Im weiteren Verlauf des
Spiel rückt Iwan Saitzew selbst als Protagonist in den Mittelpunkt, indem
drei Missionen auf seinem Versuch fußen, die sowjetische Atombombe
unter Kontrolle zu bekommen. In zwei dieser Missionen wird jeweils durch
Tagebucheinträge eingeführt, die – recht ungewöhnlich für persönliche
Aufzeichnungen – mit „John Dillinger alias Iwan Saitzew" überschrieben
sind. In diesen Notizen geht Saitzew außerdem auf biographische Stationen
des historischen Dillingers ein, wie etwa die Flucht aus dem Gefängnis kurz
vor seinem – im Spiel eben nur scheinbaren – Tod in Chicago.[67]

---

65 Zwischensequenz nach Mission *Also sprach Zarathustra*, in: *Codename: Pan-
    zers – Cold War*. Die Bezeichnung „Filmfreund" für Stalin bezieht sich auf des-
    sen Leidenschaft für Spielfilme, wie sie etwa in den Memoiren von Nikita
    Chruschtschow beschrieben ist. In einem eigens hierfür eingerichteten Raum des
    Kremls habe Stalin zusammen mit anderen hochrangigen Parteifunktionären re-
    gelmäßig Filme gesehen. Viele der vorgeführten Streifen seien Cowboy-Filme
    aus US-amerikanischer Produktion gewesen, die Stalin sehr gemocht habe: „He
    would curse them for being primitive and criticize them roundly, but he would
    immediately have another one shown." *Memoirs of Nikita Khrushchev*, hrsg.
    von Sergej Chruschtschow, Bd. 2: Reformer. 1945-1964, University Park 2006,
    115-116.
66 Siehe Nash, *Dillinger Dossier*, 177-181.
67 Siehe Missionen *Plan B* und *Tor zum Himmel*, in: *Codename: Panzers – Cold
    War*. Im ersten dieser Tagebucheinträge im Spiel heißt es: „Was für ein
    Hasardstück – erinnert mich an 1934, als ich meine Zelle im Crown Point, In-
    diana ‚geräumt' habe. Ich wünschte, ich hätte meine Holzpistole von damals
    hier." Der historische Dillinger war tatsächlich im März 1934 aus diesem Ge-
    fängnis geflohen. Während des Ausbruchs hatte er die Wachen mit einer Holz-

Warum Dillinger in *Codename: Panzers – Cold War* anzutreffen ist, drängt sich – zumindest aus der Narration des Spiels heraus – nicht auf. Die Figur des Iwan Saitzew benötigt keinen kriminellen Hintergrund oder ein Alter Ego, um seine Rolle im Spiel einzunehmen; dass Dillinger zwei Jahrzehnte nach seinem vermeintlichen Tod als sowjetischer Militär die Bühne betritt, ist kein Handlungsbestandteil, der sich nahtlos und schlüssig in die Narration des Spiels einfügt, sondern im Gegenteil recht aufwändig von ihr erklärt werden muss. Ganz abgesehen von der dünnen Grundlage, auf die sich das Spiel mit dem Indizienkonstrukt Nashs stützt, muss auch die weiterführende Vorstellung, Dillinger habe sich ausgerechnet in die Sowjetunion abgesetzt und dort innerhalb kürzester Zeit eine steile Karriere im militärischen Geheimdienst der Roten Armee absolviert, in Kenntnis der Biographie des historischen Dillingers als geradezu absurd bezeichnet werden.

Das Füllen und Konstatieren von Leerstellen historischer Wissensbestände, wie es in diesen Beispielen von den Computerspielen narrativ praktiziert wird, bewegt sich dicht an der Vorgehensweise der ‚Secret History‘, einer Unterform der ‚Alternate History‘, die an späterer Stelle noch vorgestellt wird. ‚Secret History‘ als Gattung von historischen Romanen oder eben Computerspielen schreibt als alternativgeschichtliche Variation den Geschichtsverlauf in seinen Grundzügen nicht um, sondern ergänzt ihn um vorgeblich unbekannte Episoden: ‚Secret Histories‘ „berichten über eine angebliche historische Tatsache, die nur wenigen eingeweihten Zeitgenossen bekannt [...] gewesen sei" und „behaupten, Geschichte sei an einem bestimmten Punkt anders verlaufen, als offiziell behauptet, ohne daß dies nachweisbare Auswirkungen auf das empirische Erscheinungsbild der Historie gehabt hätte".[68] Ihre Plausibilität beziehen diese Episoden, wie an

---

pistole in Schach gehalten, die mit Schuhcreme schwarz eingefärbt war. Der verwegene Ausbruch und die Verwendung des hölzernen Imitats befeuerten den Mythos um Dillinger bereits zeitgenössisch. Siehe hierzu ausführlich Matera, *John Dillinger*, 204-222; Girardin/Helmer, *Dillinger*, 83-108.

68 Jörg Helbig: *Der parahistorische Roman. Ein literaturhistorischer und gattungstypologischer Beitrag zur Allotopieforschung*, Frankfurt am Main et al. 1988, 132. Siehe auch in einem weiteren Rahmen Gavriel D. Rosenfeld: *The World Hitler Never Made. Alternate History and the Memory of Nazism*, Cambridge 2005.

dem Beispiel aus *Sniper Elite* ersichtlich ist, aus ihrer Platzierung in einen historischen Kontext und ihre vorgebliche Funktion, eine Leerstelle in der Realgeschichte mit einer konkreten Deutung schließen zu können; die Ränder der Lücke werden hierbei allerdings überlagert und die Übergange zwischen Fiktion und gesichertem historischen Wissen unkenntlich gemacht. Auch die narrative Einarbeitung einer abseitigen Verschwörungstheorie in einen historischen Kontext, wie sie in *Codename: Panzers – Cold War* zu beobachten ist, gewinnt dadurch an Glaubwürdigkeit, dass sie übergangslos in die übrige Narration eingepasst wird und vorgeblich eine alternative historische Wahrheit enthüllt.

Können Computerspiele Geschichte authentisch darstellen? Da den Spielen als Trägern von künstlich erzeugten und virtuellen historischen Welten der mediale Zugang zu geschichtlicher Originalität und Echtheit weitgehend verwehrt ist – eine Ausnahme stellt lediglich die Wiedergabe zeitgenössischen, historischen Film- und Tonmaterials dar – liegt die Beantwortung dieser Frage im subjektiven Empfinden des einzelnen Spielers. Anders als der Begriff ‚Realismus‘, der sich auf die möglichst exakte Wiedergabe audiovisueller Aspekte bezieht, ist ‚Authentizität‘ im Zusammenhang mit Geschichtsdarstellungen in Computerspielen keine absolute Kategorie, die qualifiziert werden kann; mangelnde Faktizität schließt nicht aus, dass eine kontrafaktisch überformte oder in neue Kontexte gesetzte geschichtliche Präsentation als plausibel verstanden werden kann. Die Empfindung einer Unmittelbarkeit des gezeigten Geschehens in den Spielen ist nicht an historische Fakten gebunden, sondern daran, wie plausibel Computerspiele ihre eigenen Versionen geschichtlicher Wirklichkeit vermitteln und glaubhaft machen können, dass die von ihnen präsentierten „Authentizitätsfiktionen" keine sind.[69]

---

69 Siehe Pirker/Rüdiger, *Erlebte Geschichte.*

Ungeschehen, alternativ, virtuell –
Kontrafaktizität

Historiker loben selten die Geschichtsdarstellung von Computerspielen.[70] Noch seltener tun sie dies, wenn die Spiele dezidiert darauf angelegt sind, von der Realgeschichte abzuweichen und Umformungen des tatsächlichen historischen Ereignisverlaufes vorzunehmen. Eine Ausnahme stellt der Historiker Niall Ferguson dar, der als prominenter Vertreter kontrafaktischer Geschichtsdarstellungen gilt; für ihn stellt die ‚virtuelle Geschichte‘ der Computerspiele – er selbst verwendet den Begriff synonym mit ‚ungeschehener Geschichte‘ – eine Möglichkeit dar, historische Prozesse nachzuvollziehen und durch Einblicke in alternative Geschichtsverläufe ein besseres Verständnis der Realgeschichte zu erlangen.[71] Im Jahr 2006 beschrieb Ferguson in einem Beitrag für das *New York Magazine* die Möglichkeiten, die ihm das Globalstrategiespiel *Making History. The Calm & The Strom* bei der Überprüfung und dem Nachvollziehen geschichtswissenschaftlicher Thesen zu ungeschehenen Ereignissen geboten habe,[72] wobei er auch die „potentially revoluntionary role [...] in the teaching of history" von Computerspielen lobt. Ferguson habe seine eigene These, dass Deutschland den Zweiten Weltkrieg auch dann verloren hätte, wenn er bereits 1938 ohne das Zustandekommen des ‚Münchner Abkommens‘ ausgebrochen wäre,[73] durch eine Spielrunde von *Making History* einem „computer stress test" unterzogen. Hierfür habe er im Spiel die Rolle Großbritanniens eingenom-

---

70 Teile dieses Unterkapitels sind veröffentlicht bei Steffen Bender: *Erinnerung im virtuellen Weltkrieg. Computerspielgenres und die Konstruktion von Geschichtsbildern*, in: Monika Heinemann u.a. (Hrsg.): *Medien zwischen Fiction-Making und Realitätsanspruch. Konstruktionen historischer Erinnerungen*, München 2011, 93-115.

71 Siehe etwa Niall Ferguson: *Virtuelle Geschichte. Historische Alternativen im 20. Jahrhundert*, Darmstadt 1999.

72 *Making History.*

73 Nach einem Vergleich der Rüstung und der ökonomischen Situation kommt Ferguson in der entsprechenden Darstellung zum Schluss: „1939 war Deutschland wesentlich schwerer zu bekämpfen, als das 1938 der Fall gewesen wäre." Niall Ferguson: *Krieg der Welt. Was lief schief im 20. Jahrhundert?* Berlin 2006, 477.

men und versucht, bereits zu diesem Zeitpunkt eine breite Koalition gegen Deutschland zu schmieden; nachdem dies im Spiel gescheitert war, habe er den Krieg präventiv eröffnet. Die Spielrunde endete mit einer deutschen Invasion der britischen Inseln – „a scenario my book rules out as militarily too risky", wie Ferguson eingestehen muss.[74]

Ferguson lobt besonders die Spieltiefe von *Making History*: Es sei „based on a quite astonishing quantity of factual information about the war" und lasse zahlreiche historische Faktoren in das Verhalten der künstlichen Intelligenz des Spiels einfließen.[75] Dies scheint den Historiker dazu bewogen zu haben sich von dem Entwickler ‚Muzzy Lane' als Berater für die Erarbeitung einer Fortsetzung des Titels gewinnen zu lassen.[76] In der Werbung für *Making History II – The War of the World*, das im Juni 2010 erschienen ist – der Untertitel entspricht demjenigen von Fergusons Buch – werden diejenigen Aspekte des Spiels, die das Genre für Ferguson auch mit Blick auf seine wissenschaftliche Arbeit interessant machen, besonders in den Vordergrund gestellt: In einem grafisch stark reduzierten Trailer, der das Spiel ankündigt – eine Weltkarte färbt sich, ausgehend von Deutschland, langsam schwarz – stellt eine Stimme aus dem Off klassische Fragen der kontrafaktischen Geschichtsschreibung mit Blick auf den Zweiten Weltkrieg: „What if Germany won the Battle of Britain? What if Moscow fell in 1941 and Rommel's tanks in North Africa got the fuel they needed? What if nations in South America allied with Germany? What if the US fell to the Blitzkrieg?" Abschließend wird der Bezug zur Spielsituation hergestellt: „What if you were making the decisions?"[77]

Auch wenn ‚Muzzy Lane' damit begonnen hat, mit dem Spiel verstärkt Schulen anzusprechen und es als Lehrmaterial vorzustellen,[78] bleibt *Making*

---

74 Niall Ferguson: *How to Win a War*, 15.06.2006, in: New York Magazine, URL: http://nymag.com/news/features/22787 [Stand: 09.01.2012].

75 Ebd.

76 *Making History*, in: Muzzy Lane, URL: http://www.muzzylane.com/ml/making_history [Stand: 30.11.2009].

77 Trailer *Making History II – The War of the World*, in: Making History Gaming Headquarters, URL: http://making-history.com/products/making_history_ii_trailer [Stand: 30.11.2009].

78 Siehe *Making History for Education*, in: Muzzy Lane, URL: http://www.muzzylane.com/ml/making_history_edu_features [Stand: 30.11.2009].

History auch für Ferguson hauptsächlich ein spielerisches Mittel, sich mit der Geschichte des Zweiten Weltkrieges zu beschäftigen; er sieht in dem Strategiespiel keine Simulation, mit der komplexe kontrafaktische Abzweigungen historischer Ausgangslagen berechnet werden können, indem Einzelfaktoren eines geschichtlichen Gefüges variiert werden. Dennoch räumt er ein, das Spiel fächere ein Spektrum an möglichen, aber ungeschehenen Geschichten auf und verdeutliche den Weg zu diesen Alternativen: „[T]he parallel pasts the game conjures up have an undoubted intellectual value."[79]

Ein Ansatz, der in diesem Zusammenhang noch weiter ausgreift, wird von Philip Sabin vertreten. In seiner Studie *Lost Battles* aus dem Jahr 2007 versucht der britische Militärhistoriker zu einem klareren Verständnis antiker Kriegsführung zu gelangen, indem er aus der Analyse literarischer und archäologischer Quellen zu antiken Schlachten ein möglichst allgemeingültiges Regelwerk für eine spielerische Simulation erstellt.[80] Die historischen Ausgangslagen von 35 antiken Schlachten werden in einem weiteren Schritt zu jeweils einem Szenario modelliert und die bekannten Angaben zum Verlauf der Schlacht in den Aufbau der Simulation eingepflegt. Die Schlachten können dann auf der Grundlage der definierten Regeln nachgespielt werden. Sabins Ziel ist es, durch die Analyse dieses spielerischen Ablaufs Unstimmigkeiten und uneindeutige Angaben in den historischen Quellen aufzuspüren, fehlende Informationen zu ergänzen und Einblick in die Gesetzmäßigkeiten antiker Kriegsführung zu erhalten. Das einmal entworfene Modell stellt nicht nur die Möglichkeit bereit, historische Prozesse nachzuvollziehen und die Realhistorie zu erhellen, sondern bietet auch die Gelegenheit, durch kontrafaktische Modifikationen der Szenarios oder des Regelwerks zu alternativhistorischen Ergebnissen zu gelangen. Sabins Methode, Simulationen zur wissenschaftlichen Überprüfung von historischen Konstellationen und Handlungszusammenhängen zu erstellen, lässt sich auf jeden beliebigen Konflikt anwenden: So bietet Sabin in seinen Lehrveranstaltungen am ‚Department of War Studies' des Londoner ‚King's College' seit 2003 den Studenten die Gelegenheit, eigene ‚Conflict

---

79 Ferguson, *How to Win a War*.

80 Siehe Philip Sabin: *Lost Battles. Reconstructing the Great Battles of the Ancient World*, London 2007.

Simulations' zu einer Vielzahl historischer Schlachten und Kriege zu erarbeiten.[81]

Abbildung 4: Beginn des Szenarios ‚Ardennenoffensive' in Hearts of Iron II

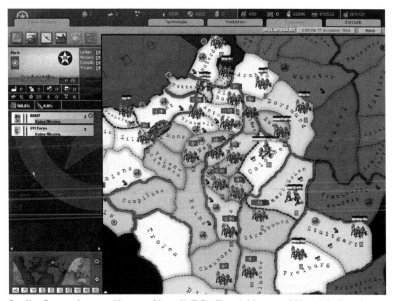

Quelle: Screenshot aus *Hearts of Iron II* (PC), Entwicklung und Vertrieb: Paradox Interactive, 2005.

Das Vorgehen Sabins bei der Erarbeitung seiner Modelle gleicht dem Entwicklungsprozess von Strategiespielen, und nicht ohne Grund bezieht er sich in der Einleitung seiner Studie auf Computerspiele mit einem strategischen Schwerpunkt, wie etwa *Rome – Total War*.[82] Dem Aufbau der Spiele liegen Informationen über die Ausgangslage und eine Systematik ge-

---

81 Siehe hierzu die Projektvorstellung *Conflict Simulation*, in: King's College London, Department of War Studies, URL: http://www.kcl.ac.uk/sspp/departments/warstudies/people/professors/sabin/consim.aspx [Stand: 18.02.2012]. Auf der Seite können zahlreiche Arbeiten von Sabin und seinen Studenten heruntergeladen und nachgespielt werden.

82 Vgl. *Rome – Total War* (PC), Entwicklung: The Creative Assembly, Vertrieb: Sega, 2004.

schichtlicher Prozesse zugrunde, die als Parameter in die künstliche Intelligenz eingeschrieben werden; ergänzt sind diese Modellanordnungen durch bekannte Daten historischer Ereignisse und Vorgänge, die den freien Gang des virtuellen Ablaufs beeinflussen sollen. Während Sabin mit seiner Methode vornehmlich das Regelwerk ergründen möchte, das einen geschichtlichen Prozess von einer Ausgangslage zu einem bestimmten, realhistorischen Endpunkt geführt hat – also etwa das für eine Kriegspartei siegreiche Ende einer Schlacht – sollen Strategiespiele in Fergusons Vorstellung aufzeigen, wohin ein geschichtlicher Prozess geführt hätte, wenn er von einer historischen Ausgangslage und mit einem definierten Regelwerk, jedoch kontrafaktisch modifiziert angestoßen worden wäre.

So reizvoll der Gedanke ist, komplexe historische Prozesse mit ihrer Vielzahl von handelnden Akteuren und beeinflussenden Faktoren durch Computerprogramme – realhistorisch simulierend oder kontrafaktisch generierend – berechnen zu lassen, stößt eben dieses rein mathematische Vorgehen an Grenzen, hinter denen die nicht kalkulierbaren Faktoren von Geschichte liegen. Was den Computerprogrammen bei ihrer Berechnung historischer Prozesse gegenüber der geschichtlichen Realität systeminhärent fehlt, ist ein Parameter für das, was Carl von Clausewitz mit Bezug auf militärische Planung als „Friktion" bezeichnet hat. Es handelt sich nach Clausewitz um den „einzige[n] Begriff, welcher dem ziemlich allgemein entspricht, was den wirklichen Krieg von dem auf dem Papier unterscheidet". Friktion – ein physikalischer Begriff aus der Mechanik, der ‚Reibung' bedeutet – ist das Unwägbare und Unplanbare, das „Erscheinungen hervor[bringt], die sich gar nicht berechnen lassen, eben weil sie zum großem Teil dem Zufall angehören", wie Clausewitz erläutert.[83] Während geschichtliche Prozesse durch Zufälle, Unvorhersehbares und nicht zuletzt die menschliche Komponente selten nach strengen und definierbaren Gesetzmäßigkeiten logisch abfolgen,[84] sind kontrafaktische Geschichtsdarstellungen in Computerprogrammen auf eine konsequente Berechnung von Handlungszusammenhängen und die Reihung zu logischen Abläufen ange-

---

83 Carl von Clausewitz: *Vom Kriege*, 19. Aufl., Bonn 1980, 262.

84 Siehe hierzu auch die methodische Diskussion bei Hermann Ritter: *Kontrafaktische Geschichte. Unterhaltung versus Erkenntnis*, in: Michael Salewski (Hrsg.): *Was Wäre Wenn. Alternativ- und Parallelgeschichte: Brücken zwischen Phantasie und Wirklichkeit*, Stuttgart 1999, 13-42.

wiesen. Der Zufall ist nach Reinhart Koselleck eine „ahistorische Kategorie" – eben deshalb, weil er sich nicht vorhersehen und quantifizieren lässt.[85] Das Einarbeiten von Parametern in die Spiele, die nach bestimmten Regeln in definierten Situationen nach Wahrscheinlichkeitsverteilungen berechnen sollen, ob ein ebenfalls festgelegtes Ereignis eintreten soll, berauben den Zufall seines wichtigsten Merkmals – ein geplanter Zufall ist keiner mehr. Dass Ferguson bei dem Versuch gescheitert ist, eine kontrafaktische These durch das Nachstellen der Situation in einem Strategiespiel zu verifizieren, bedeutet somit nicht zwangsläufig, dass entweder die These falsch oder das Spiel nicht in der Lage ist, einen komplexen, kontrafaktischen, aber dennoch realistischen Geschichtsablauf zu berechnen. Es bedeutet lediglich, dass eine Ereigniskette, wie sie Ferguson prognostiziert hat, von *Making History* auf der Grundlage der Daten und Informationen, die dem Spiel zur Verfügung stehen, und der in das Spiel eingepflegten Regeln historischer Prozesse nicht vorgesehen ist.

Es scheint daher tatsächlich treffender zu sein, die Strategiespiele nicht als Simulatoren, sondern vielmehr als Generatoren kontrafaktischer Geschichtsdarstellungen zu verstehen, die in jeder Spielrunde zumindest einen von unzähligen möglichen, wenn auch ungeschehenen historischen Prozessen berechnen und abbilden. Die Spielrunden fußen auf Zeitschnitten, die vom Spieler als Ausgangslage ausgewählt werden und die die realhistorische Situation des jeweiligen Kriegsjahres nachstellen: Wählt man den September 1939, hat der Krieg noch nicht begonnen, häufig sind die Truppen Deutschlands jedoch bereits an der Grenze zu Polen konzentriert. Beginnt man 1942, sind weite Teile Europas von Deutschland besetzt. Steigt man im Jahr 1944 in die Spielrunde ein, steht die alliierte Invasion in der Normandie kurz bevor; im Süden Großbritanniens sind dementsprechend bereits starke Truppenverbände versammelt, während die Wehrmacht Frankreich besetzt hält, im Osten jedoch bereits vor der Roten Armee zurückweicht. Von diesen Zeitschnitten ausgehend verlaufen die Spielrunden dann in die kontrafaktische Sphäre. Die Möglichkeit das Spiel entlang der Realhistorie zu durchlaufen erscheint angesichts der Vielzahl an Faktoren beinahe unmöglich zu sein.

---

85 *Der Zufall als Motivationsrest in der Geschichtsschreibung*, in: Reinhart Koselleck: *Vergangene Zukunft. Zur Semantik geschichtlicher Zeiten*, 2. Aufl., Frankfurt am Main 1993, 158-175, hier 159.

Dennoch endet das Einschreiben geschichtlicher Informationen nicht mit dem Modellieren des Zeitschnitts, auf dessen Grundlage der Spieler mit der kontrafaktischen Verformung der Geschichte des Zweiten Weltkrieges beginnen kann. Zahlreiche Strategiespiele bieten die Möglichkeit, den Grad der Anlehnung an die realhistorischen Prozesse und Ereignisse vor dem Spiel festzulegen. Wird dieser weit nach oben gesetzt, sind etwa die historischen Grundlagen für Koalitionen, Vorgehensweisen der künstlichen Intelligenz, die die Steuerung der Gegner übernimmt, und deren Reaktionen auf bestimmte Ereignisse voreingestellt. In *War Leaders – Clash of Nations* etwa sind Verbündete und Feinde zu Beginn des Krieges festgelegt und nicht mehr veränderbar. Versucht der Spieler einem unbeteiligten Land den Krieg zu erklären, folgt im Spiel der Hinweis: „Auf der höchsten historischen Genauigkeitsstufe können Sie keine Nation angreifen, die bis jetzt noch nicht in den Zweiten Weltkrieg eingetreten ist."[86] Hat man etwa in *Making History* in der Rolle Deutschlands im Jahr 1939 Polen erobert, folgt eine Einblendung, die – in Anlehnung an die Vereinbarung des Hitler-Stalin-Paktes – die Wahlmöglichkeit beschreibt, die östlichen Provinzen Polens an die Sowjetunion abzutreten, um die Beziehungen zwischen beiden Ländern zu verbessern. In der Reihe *Hearts of Iron* beginnen die Kriegsparteien auf einem jeweils unterschiedlichen militärischen, strategischen und technologischen Stand, der die historische Situation wiedergeben soll. Mit der Erforschung und Weiterentwicklung kriegswichtiger Technologien und strategischer Konzepte können im Spiel realhistorische Wissenschaftler und Unternehmen beauftragt werden, denen wiederum verschiedene Fähigkeiten zugeschrieben sind; sie müssen entsprechend dem gewünschten Forschungsziel ausgewählt werden, da sie in bestimmten Arbeitsbereichen ihr Spezialgebiet besitzen.[87] Die Ausgangspunkte der Spielrunden sind also keine Tabula Rasa, auf der alles möglich ist und jeder erdenkliche geschichtsvirtuelle Prozess ablaufen kann; zusätzliche geschichtliche Daten sind in die Strategiespiele eingeschrieben, die verhindern, dass sich die virtuelle Handlungslinie in Einzelaspekten zu weit von der Realhistorie entfernt.

---

86 *War Leaders – Clash of Nations* (PC), Entwicklung: Enigma Studios, Vertrieb: The Games Company, 2008.

87 Siehe etwa *Hearts of Iron II* (PC), Entwicklung: Paradox Interactive, Vertrieb: Deep Silver, 2005.

Die Spiele können so das für sich in Anspruch nehmen, was Alexander Demandt bei der Verteidigung einer nicht nur literarischen, sondern geschichtswissenschaftlichen Beschäftigung mit ungeschehener Geschichte unterstrichen hat: Wenn man „die Plausibilität von Alternativen zum Geschehenen" begründen wolle,

„so erfinden wir nicht ins Blaue, wir denken uns keine neuen Persönlichkeiten, Völker oder Städte aus, wir konstruieren keine neuen Institutionen oder Religionen, sondern operieren mit den gegebenen Größen nach gegebenen Regeln auf dem gegebenen Schachbrett, eben nur in anderer Weise, als Klio dies tut."[88]

Während in den beschriebenen Globalstrategiespielen kontrafaktische Geschichtsdarstellungen prozessual in der Spielrunde selbst generiert werden, müssen Abweichungen von der Realhistorie bei linear erzählten und aufgebauten Titeln in die Handlung eingearbeitet werden. Kontrafaktizität ist somit Teil der schriftstellerischen und künstlerischen Freiheit derjenigen, die Drehbücher für Spiele entwerfen und die Titel entwickeln. Spiele dieser Kategorie der Darstellung ungeschehener Geschichte entwerfen Kontrafaktizität im Rahmen einer ‚Alternate History'. Der Begriff stammt aus der Literaturwissenschaft und bezeichnet als Gattungsbezeichnung literarische Formen wie etwa historische Romane und Geschichtskrimis, in denen die Narration von einer historischen Ausgangslage kontrafaktisch fortgeschrieben wird.[89] Die Bestimmungen, die Demandt einer geschichtswissenschaftlichen Beschäftigung mit Kontrafaktizität auferlegt hat, gelten für die

---

88 Alexander Demandt: *Ungeschehene Geschichte. Ein Traktat über die Frage: Was wäre gewesen, wenn..?* Göttingen 1984, 56-57. Vgl. die praktische Umsetzung der Interpretation kontrafaktischer Geschichte bei Alexander Demandt: *Es hätte auch anders kommen können. Wendepunkte deutscher Geschichte*, Berlin 2010.

89 Siehe Michael Butter: *Zwischen Affirmation und Revision populärer Geschichtsbilder. Das Genre der Alternate History*, in: Korte/Paletschek, *History Goes Pop*, 65-81. Zur Gattung des ‚Historischen Romans' und der literaturwissenschaftlichen Typologisierung von „Geschichtsdarstellungen in narrativ-fiktionalen Texten" siehe Ansgar Nünning: *Von historischer Fiktion zu historiographischer Metafiktion*, Bd. 1: Theorie, Typologie und Poetik des historischen Romans, Trier 1995.

,Alternate History' nicht: Neue und fiktive Personen können auftreten, geschichtliche Grundkonstellationen verändert und wahrscheinliche Regeln historischer Prozesse außer Kraft gesetzt werden. Der Zeitraum zwischen einer realhistorischen Ausgangslage und der erzählten Zeit kann hierbei als kontrafaktische Vorgeschichte literarisch beliebig gefüllt werden: Die Abzweigung der ungeschehenen von der geschehenen Geschichte findet also zeitlich teilweise weit vor der dargestellten Zeit statt, in der die fiktiven Konsequenzen dieser kontrafaktischen Verformung bereits stark ausgeprägt sind.

Iron Storm, ein First-Person-Shooter aus dem Jahr 2002, fällt mit seiner kontrafaktischen Handlung in diese Kategorie der ,Alternate History'.[90] Das Spiel ist im Jahr 1964 angesiedelt, das Setting geht jedoch davon aus, dass der Erste Weltkrieg noch nicht beendet ist und seit 50 Jahren ohne Unterbrechung andauert. Die Front des Krieges verläuft quer durch Deutschland; eine Koalition aus Westalliierten kämpft gegen Russland, an dessen Spitze ein mongolischer Diktator steht. *Iron Storm* verschränkt in mehrfacher Hinsicht zwei Zeitebenen miteinander: Der Weltkrieg ist im Spiel ebenso präsent wie die erzählte Zeit, die in zahlreichen Aspekten den realhistorischen 1960er Jahren gleicht. Uniformen und Waffen sind mit deutlichen gestalterischen Anleihen an Vorbilder des Weltkrieges versehen; der Spielercharakter bewegt sich mit Verweis auf den Stellungskrieg fast ausschließlich in Schützengräben und Bunkern. Dennoch ist auch der realhistorische, technologische Fortschritt mitgedacht worden, sodass die Kriegsparteien Kampfhubschrauber einsetzen und die Handfeuerwaffen modernen Exemplaren entsprechen; in den Bunkern stehen Fernsehapparate, während an den Wänden Plakate mit dem Konterfei des Weltkriegsgenerals Paul von Hindenburg für den Kauf von Kriegsanleihen werben.

Im Spiel selbst wird das Szenario als „fiktive Zukunftgeschichte" bezeichnet; die Erzählzeit wird aus dieser Perspektive auf die Jahre des realhistorischen Weltkrieges verschoben. Die erzählte Zeit liegt von diesem Standpunkt aus betrachtet fünfzig Jahre in der Zukunft, die keinen realgeschichtlichen Verlauf nimmt, sondern einen – auch aufgrund der Länge des narrativen Entwurfes – historisch eher unwahrscheinlichen und mit den Mitteln kontrafaktischer Geschichtsschreibung nicht mehr quantifizierbaren Weg einschlägt. *Iron Storm* stellt mit den fiktiven Mitteln der ,Alternate

---

90 *Iron Storm* (PC), Entwicklung: 4X Studio, Vertrieb: Wanadoo Edition, 2002.

History' nicht die Frage, wie sich historische Prozesse kurzfristig hätten entwickeln können, wenn der Erste Weltkrieg – der im Spiel kurioserweise als solcher bezeichnet wird – nicht 1918 geendet hätte; das Spiel bietet vielmehr eine Hypothese an, wie die Welt ausgehend vom Jahr 1914 nach fünfzig Jahren Krieg hätte aussehen können.

Narrative Entwürfe der ‚Alternate History' in Computerspielen müssen jedoch nicht zwangsläufig große Zeiträume überbrücken, in die die kontrafaktische Geschichtsschreibung nicht mehr vordringen kann; auch kleinteilige, fiktive Modifikationen realhistorischer Konstellationen können beobachtet werden. Das Strategiespiel *War Front – Turning Point*, dessen Missionen mit einer durchlaufenden Narration verknüpft sind, alteriert historische Prozesse des Zweiten Weltkrieges auf verhältnismäßig kleinem zeitlichen Raum, allerdings mit entscheidenden Konsequenzen für das entworfene Geschichtsbild.[91] In einer der beiden Kampagnen zeigt das Spiel aus der Perspektive eines Offiziers, wie sich eine oppositionelle Gruppe von der Wehrmacht abspaltet und in kurzen, bürgerkriegsähnlichen Kämpfen einen namen- und gesichtslos bleibenden „Führer" entmachtet, um danach für Deutschland mit den Westalliierten und der Sowjetunion Frieden zu schließen.[92] Stalins Bereitschaft, den Krieg zu beendet, ist jedoch nur vorgetäuscht: Sowjetische Truppen greifen während der Vertragsunterzeichnung vor dem Berliner Reichstag die Stadt an.[93] Der Krieg geht weiter, nun mit einer neuen Koalition aus den USA und Deutschland, die gegen die Sowjetunion kämpfen. Die deutsche Kampagne von *War Front – Turning Point* endet mit der Einnahme Moskaus durch US-amerikanische und deutsche Truppen.[94] Das Strategiespiel lässt den Spieler also tatsächlich „den Ablauf des Zweiten Weltkrieges völlig neu erleben", wie es der Verpackungstext verspricht.[95] Während es auf der Seite der Waffen im Spiel von Technologie wimmelt, die es realhistorisch entweder erst später oder überhaupt nicht gegeben hat – die sowjetischen Truppen etwa verfügen sinnigerweise über mobile ‚Schockfroster', mit denen gegnerische Ein-

---

91 *War Front – Turning Point* (PC), Entwicklung: Digital Reality, Vertrieb: 10tacle Studios, 2007

92 Mission *Jagd auf den Führer*, in: *War Front – Turning Point*.

93 Mission *Aggressive Diplomatie*, in: *War Front – Turning Point*.

94 Mission *Sturm auf Moskau*, in: *War Front – Turning Point*.

95 Text auf Verpackung, in: *War Front – Turning Point*.

heiten vereist werden können – ist die „alternative Wirklichkeit" von *War Front – Turning Point* vor allem dadurch geprägt, dass sie die für den Zweiten Weltkrieg erinnerungskulturell zementierte Rollenverteilung zwischen Aggressor und Angegriffenem auflöst und letztlich umkehrt.[96]

Die narrativen Möglichkeiten der ,Alternate History' sind unbegrenzt und können von kleinteiliger Variation von Realgeschichte bis hin zum grundlegenden Umerzählen einer historischen Ereigniskette reichen, wie es in *War Front – Turning Point* vorgenommen wird. Für das Verhältnis von Fiktion und Historie gelten bei Computerspielen aus dem Bereich der ,Alternate History' die gleichen erzähltheoretischen Beobachtungen wie für den historischen Roman: Erst der Bezug auf Geschichte konstituiert die Gattung der ,Alternate History' als solche, auch wenn sie unterschiedlich stark an der Realhistorie ausgerichtet sein kann und die „Freiheit des Erzählens [...] nicht begrenzt".[97] Die alternativen Geschichtserzählungen der Computerspiele bewegen sich so zwischen der Bezugnahme auf historisches Wissen, dem Aufrufen bekannter Geschichtsbilder und deren gleichzeitiger Negation und Infragestellung.[98] Inwieweit die „erfundene Vergangenheit"[99] literarischen oder historischen Schwerpunkten verpflichtet wird, variiert zwischen den Narrativen der ,Alternate History'.

Dass fiktionale Elemente den historischen Fokus nicht überlagern, sondern ihn verstärken und katalysieren können, zeigt auch eine dritte Kategorie von Kontrafaktizität in Computerspielen mit geschichtlichem Hintergrund, die als ,Phantastische Kontrafaktizität' bezeichnet werden kann. Eine historische Ausgangslage wird hierbei mit fiktiven Elementen angereichert, die in den Bereich des Unrealistischen eingeordnet werden können – nicht nur im Sinne einer geringen oder nicht vorhandenen Wahrscheinlichkeit, sondern ausdrücklich jenseits der Realität, indem paranormale Phänomene, Geisterwesen und Untote als Bestandteile des dargestellten, historischen Raumes eingearbeitet werden. Ein anschauliches Beispiel für ein Spiel, das in diese Kategorie gehört, ist *Wolfenstein* aus dem Jahr

---

96 Ebd.

97 Hans Vilmar Geppert: *Der Historische Roman. Geschichte umerzählt – von Walter Scott bis zur Gegenwart*, Tübingen 2009, 167.

98 Siehe Butter, *Genre der Alternate History*, 67.

99 Christoph Rodiek: *Erfundene Vergangenheit. Kontrafaktische Geschichtsdarstellung (Uchronie) in der Literatur*, Frankfurt am Main 1997.

2009.[100] Ebenso wie seine Vorgänger kreist die Narration des First-Person-Shooters um die Bemühungen des Dritten Reichs, paranormale und okkulte Kräfte für die deutsche Kriegsanstrengung im Zweiten Weltkrieg nutzbar zu machen.[101] Der Spielercharakter in *Wolfenstein* erforscht als Agent des US-Geheimdienstes im fiktiven deutschen Ort Isenstadt die Aktivitäten der ‚SS-Abteilung für Paranormales‘, die mit großem Aufwand eine Paralleldimension erforscht, deren Energie durch okkulte Handlungen und durch den Einsatz technischer Mittel kontrolliert und als Waffe verwendet werden kann. Ebenso wie seine Gegner, die die Energie bereits teilweise beherrschen und im Kampf einsetzen können, nutzt der Spielercharakter die paranormalen Kräfte, die er sich durch ein Medaillon zunutze machen kann, etwa um die Zeit zu verlangsamen, durch Wände gehen zu können oder kurzzeitig unverwundbar zu sein.

Neben der Verortung der Spielehandlung im Zweiten Weltkrieg und dem akkuraten Modellieren von Uniformen und Waffen der Zeit bedient sich *Wolfenstein* für das Setting großzügig an historischen Versatzstücken, obwohl die Grundlegung der phantastischen Handlung sämtliche narrative Freiheiten lässt. So wird der Spielercharakter in Isenstadt durch eine deutsche Widerstandsgruppe unterstützt, die sich ‚Kreisauer Kreis‘ nennt. Außer dem Namen scheint sie nichts mit der realhistorischen Gruppierung gemein zu haben, die sich seit 1942 mehrmals traf, um Zukunftsentwürfe für eine politische Neuordnung Deutschlands für die Zeit nach dem Ende des Krieges und dem Nationalsozialismus zu diskutieren.[102] In *Wolfenstein* wird der ‚Kreisauer Kreis‘ nicht als intellektueller Zirkel, sondern als paramilitärische Untergrundorganisation dargestellt, die einen offenen Kampf mit der Wehrmacht über die Kontrolle der Stadt austrägt. Bei der narrativen Konzeption des Paranormalen im Spiel und seiner Anbindung an den geschichtlichen Hintergrund des Settings orientiert sich *Wolfenstein* außerdem

---

100 *Wolfenstein* (PC, Microsoft Xbox 360, Sony PlayStation 3), Entwicklung: Raven Software, Vertrieb: Activision, 2009.

101 Vgl. die Vorgängerteile der Reihe *Wolfenstein 3D* (DOS), Entwicklung: id Software, Vertrieb: Apogee, 1992; *Return to Castle Wolfenstein* (PC), Entwicklung: Gray Matter Interactive, Vertrieb: Activision, 2001.

102 Siehe etwa Günter Brakelmann: *Der Kreisauer Kreis. Chronologie, Kurzbiographien und Texte aus dem Widerstand*, 2., korr. Aufl., Münster 2004; Volker Ullrich: *Der Kreisauer Kreis*, Reinbek bei Hamburg 2008.

deutlich an Heinrich Himmlers Hang zu Okkultismus und pseudogermanischer Mystik. Während die NS-Einrichtung in Isenstadt als eine Unterabteilung der SS dargestellt wird – anders als in der deutschen Version ist in der Originalausgabe des Spiels ausdrücklich der Verweis auf Himmler enthalten – wird die paranormale Dimension als ‚Schwarze Sonne' bezeichnet – eine Referenz auf ein gleichnamiges nationalsozialistisches Symbol, wie es etwa in der von Himmler als ‚Reichsführerschule-SS' konzipierten Wewelsburg bei Paderborn an prominenter Stelle als Marmorornament verwendet wurde.[103]

In einem ähnlich paranormalen Szenario angesiedelt ist der First-Person-Shooter *Necrovision*.[104] Als US-amerikanischer Soldat im Ersten Weltkrieg versucht der Spielercharakter die Forschung eines deutschen Wissenschaftlers zu stoppen, der übernatürliche Phänomene entfesselt hat; er kämpft daher in den Schützengräben von Verdun nicht nur gegen deutsche Soldaten, sondern auch gegen Vampire, Monster und Geisterwesen. „[T]he story blends historically accurate locations and weapons with nightmarish creations", heißt es in einer Beschreibung des Spiels, die außerdem darauf hinweist, dass die Handlung von den Werken des Schriftstellers Howard P. Lovecraft inspiriert sei, der als einer der bekanntesten Vertreter der Horrorliteratur gilt.[105] Die Eckpunkte der Handlung von *Necrovision* sind Lovecrafts Kurzgeschichte *Herbert West. Reanimator* entnommen, in der ein

---

103 Siehe Karl Hüser: *Wewelsburg 1933–1945. Kult- und Terrorstätte der SS*, Paderborn 1982, hier bes. 57 und 292; Jan Erik Schulte (Hrsg.): *Die SS, Himmler und die Wewelsburg*, Paderborn et al. 2009. Vgl. zu den okkultistischen Bestandteilen der nationalsozialistischen Ideologie auch Nicholas Goodrick-Clarke: *The Occult Roots of Nazism. Secret Aryan Cults and Their Influence on Nazi Ideology*, New York 1993; ders.: *Black Sun. Aryan Cults, Esoteric Nazism, and the Politics of Identity*, New York 2002.

104 *Necrovision* (PC), Entwicklung: The Farm 51, Vertrieb: 1C Company, 2009. Vgl. auch die Fortsetzung *Necrovision: Lost Company* (PC), Entwicklung: The Farm 51, Vertrieb: 1C Company, 2009.

105 *Overview*, in: Necrovision, URL: www.necrovision-game.com/html [Stand: 21.04.2011].

Wissenschaftler tote Soldaten des Krieges zum Leben erweckt.[106] Die übernatürlichen Kreaturen in *Necrovision* scheinen an den ‚Cthulhu-Mythos' angelehnt zu sein, einen literarischen Zyklus, in dem Lovecraft eine Welt entwirft, die von verschiedenen phantastischen Völkern besiedelt wird; der Titel des Spiels ist dementsprechend eine etymologische Anpassung an den Titel eines fiktiven Buches, das Lovecraft in einer Reihe seiner Geschichten erwähnt und das er mit einer eigenen Tradierungsgeschichte versah: das ‚Necronomicon'.[107] Während sich eine Reihe von Computerspielen die fiktiven Welten Lovecrafts direkt zum Vorbild genommen hat,[108] scheinen bei *Necrovision* hauptsächlich die Horrorelemente eine Verbindung zu seinen Arbeiten aufzuweisen, die im Spiel durch die Verortung der Handlung im Ersten Weltkrieg erweitert und ergänzt werden: Der Spielercharakter findet auf seinem Weg durch die Schützengräben immer wieder Briefe von Soldaten, in denen ein verlustreicher und alptraumhafter Krieg beschrieben wird.[109] „Alle kämpfen. Die Leichen stapeln sich so hoch in der Mitte des Niemandslandes, dass wir keine Idee haben, wo wir sie begraben könnten, ganz zu schweigen von einem Gedanken an eine ordentliche Begräbnisfeier", lautet etwa der Text eines der Briefe. „Wie sollten wir das machen? Und wann? Und wer würde auch erscheinen?"[110] Wie auch in diesem Beispiel zu beobachten, bleiben die Briefe darüber im Unklaren, ob sich die Schreiber auf Kampfhandlungen gegen menschliche Soldaten oder gegen übernatürliche Wesen und Monster beziehen; der Krieg in den Schützengräben von Verdun und die Kämpfe gegen phantastische Kreaturen werden so im Spiel als schreckliche Erfahrungen beschrie-

---

106 Siehe Howard P. Lovecraft: *Herbert West. Reanimator* (1922), in: Sunand T. Joshi/Peter Cannon (Hrsg.): *More Annotated H.P. Lovecraft*, New York 1999, 25-70.

107 Zu Lovecraft und seinem Werk siehe S.T. Joshi/David E. Schultz: *An H.P. Lovecraft Encyclopedia*, Westport 2001.

108 Siehe etwa *Necronomicon: Das Mysterium der Dämmerung* (PC, Sony Play-Station), Entwicklung und Vertrieb: Wanadoo Edition, 2001; *Call of Cthulhu: Dark Corners of the Earth* (PC, Microsoft Xbox), Entwicklung: Headfirst Productions, Vertrieb: 2K Games, 2005.

109 Die Texte der Briefe werden auch in einer unregelmäßigen Reihenfolge auf den Ladebildschirmen zwischen den einzelnen Missionen eingeblendet.

110 Ladebildschirm, in: *Necrovision*.

ben, die *Necrovision* als miteinander vergleichbares Grauen zeigt. „Dieser Ort hat uns alle in Tiere verwandelt", ruft etwa der Spielercharakter an einer Stelle des Spiels aus, während er mit Untoten kämpft. „Reißzähne, Kugeln oder Giftgas – jeder ist auf's Töten eingestellt!"[111] Mit dieser Darstellung des Ersten Weltkrieges, in der phantastische und reale Aspekte des Grauens im Krieg ineinander verschwimmen, bewegt sich das Spiel dicht an den apokalyptischen und dystopischen Bildern, mit denen Künstler wie etwa Otto Dix ihre eigenen Kriegserfahrungen in den Schützengräben verarbeitet haben und in denen die Entmenschlichung der Soldaten durch Versehrung und Tod ein zentrales Motiv sind.[112]

Spiele, in denen ein historisches Setting mit phantastischen Elementen gekreuzt wird, bleiben quantitativ Ausnahmen, die hybride Formen zwischen Fiktion und Faktizität sind und den Anspruch einer realitätsnahen Darstellung weder vertreten noch suggerieren. Die phantastische Überformung einer geschichtlichen Grundlage erfolgt jedoch trotz der gegebenen erzählerischen Freiheit nicht wahllos, sondern orientiert sich durchaus an vorhandenen Vorstellungen des dargestellten Krieges, die in den Spielen verstärkt und potenziert werden. Wie in den genannten Beispielen kann diese irreale Übertreibung etwa den bekannten Hang prominenter Nationalsozialisten zum Okkulten aufgreifen, surreale Bilder von den Schlachtfeldern des Ersten Weltkrieges steigern oder wie im First-Person-Shooter *Shellshock 2 – Blood Trails* auf die chemische Kriegführung im Vietnamkrieg referieren, deren Opfer im Spiel nicht nur sterben und verstümmelt werden, sondern die Lebenden als Untote attackieren.[113] Auch phantastische Kontrafaktizität benötigt einen konkreten Ansatzpunkt in der historischen Realität, auf dem narrativ aufgebaut werden kann.

Die Übergänge zwischen Fiktion und Faktizität sind in den linear erzählenden Computerspielen, die historische Kriege darstellen, selten trenn-

---

111 Mission *Der Hügel*, in: *Necrovision*.

112 Siehe hierzu Annegret Jürgens-Kirchhoff: *Schreckensbilder. Krieg und Kunst im 20. Jahrhundert*, Berlin 1993, 65-150; dies.: *Niedergeschlagene Soldaten. Die ‚Helden' des Ersten Weltkriegs in der bildenden Kunst*, in: Horst Carl u.a. (Hrsg.): *Kriegsniederlagen. Erfahrungen und Erinnerungen*, Berlin 2004, 427-466.

113 *Shellshock 2 – Blood Trails* (PC, Microsoft Xbox 360, Sony PlayStation 3), Entwicklung: Rebellion Developments, Vertrieb: ND Games, 2009.

scharf zu definieren und bleiben fließend. Der First-Person-Shooter *Medal of Honor – Airborne* etwa zeigt Einsätze einer realhistorisch existenten Luftlandeeinheit des Zweiten Weltkrieges in Europa, deren Schauplätze sich an den tatsächlichen Einsatzorten orientieren. Lediglich in der abschließenden Mission muss im März 1945 ein schwer befestigter Flakturm in Essen eingenommen werden, der in dieser Form weder dort noch anderswo existierte.[114] Aus dramaturgischen Gründen und um einen aufsteigenden Schwierigkeitsgrad im Verlauf des Spiels zu gewährleisten tritt in diesem Schlussteil des Spiels außerdem ein besonders schwer zu besiegender Gegnertypus mit dem Namen ‚Deutsche Sturmelite' auf, dessen Darstellung bereits in den Bereich der phantastischen Kontrafaktizität hineinreicht: Es handelt sich um hünenhafte Soldaten in SS-Uniformen mit schwerer Bewaffnung, die aus unerfindlichen Gründen Gasmasken tragen und nur durch eine Vielzahl von Treffern mit besonders durchschlagskräftigen Waffen getötet werden können.[115] Das Beispiel zeigt stellvertretend für die meisten Computerspiele, dass auch der offensiv vorgetragene Anspruch einer möglichst großen Realitätsnähe wie bei *Medal of Honor – Airborne* nicht das Einarbeiten von fiktiven Elementen ausschließen muss. Kontrafaktische Verformungen der Realgeschichte – sei es in Details oder mit Bezug auf grundlegende Stationen eines historischen Narrativs – gewinnen durch ihre Präsentation in Computerspielen und ihre Kombination mit realhistorischen Fakten eine besondere Glaubwürdigkeit, da in den Spielen selbst die Trennlinie fast nie aufgezeigt oder benannt wird. Darstellungen ungeschehener Geschichte als Mittel der gestalterischen Freiheit dienen den Spielen dazu, historische Sachverhalte zu vereinfachen, aus der vorhandenen Geschichte heraus neue Geschichten zu erzählen oder Geschichte in einen Rahmen zu setzen, der den dramaturgischen und inszenatorischen Konventionen und Bedürfnissen des Mediums entspricht.

---

114 Mission *Der Flakturm*, in: *Medal of Honor – Airborne*.

115 Missionen *Operation Varsity* und *Der Flakturm*, in: *Medal of Honor – Airborne*.

„EINES TAGES GIBT'S EINEN FILM ÜBER UNS" –
REMEDIATIONEN UND CROSSMEDIALITÄT

Die Schlacht um Stalingrad beginnt zwischen Leichen. Der Spieler findet sich im First-Person-Shooter *Call of Duty – World at War* zu Beginn der Kampagne, in deren Mittelpunkt der sowjetische Vormarsch auf Berlin im Zweiten Weltkrieg steht, in einem Brunnen wieder, umgeben von getöteten russischen Soldaten. Während der Spielercharakter zwischen den Toten umherkriecht – Aufstehen ist in diesem Teil des Spiels nicht möglich – trifft er im Brunnen auf einen Soldaten, der sich tot gestellt hat und eine knappe Anweisung gibt: „Tue, was ich sage, und wir rächen dieses Massaker." Der Soldat übergibt dem Spielercharakter sein Scharfschützengewehr, das er selbst aufgrund einer Handverletzung nicht bedienen kann. Während beide über den Rand des Brunnens spähen, macht der Soldat auf eine Gruppe von Soldaten der Wehrmacht aufmerksam, die sich – ohne die Gefahr bemerkt zu haben – in kurzer Entfernung zum Brunnen aufhalten. Der Spielercharakter solle erst schießen, wenn die Stellung von deutschen Bombern überflogen werde, damit der Motorenlärm die Schüsse übertöne und ihre Position unentdeckt bleibe. Der Anschlag der Heckenschützen gelingt: Nacheinander streckt der Spielercharakter unter der Anleitung des Soldaten, der ihn auch im weiteren Verlauf der Kampagne begleiten wird, sieben Deutsche nieder.[116]

Einem Filmfreund wird diese Sequenz nicht ohne Grund sonderbar vertraut vorkommen: Sie ist einer Szene aus dem Spielfilm *Enemy at the Gates* aus dem Jahr 2001 entlehnt, der die Geschichte des sowjetischen Scharfschützen Vassili Zaitsew erzählt. Im Film treffen in einer äquivalenten Szene Zaitsew, der als realhistorische Person tatsächlich in Stalingrad als Scharfschütze eingesetzt war und zum hochdekorierten ‚Helden der Sowjetunion' ernannt wurde, und der Politkommissar Danilov aufeinander, als sich beide nach einem gescheiterten Sturmangriff der sowjetischen Armee in einem Brunnen zwischen den Gefallenen verstecken. Danilov, der eine Gruppe deutscher Soldaten angreifen möchte, übergibt Zaitsew das Gewehr, da er keine Erfahrung als Schütze hat. Als Zaitsew die Wehrmachtsoldaten – akustisch gedeckt vom Grollen entfernter Artillerieeinschläge – mit hoher Treffsicherheit niederstreckt, erkennt Danilov das pro-

---

116 Mission *Der Auftrag*, in: *Call of Duty – World at War*.

pagandistische Potential, den einfachen Soldaten zum Helden und Vorbild für die sowjetische Armee aufzubauen.[117] Ebenso wie im Spiel ist die Szene im Brunnen der Ausgangspunkt der weiteren Handlung.

Enemy at the Gates stellt auch in früheren Teilen der *Call of Duty*-Reihe die Vorlage für derartige Entlehnungen der Handlung dar: In der ersten Mission der Kampagne, die sowjetische Soldaten im Kampf um Stalingrad zeigt, setzt der Spielercharakter in *Call of Duty* unter schwerem Beschuss in einem Boot über die Wolga, während ein Politkommissar an Bord eine propagandistische Ansprache hält. An der Anlegestelle werden an die Hälfte der Soldaten Gewehre verteilt, während der anderen Hälfte nur Munition ausgehändigt wird, verbunden mit dem Hinweis, sich das Gewehr eines Gefallenen zu suchen. Der Spielercharakter gehört zu denjenigen, die kein Gewehr erhalten; er bleibt während der gesamten Mission wehrlos.[118] Das Handlungsmotiv dieser Mission ist nahezu identisch mit einer frühen Szene von *Enemy at the Gates*, die die Ankunft Zaitsews in Stalingrad zeigt. Selbst eine Szene aus dem Film, in der Politkommissare auf die eigenen Soldaten schießen, als sich diese bei einem aussichtslosen Sturmangriff panisch zurückziehen, ist als Konsequenz einer Handlungsoption in das Spiel integriert: Lässt man den mittlerweile bewaffneten Spielercharakter beim Angriff auf die deutschen Linien umkehren und der eigenen Stellung entgegenlaufen, eröffnen die Politkommissare im Spiel das Feuer; die Mission bricht ab.[119]

Derartige Übernahmen ganzer Sequenzen aus Spielfilmen fügen sich unmittelbar in ein Beschreibungskonzept ein, das die Medienwissenschaftler Jay David Bolter und Richard Grusin unter dem Begriff ‚Remediation‘ gefasst haben.[120] Visuelle Medien entlehnen, adaptieren und absorbieren demnach in ihrer evolutionären Entwicklung technische, inhaltliche und

117 *Enemy at the Gates*, Regie: Jean-Jaques Annaud, USA et al. 2001.

118 Mission *Stalingrad*, in: *Call of Duty* (PC), Entwicklung: Infinity Ward, Vertrieb: Activision, 2003. Vgl. die leicht modifizierte, äquivalente Sequenz zu Beginn der Konsolenumsetzung *Call of Duty – Finest Hour* (Microsoft Xbox, Sony PlayStation 2, Nintendo Gamecube), Entwicklung: Spark Unlimited, Vertrieb: Activision, 2004.

119 Mission *Roter Platz*, in: *Call of Duty*.

120 Jay David Bolter/Richard Grusin: Remediation. *Understanding New Media*, Cambridge 1999.

konzeptuelle Merkmale älterer Medien und fügen sie zu ihren eigenen medienmorphologischen Darstellungsmitteln hinzu: Bei Remediationen handelt es sich demnach um „the representation of one medium in another", einen Vorgang und zugleich einen Zustand, den Bolter und Grusin als „a defining characteristic of the new digital media" bezeichnen.[121] Besonders in Computerspielen, die auch Bolter und Grusin in ihrer Studie gesondert untersuchen, und im Speziellen den Spielen mit einem historischen Hintergrund finden sich Remediationen in unterschiedlichen Formen und Ausprägungen. Neben der Übernahme und Wiedergabe ganzer Sequenzen aus Spielfilmen wie in den genannten Beispielen aus der *Call of Duty*-Reihe dienen Filme den Spielen in nahezu allen inhaltlichen und filmtechnischen Bereichen als Quelle für mediale Importe.

Taktische Strategiespiele, in denen auf einer begrenzten Karte Einheiten produziert, verschoben und eingesetzt werden, stellen in ihrer Gesamtheit eine Remediation dar, in der physische Spiele im Medium des Computerspieles repräsentiert werden. Sie stehen in einer Tradition, die von militärdidaktischen ‚Kriegsspielen' des 18. Jahrhunderts über zivile Strategiespiele reicht, in denen „Wohnzimmerkriege" als Brettspiele ausgetragen werden und die als Computerspiele in die virtuelle Sphäre übersetzt wurden.[122] Diese Traditionslinie von einem Mittel der strategischen Planung und Schulung an einem Kartentisch bis hin zur unterhaltenden Beschäftigung mit militärischer Strategie in einem Brettspiel – auch in historischer Perspektive – wird von den Computerspielen teilweise direkt aufgegriffen: Das Spielfeld, auf dem die Schlachten im Strategiespiel *R.U.S.E.* ausgetragen werden, ist tatsächlich als eine auf einem Tisch liegende Karte dargestellt, an der die Protagonisten des Spiels ihre Einsätze planen, die der Spieler auf der gleichen Karte durchführt. Trotz der topographischen Struktur der Karten erkennt der Spieler, dass er seine Einheiten auf einem Kartentisch bewegt, sobald er die frei wählbare Perspektive maximal weit vom Geschehen

---

121 Bolter/Grusin, *Remediation*, 45.

122 Siehe Sebastian Detering: *Wohnzimmerkriege. Vom Brettspiel zum Computerspiel*, in: Nohr/Wiemer, *Strategie spielen*, 87-113, hier bes. 97-103; Sebastian Detering: *Living Room Wars. Remediation, Boardgames and the Early History of Video Wargaming*, in: Nina B. Huntemann/Matthew Thomas Payne (Hrsg.): *Joystick Soldiers. The Politics of Play in Military Video Games*, New York 2010, 21-38.

entfernt; aus der Distanz betrachtet, werden die Einheiten außerdem als abstrakte Spielsteine dargestellt.[123]

Im inhaltlichen Bereich sind Filme nicht nur beim Bereitstellen zentraler Handlungsbestandteile für cineastisch inszenierte Zwischensequenzen die Vorlagengeber, sondern auch bei einzelnen Figuren, Handlungskonzepten und thematischen Grundideen. In der letzten Mission von *Call of Duty 2* etwa verteidigt der Spieler mit US-Truppen im Jahr 1945 einen befestigten Hügel. Die Wehrmacht bricht ihren Angriff ab, als die Verteidiger durch Flugzeuge unterstützt werden. Einer der US-Soldaten sagt daraufhin: „Unsere Schutzengel – P51 Mustangs, und keine Sekunde zu spät."[124] Dieses Spielende parallelisiert thematisch eine der abschließenden Sequenzen von *Saving Private Ryan*, in der US-Soldaten eine Brücke in einem französischen Dorf gegen eine deutsche Übermacht verteidigen. Die P51-Flugzeuge wenden im Film das Gefecht zugunsten der US-Truppen und werden auch hier als „Schutzengel" bezeichnet.[125] Der ‚Drill Sergeant', der in einer der frühen Missionen von *Medal of Honor – Pacific Assault* den Spielercharakter in einem Ausbildungslager schleift und dem Spieler auf diesem Weg die Funktionen des Spiels nahebringt, ist sowohl optisch als auch charakterlich an die Figur des berüchtigten und cholerischen Ausbilders in *Full Metal Jacket* aus dem Jahr 1987 angelehnt. Dieser Eindruck wird durch eine Ansprache verstärkt, die der Ausbilder im Spiel hält und in der er die Schöpfungsgeschichte beschreibt, an deren Endpunkt das Marine Corps steht; die Rede parallelisiert in Thema und Metaphorik die Weihnachtsansprache des ‚Drill Sergeant' in *Full Metal Jacket*.[126] Die Figur hat damit ihren Weg vom Film in das Spiel sogar über die Grenze unterschiedlicher Kriege hinweg gefunden: *Medal of Honor – Pacific Assault* ist im Zweiten Weltkrieg angesiedelt, während *Full Metal Jacket* ein klassischer Vietnamkriegsfilm ist.

Auch bildästhetische und inszenatorische Aspekte aus Spielfilmen werden von Computerspielen in ihre Kriegsdarstellung aufgenommen. Zu Be-

---

123 *R.U.S.E.* (PC, Microsoft Xbox 360, Sony PlayStation 3), Entwicklung: Eugen Systems, Vertrieb: Ubisoft, 2011.

124 Mission *Die Schlacht um den Hügel*, in: *Call of Duty 2*.

125 *Saving Private Ryan*, Regie: Steven Spielberg, USA 1998.

126 Mission *Ausbildungslager*, in: *Medal of Honor – Pacific Assault*; *Full Metal Jacket*, Regie: Stanley Kubrick, USA 1987.

ginn von *Vietcong 2* werden Aufnahmen von Rotorblättern eines Hubschraubers zu denjenigen eines Deckenventilators überblendet – genau wie
in einer frühen Szene im Vietnamkriegsfilm *Apocalypse Now.*[127] Das Nachstellen der Unterwasseraufnahmen aus *Saving Private Ryan*, die zu Beginn
des Films zu sehen sind, als die Soldaten bei der Landung in der Normandie
nach schwerem Beschuss aus den Booten ins Meer geschleudert werden,
scheint zu einem so festen Bestandteil des inszenatorischen Repertoires
insbesondere von Shootern zu zählen, dass es in beinahe jeder Spielemis-
sion eingesetzt wird, die in einem Landungsboot beginnt oder in der ein
Gewässer überwunden werden muss – egal, ob bei der Landung in Nord-
frankreich, dem Angriff auf eine pazifische Insel oder beim Durchqueren
einer Kracht in den Niederlanden.[128] Dass insbesondere bei Kameraeinstel-
lungen und ästhetischen Bildkompositionen *Saving Private Ryan* und die
hier zitierte Anfangssequenz eine zentrale Bezugsgröße darstellen, ist kein
Zufall: Die Aufnahmen der Erstürmung des Strandes im Film, die durch
den Einsatz von Handkameras, Reißschwenks, eine schnelle Schnittfolge
und das Anhaften von Blut und Schlamm an der Bildebene eine subjektive
Sicht auf das Geschehen nachstellt, die Distanz des Zuschauers zum Geschehen zu verringern sucht und bereits zeitgenössisch als „the realism of
the digital age" bezeichnet wurde,[129] bewegen sich parallel zu der Egoperspektive, die den First-Person-Shootern zu eigen ist. Regisseur Steven
Spielberg selbst hob kurz nach dem Erscheinen von *Saving Private Ryan*
mit dem First-Person-Shooter *Medal of Honor* im Jahr 1999 den ersten Teil

---

127 Mission *Freudenhaus*, in: *Vietcong 2*; *Apokalypse Now*, Regie: Francis Ford
     Coppola, USA 1979.

128 Siehe etwa Intro, in: *Medal of Honor – Pacific Assault*; Mission *Geringer
     Widerstand*, in: *Call of Duty – World at War*; Mission *Five-Oh-Sink*, in: *Broth-
     ers in Arms – Hell's Highway*.

129 Nicholas J. Cull: *Saving Private Ryan*, in: The American Historical Review
     103/4 (Oktober 1998), 1377-1378, hier 1377. Siehe weiterhin Toby Haggith:
     Realism, Historical Truth and the War Film. The Case of Saving Private Ryan,
     in: Michael Paris (Hrsg.): *Repicturing the Second World War. Representations
     in Film and Television*, Basingstoke 2007, 177-191; Albert Auster: *Saving Pri-
     vate Ryan and American Triumphalism*, in: Robert Eberwein (Hrsg.): *The War
     Film*, New Brunswick 2006, 205-213.

einer Reihe aus der Taufe, die das Genre des ‚Weltkriegsshooters' begründete und maßgeblich prägte.[130]

Remediationen in den Spielen zeigen sich auch in der verwendeten Musik und besonders in unter Lizenz verwendeten Originalaufnahmen von Liedern der Populärmusik. Der Musik kommt für die Spiele hauptsächlich atmosphärische Funktion zu, indem bekannte Lieder der dargestellten historischen Zeit für ein stimmiges Gesamtbild sorgen sollen. Dass sich in den Liedtiteln und -texten Kommentare zu den Ereignissen im Spiel entdecken lassen, stellt die Ausnahme dar. Einen seltenen Fall, in dem die Auswahl der Lieder auf die Spielehandlung abgestimmt ist, stellt *World in Conflict* dar, ein Strategiespiel, in dem der Ostblock 1989 nicht politisch zu kollabieren beginnt, sondern die Sowjetunion den Dritten Weltkrieg gegen die USA und ihre Verbündeten eröffnet.[131] In *World in Conflict* wird der international erfolgreiche Titel ‚Everybody Wants to Rule the World' der britischen Band Tears for Fears aus dem Jahr 1985 eingespielt, dem hier eine kommentierende Funktion der kriegerischen Auseinandersetzung der Machtblöcke um die weltweite Vorherrschaft im Spiel zukommt.[132] ‚Here I go again' von Whitesnake, das erstmals 1982 und in einer Neuaufnahme 1987 veröffentlicht wurde, ist im Abspann des Spiels zu hören, nachdem in der letzten Mission von *World in Conflict* Seattle befreit worden ist, das seit

---

130 Siehe *Medal of Honor* (Sony PlayStation 2), Entwicklung: Dreamworks Interactive, Vertrieb: Electronic Arts, 1999. Der Spieleentwickler ‚Dreamworks Interactive' entstand 1995 als Joint Venture zwischen Softwarenentwickler Microsoft und dem Filmstudio ‚Dreamworks SKG', das ein Jahr zuvor von Steven Spielberg, Jeffrey Katzenberg und David Geffen gegründet worden war – die Abkürzung steht für die Initialen der Nachnamen der Firmengründer. Synergien zwischen den Geschäftsbereichen ergaben sich vor allem durch die Produktion computeranimierter Spielfilme wie etwa Antz aus dem Jahr 1998. Vgl. *Antz*, Regie: Eric Darnell, Tim Johnson, USA 1998. *Medal of Honor*, für dessen Drehbuch Spielberg verantwortlich zeichnet, beendete eine kommerzielle Durststrecke des Entwicklerstudios. ‚Dreamworks Interactive' wurde im Jahr 2000 von ‚Electronic Arts' übernommen und unter dem Namen ‚Electronic Arts Los Angeles' weitergeführt.

131 *World in Conflict* (PC), Entwicklung: Sierra Entertainment, Vertrieb: Massive Entertainment, 2007.

132 Mission *Der Elefant ist in Sicht*, in: *World in Conflict*.

der ersten Mission des Spiels von sowjetischen Truppen besetzt gehalten worden war.[133] Das Lied beschwört den Durchhaltewillen bei der Bewältigung der Widrigkeiten des Lebens und harmoniert so mit dem situativen Kontext, in dem es im Spiel eingesetzt wird.

Besonders in Spielen zum Vietnamkrieg werden zeitgenössische Lieder des dargestellten Konfliktes verwendet. „Auf dem Weg in die Schlacht wirst Du von einem Soundtrack begleitet, der für eine besondere Generation steht", kündigt ein Text auf der Verpackung des Shooters *Battlefield Vietnam* an, in dem eine besonders große Anzahl an Originalaufnahmen eingespielt wird.[134] Dass die Lieder im Spiel tatsächlich hauptsächlich eine atmosphärische Funktion haben, zeigt sich besonders deutlich daran, dass auch Lieder verwendet werden, die als ausgesprochene Hymnen der Antikriegsbewegung dieser Zeit gelten können. So werden bei *Battlefield Vietnam* Lieder wie ‚Fortunate Son' der Gruppe Creedence Clearwater Revival von 1969, dessen Text sich kritisch mit der Rekrutierungspraxis der US-Armee auseinandersetzt,[135] und der Motown-Klassiker ‚War' von Edwin Starr aus dem Jahr 1970 eingespielt, der im Refrain auf die Frage „War – what is it good for?" die unmissverständliche Antwort „absolutely nothing" gibt.

Eine Reihe von Liedtiteln, die in den Spielen zum Vietnamkrieg verwendet werden, haben offenbar einen Umweg über Spielfilme genommen, in denen sie im Kontext des Vietnamkrieges auftauchen. Das psychedelische ‚White Rabbit' von Jefferson Airplane, das in *Conflict: Vietnam* und in *Battlefield Vietnam* eingespielt wird, befindet sich auch auf dem Soundtrack des Vietnamfilmes *Platoon* aus dem Jahr 1986.[136] Die Motown-Nummer ‚Nowhere to run' von Martha & the Vandellas, die ebenfalls in beiden Spielen verwendet wird, ist an prominenter Stelle in *Good Morning, Vietnam* aus dem Jahr 1987 zu hören.[137] ‚Surfin Bird', der einzige Hit der

---

133 Mission *Ein letzter Kampf und Abspann*, in: *World in Conflict*.

134 Text auf Verpackung, in: *Battlefield Vietnam* (PC), Entwicklung: Digital Illusions, Vertrieb: Electronic Arts, 2004.

135 Siehe Art. ‚*Fortunate Son'*, in: Kevin Hillstrom/Laurie Collier Hillstrom: *The Vietnam Experience. A Concise Encyclopedia of American Literature, Songs, and Films*, Westport und London 1998, 111-116.

136 *Platoon*, Regie: Oliver Stone, USA 1986.

137 *Good Morning, Vietnam*, Regie: Barry Levinson, USA 1987.

Rock'n'Roll-Kombo The Trashmen, ist ein musikalischer Bestandteil sowohl von *Battlefield Vietnam* als auch des Spielfilms *Full Metal Jacket*. Dass es sich hierbei nicht um einen Zufall handelt, bei dem Lieder sowohl für Spielfilme als auch Computerspiele aufgrund ihres zeitgenössischen Bezuges zum dargestellten Konflikt ausgewählt worden sind, zeigt die Einspielung des ‚Walkürenrittes' aus der Oper ‚Die Walküre' von Richard Wagner bei *Battlefield Vietnam*. Weder passt sich die Arie in die Reihe der Musiktitel aus der Zeit des Vietnamkrieges ein, noch verfügt sie über einen inhaltlichen Bezug zu dem Konflikt. Erinnerungskulturell fest mit dem Vietnamkrieg verbunden ist der ‚Walkürenritt' ausschließlich durch seine Verwendung in einer der bekanntesten Szenen aus dem Film *Apocalypse Now* von 1979, in der Hubschrauber ein vietnamesisches Dorf angreifen und mit den Klängen des ‚Walkürenritts' beschallen, die aus an den Hubschraubern befestigten Lautsprechern dröhnen, um den Gegner einzuschüchtern.[138]

Mit der Verwendung der Musiktitel nutzen die Computerspiele ein musikalisches Gedächtnis, dessen Fundus über seine Zeitgenossenschaft oder den Einsatz in anderen Erinnerungsmedien wie etwa Spielfilmen mit einem bestimmten Ereignis verzahnt ist. Dass sich der Effekt, ein atmosphärisches Gesamtbild mit Musik zu ergänzen, auch umkehren lässt, zeigt eine Sequenz aus dem First-Person-Shooter *Homefront*. Das Setting des Spiels fußt auf einer militärischen Besetzung der USA durch nordkoreanische Truppen im Jahr 2027, gegen die sich Guerillaeinheiten und die geschwächten Überreste der US-Armee auflehnen.[139] In einer der Missionen schaltet der Pilot des Hubschraubers, in dem der Spielercharakter zu einem Einsatz geflogen wird, das Lied ‚Volunteers' der Gruppe Jefferson Airplane aus dem Jahr

---

138 Siehe *Apocalypse Now*. Zur Verzahnung des ‚Walkürenritts' mit dem Vietnamkrieg siehe Melanie Lowe: *Claiming Amadeus. Classical Feedback in American Media*, in: American Music 20/1 (Spring 2002), 102-119, bes. 103-106; Anselm C. Kreuzer: *Apocalypse Now*, in: Peter Moormann (Hrsg.): *Klassiker der Filmmusik*, Stuttgart 2009, 219-222, hier 221; Christoph Henzel. *Wagner und die Filmmusik*, in: Acta Musicologica 76/1 (2004), 89-115, hier 112-114.

139 *Homefront* (PC, Microsoft Xbox 360, Sony PlayStation 3), Entwicklung: Kaos Studios, Vertrieb: THQ, 2011.

1969 auf die Lautsprecher.[140] Der Musiktitel erzeugt – trotz mangelnder inhaltlicher Bezugnahme in die Reihe der zeitgenössischen Protestlieder einzuordnen – durch die situative Zitierung der Szene aus *Apocalypse Now* und in Verbindung mit dem Hubschrauber als ikonographischem Ausdruck der US-Kriegsanstrengung in Südostasien eine deutliche Assoziation zum Vietnamkrieg als einem asymmetrischen Konflikt, der in *Homefront* unter umgekehrten Vorzeichen ausgetragen wird.

Trotz der zahlreichen Möglichkeiten, mediale Inhalte aus Spielfilmen in Computerspielen zu reproduzieren oder in einen neuen Kontext zu setzen, ist das als dezidierte und umfassende Remediation zu verstehende ‚Spiel zum Film' bei historischen Inhalten selten aufzufinden; auch vereinzelt existierende Beispiele, für die eine entsprechende Lizenz bei den Rechteinhabern erworben wurde, bewegen sich bei der Umsetzung des jeweiligen Filmstoffes weitgehend frei von der Vorlage. Das Strategiespiel *Platoon*, das im Vietnamkrieg angesiedelt ist, etwa beschränkt sich bei der Verwendung der Lizenz auf die Gestaltung des medialen Umfeldes: Das Spiel teilt auf seiner Verpackung mit dem gleichnamigen Kriegsfilm den Titelschriftzug und die berühmte Aufnahme der sterbenden Figur des Sergeant Elias, der auf Knien und mit zurückgeworfenem Kopf die Arme hochreißt.[141] Die Szene, die auch an exponierter Stelle auf dem Kinoplakat von *Platoon* zu sehen ist, ist selbst die filmische Nachbildung des Motivs einer zeitgenössischen, journalistischen Fotografie von Art Greenspon aus dem Jahr 1968.[142] Wenn im Intro des Spiels *Platoon* die Geste nachgestellt wird, handelt es sich also um ein doppeltes und mehrstufiges Bildzitat, das von der Fotografie über den Film schließlich im Spiel angekommen ist.[143] Bis auf die Übernahme dieser ikonischen Szene aus dem Film und dem Vietnamkrieg als historischem Handlungsschauplatz weist das Spiel jedoch kaum Parallelen zum Film auf: Weder tauchen Figuren aus *Platoon* im Spiel auf, noch ist

---

140 Mission *Golden Gate – Vorgelagerter Stützpunkt*, in: *Homefront*.

141 *Platoon. Vietnam War* (PC), Entwicklung: Digital Reality, Vertrieb: Monte Cristo Multimedia, 2002.

142 Art Greenspon: *Paratroopers aid wounded comrades as one GI guides a medical evacuation helicopter into a jungle clearing, April 1968*, in: Frances Falin (Hrsg.): *The Indelible Image. Photographs of War – 1846 to Present*, Washington 1985, 202-203.

143 Intro, in *Platoon. Vietnam War*.

der Gang der Handlung an derjenigen des Films orientiert. Die zwölf Missionen des Spiels seien, so beschreibt es der Text auf der Verpackung des Spiels, lediglich „inspiriert [...] von dem Film Platoon, der mehrere Oscars erhalten hat".[144]

Ein wesentlich deutlicher an der filmischen Vorlage orientiertes Beispiel für ein ‚Spiel zum Film' stellt *Gesprengte Ketten* dar, das sich auf den gleichnamigen Spielfilm aus dem Jahr 1963 bezieht.[145] Wie im Film stellt ein deutsches Kriegsgefangenenlager im Zweiten Weltkrieg den Schauplatz des Spiels dar, in dem sich die Spielercharaktere unbemerkt von den Wachen bewegen müssen, um die Flucht zu organisieren. Der Dreischritt aus historischem Ereignis, Verfilmung und Adaption in einem Computerspiel wird im Spiel subtil angedeutet, indem einer der Insassen des Kriegsgefangenenlagers beiläufig bemerkt: „Eines Tages gibt's einen Film über uns."[146] Die Spielercharaktere sind namentlich und optisch nach den Filmfiguren gestaltet; zwischen die Missionen sind Originalsequenzen aus dem Spielfilm geschnitten. Zentrale Szenen des Film können nachgespielt werden, während das Spiel die Handlung durch Prequel-Missionen ergänzt, in denen erzählt wird, wie die Figur des Sandy McDonald gefangen genommen und in das Lager verbracht wird, bevor die Handlung des Films einsetzt. Diese enge Ausrichtung der Spielehandlung an derjenigen des Filmes wird nur an einem einzelnen, allerdings für die Interpretation der Handlung neuralgischen Punkt aufgekündigt: dem Ende. Während es im Film nur den wenigsten Ausbrechern gelingt, aus den von der Wehrmacht besetzten Gebieten Europas zu fliehen, zeigt das Spiel, wie alle Charaktere erfolgreich entkommen. Besonders deutlich wird dies bei der Umsetzung der wohl bekanntesten Sequenz des Films, in der der von Steve McQueen dargestellte Virgil Hilts nach einer rasanten Verfolgungsjagd versucht, mit einem Motorrad zwei Grenzzäune zu überspringen und in die Schweiz zu entkommen. Im Film scheitert Hilts am zweiten Stacheldrahtverhau und wird von den Verfolgern kurz vor dem rettenden Ziel wieder festgesetzt; der Film endet mit Hilts Rückkehr in das Kriegsgefangenenlager. Das Spiel hingegen lässt Hilts erfolgreich fliehen: Der Sprung über den zweiten Grenzzaun

---

144 Text auf Verpackung, in: *Platoon. Vietnam War*.

145 *The Great Escape – Gesprengte Ketten*; *The Great Escape*, Regie: John Sturges, USA 1963.

146 Mission *Ausbruch im Winter*, in: *Gesprengte Ketten*.

markiert das Ende von *Gesprengte Ketten*.[147] Die nicht spielbare Schlusssequenz komplettiert dieses spielerische Erfolgserlebnis, indem sie auch die Flucht der anderen Charaktere zeigt: So stürzen Hendley und der erblindete Blythe nicht wie im Film mit dem gekaperten Flugzeug ab, weil das Benzin aufgebraucht ist – ein kurzes Tippen auf die Treibstoffanzeige scheint im Spiel das Problem lösen zu können.[148] Während eine Texteinblendung am Ende des Film erläutert, dass die Verfolgung der Flüchtigen zahlreiche Soldaten der Wehrmacht langfristig gebunden habe und dem Ausbruchsversuch trotz seines eigentlichen Scheiterns im größeren Kontext des Krieges durchaus ein Anteil am Sieg im Kampf gegen Deutschland zukomme, folgt das Spiel Konventionen, die einen auch im Rahmen der dargestellten Handlung erfolgreichen Abschluss vorsehen.

Ebenso wie das ‚Spiel zum Film‘ bleibt bei Computerspielen mit historischen Inhalten auch das ergänzende ‚Buch zum Spiel‘ eine Ausnahme. ‚Crossmedialität‘, also das Verteilen eines Inhaltes auf verschiedene Medien, die aufeinander Bezug nehmen, bleibt in der Regel auf die mittlerweile obligatorischen Internetauftritte zu den Spielen beschränkt, die jedoch meist nicht dazu dienen, weiterführende historische Informationen zu liefern, sondern dazu, das Spiel zu bewerben. Die Veröffentlichung von Begleitbüchern wie für den First-Person-Shooter *Brothers in Arms – Hell's Highway* bleibt eine Seltenheit, zumal dann, wenn wie in diesem Fall neben einem Sachbuch mit den historischen Hintergründen noch ein die Handlung des Spiels begleitender Roman erhältlich ist.[149] Der gleichbetitelte Roman ergänzt die Handlung des Spiels, das den Weg einer US-amerikanischen Einheit von Fallschirmjägern durch die ‚Operation Market Garden‘ im September 1944 zeigt, im gleichen zeitlichen Rahmen um einen weiteren Erzählstrang und übernimmt die Protagonisten des Shooters, der eine ausführliche Narration mit filmischen Zwischensequenzen und zahlreichen Rückblenden vorantreibt.[150] Ein Glossar am Ende des Romans erläutert militärische Begriffe und deutsche Ausdrücke, die im Buch vorkommen. Als „work of historical fiction" sei das Buch „the suspense-packed, surprise-filled version of the bestselling video game – and an intense epic

---

147 Mission *Sprung in den Sieg*, in: *Gesprengte Ketten*.
148 Schlusssequenz, in: *Gesprengte Ketten*.
149 *Brothers in Arms – Hell's Highway*.
150 John Antal: *Brothers in Arms. Hell's Highway*, New York 2008.

journey into the true nature of war", wie dem Klappentext zu entnehmen ist.[151]

Während der Roman als fiktive Erzählung in einem historischen Rahmen die im Spiel erzählte Geschichte fortschreibt und ergänzt, konzentriert sich ein wiederum gleichbetiteltes Sachbuch zu *Brothers in Arms – Hell's Highway* ganz auf „the true story" und den historischen Verlauf des Einsatzes der realhistorischen Luftlandedivision in der ‚Operation Market Garden‘, die im Mittelpunkt des gesamten Franchise steht.[152] Mit der Gliederung der Einsatzgeschichte der Einheit in dieser bestimmten Operation folgt das Buch der chronologischen Einteilung des Spiels, deren Bezugspunkt die Landung der Einheit in den Niederlanden am 17.9.1944 darstellt; die darauffolgenden Tage werden zu diesem Datum als Angabe der Dauer des Einsatzes hinzuaddiert. Der 20.9.1944 wird beispielsweise als ‚D+3‘ bezeichnet, also als der dritte Tag nach dem ‚D-Day‘.[153]

Bemerkenswert ist vor allem die Illustration des Buches: Neben militärischen Karten, historischen Fotografien und Aufnahmen von Reenactment-Gruppen, die in den Uniformen der Luftlandedivision posieren, finden sich in großer Zahl Screenshots und Artwork aus dem Spiel *Brothers in Arms – Hell's Highway* sowie aus dessen Vorgänger *Brothers in Arms – Road to Hill 30*.[154] Die den Spielen entnommenen Abbildungen werden im Buch behandelt wie Aufnahmen mit dokumentarischem Charakter, indem die Bildunterschriften die Inhalte erläutern, als seien diese nicht virtuell erzeugt, sondern historisch authentisch. Das Verhältnis zwischen historischem Vorbild und virtueller Nachbildung wird somit umgekehrt: Mit den Screenshots, die im Gegensatz zu den historischen Fotografien farbig sind und naturgemäß über eine weitaus größere Detailschärfe verfügen, können historische Situationen visualisiert werden – Kampfeinsätze in Nahaufnahme,

---

151   Text auf Umschlag, in: ebd.

152   John Antal: *Brothers in Arms. Hell's Highway. The True Story of the 101st Airborne Division during Operation Market Garden, September 17-25, 1944*, Minneapolis 2008.

153   ‚D-Day‘ meint in diesem Zusammenhang nicht den 06.06.1944 als dem Tag der alliierten Landung in der Normandie, für den der Begriff bereits zeitgenössisch verwendet wurde.

154   *Brothers in Arms – Road to Hill 30* (PC, Microsoft Xbox, Sony PlayStation 2), Entwicklung: Gearbox Software, Vertrieb: Ubisoft, 2005.

Explosionen, die Perspektive des Gegners – zu denen es sowohl mit Bezug auf die Bildqualität als auch die Inhalte keine zeitgenössischen Äquivalente gibt; als visuelle Repräsentationen des Krieges sind die Aufnahmen daher Ausdruck eines historischen Hyperrealismus. Indem die Screenshots in einem Kontext mit einem geschichtswissenschaftlichen Anspruch präsentiert und mit einem Aussagewert für die im Buch besprochene Zeit versehen werden, scheint jedoch auch für die wirklichkeitsnahe Darstellung des Krieges in den Computerspielen, denen sie entnommen sind, gebürgt werden zu sollen. Das Buch nimmt für sich in Anspruch, eine wissenschaftliche Darstellung des Themas zu sein – neben Textanmerkungen und einem Glossar findet sich auch eine Bibliographie. Die Screenshots werden hierbei explizit als Mittel der Vermittlung von Geschichte benannt und gleichwertig in eine Reihe mit anderen Visualisierungen historischer Vergangenheit gestellt. Die Verwendung von Aufnahmen aus dem Spiel habe den Zweck, so beschreibt es der Autor im Vorwort des Sachbuches, „to show how interactive experiences like the video game *Brothers in Arms: Hell's Highway* can bring history alive to a new generation of people".[155]

Die Crossmedialität von Roman, Sachbuch und Spiel ist in alle Richtungen umgesetzt: Die einzelnen Teile des Franchise bilden eigenständige mediale Umsetzungen des gleichen historischen Inhalts. Roman und Spiel ergänzen sich narrativ und fußen auf dem gleichen Setting, ohne die Kenntnis des jeweils anderen crossmedialen Teils zu erfordern. Das Sachbuch kann als Darstellung eines zeitlichen Abschnitts der Geschichte einer bestimmten Luftlandedivision im Zweiten Weltkrieg gelesen werden und gleichzeitig in Verbindung mit dem Roman und dem Spiel deren historischen Hintergrund nachliefern. Umgekehrt können jedoch auch der Roman und das Spiel verstanden werden, ohne über den realhistorischen Rahmen des Narrativs informiert zu sein. Die einzelnen Teile des Franchise ergänzen sich somit, wobei die Computerspielreihe auch in den Büchern sichtbar Ausgangspunkt und Zentrum ist.

Spielfilme bleiben für Computerspiele, die einen historischen Krieg darstellen, das zentrale Referenzmedium, an dem eine Reihe von technischen und inhaltlichen Aspekten ausgerichtet wird. Durch die virtuelle Nachinszenierung ganzer Sequenzen aus populären Kriegsfilmen greifen die Entwickler auf ein Reservoir an narrativen Geschichtsdarstellungen ei-

---

155 Preface, in: Antal, *True Story*, 7.

nes visuellen Mediums zurück, das in der populären Erinnerungskultur eine etablierte und prägende Position einnimmt.[156] Die Handlungsbestandteile werden meist als Versatzstücke verwendet und in neue erzählerische Kontexte eingebettet; nur selten werden in den Spielen narrative Parallelen zu den Spielfilmen entwickelt, denen die übernommenen Sequenzen entstammen. Zu erkennen, dass auf die Geschichtsdarstellungen eines anderen Mediums referiert wird, ist für das Verständnis der Handlung eines Computerspiels nicht relevant. Dennoch werden durch die Importe bekannter Sequenzen aus populären Kriegsfilmen die in ihnen verhandelten Geschichtsbilder auch über den Rahmen der jeweils referierten Teile hinaus aufgerufen, wie etwa auch der Einsatz von Musik verdeutlicht, die zuerst in Spielfilmen erinnerungskulturell geprägt und in Computerspielen in vergleichbaren Kontexten wiederverwendet wird. Die Computerspiele betreiben somit eine Zweitverwertung der erinnerungskulturellen Vergangenheitsdarstellung eines anderen Mediums, die sie für ihre Zwecke adaptieren und in ihre Konventionen einpassen.

„WENN UNSERE FLAGGE ÜBER DER STADT WEHT" – GEDENKORTE, ERINNERUNGSORTE

Die Flugsimulation *Heroes over Europe* erzählt klassische Initiationsgeschichten. Drei Spielercharaktere unterschiedlicher Nationalitäten werden als Piloten durch die Luftkämpfe des Zweiten Weltkrieges gesteuert, aus deren Härten sie – nach anfänglich vorherrschender Abenteuerlust – als gereifte und vom Krieg desillusionierte Männer hervorgehen. Dass die Piloten durch ihren Einsatz im Zweiten Weltkrieg aus der Sicht von *Heroes over Europe* einen entscheidenden Beitrag zum alliierten Sieg über Deutschland geleistet haben, verdeutlicht bereits der Titel des Spiels; ihre militärische Bedeutung wird in der Narration außerdem über die gesamte Handlungslinie hinweg unterstrichen. Wer jedoch tatsächlich als Held erinnert werden sollte, offenbart das Spiel explizit erst an seinem Ende im Schlussmonolog eines der Protagonisten, nachdem er – wie in diesen narrativ abschließen-

---

156 Zur Relevanz von Filmen für das kulturelle Gedächtnis siehe Astrid Erll/Stefanie Wodianka (Hrsg.): *Film und kulturelles Gedächtnis. Plurimediale Konstellationen*, Berlin 2008.

den Teilen in Computerspielen obligatorisch – seinen Weg zurück in das
zivile Leben nach dem Kriegsende beschrieben hat:

„Die Helden? Das waren die Jungs, die aushielten und die Deutschen daran hinder-
ten, bis nach New York vorzudringen. Jeder Brite, der alles geopfert hat, um seine
Heimat zu verteidigen. Jeder Amerikaner, der am anderen Ende der Welt für die
Freiheit gekämpft hat. Jeder Australier, Neuseeländer und Kanadier, der einen Krieg
gekämpft hat, der nicht wirklich seiner war. Diese Jungs… diese Männer, Frauen
und Kinder, die die Welt der Freiheit bewahrt haben. Sie sind die wahren Helden."[157]

Heroes over Europe ehrt damit zu seinem Abschluss eine Gruppe histori-
scher Personen, die während der Gesamtdauer des Spiels, das den Zweiten
Weltkrieg ausschließlich aus der visuellen und narrativen Perspektive der
Piloten zeigt, unsichtbar geblieben war.

Als Medien, die historische Vergangenheit darstellen und über die Narrative Geschichtsbilder generieren, bewegen sich die Computerspiele mit
einem geschichtlichen Hintergrund oft zwangsläufig im Bereich der Interpretation und Bewertung der Vergangenheit. Protagonisten, die der Spieler
durch eine vorgegebene Narration steuert, sollen Identifikation stiften und
werden als Heldenfiguren gezeichnet, deren Handlungen im Spiel eingeordnet und nachvollziehbar gemacht werden. Explizite Würdigungen einer
Gruppe historischer Personen, wie sie in *Heroes over Europe* beobachtet
werden können, finden sich in einer Reihe von Spielen, etwa in Form von
Widmungen, die als Erinnerungszeichen fungieren sollen und durch den
erinnerungskulturellen Akt des Widmens das Spiel dem Gedenken an einen
in der Darstellung präsenten Personenkreis verschreiben. Dennoch ist es
nicht das vorrangige Ziel von Computerspielen, in einem didaktisch oder
geschichtspolitisch zu verstehenden Sinn Gedenken an ein Ereignis oder
eine Personengruppe zu evozieren oder anzuregen.

Ein seltener Fall eines Spiels, das ausdrücklich als Gedenkort an ein
historisches Ereignis konzipiert ist, findet sich in *Delta Force: Black Hawk
Down*.[158] Der First-Person-Shooter ist in der UN-Mission in Somalia zwi-

---

157 Schlusssequenz, in: *Heroes over Europe.*
158 *Delta Force: Black Hawk Down* (PC, Microsoft Xbox, Sony PlayStation 2),
   Entwicklung und Vertrieb: NovaLogic, 2003.

schen 1992 und 1995 angesiedelt und kreist hauptsächlich um die Schlacht von Mogadischu im Oktober 1993, in der US-amerikanische Spezialeinheiten große Verluste hinnehmen mussten. Im Handbuch des Spiels wird explizit die Zielsetzung formuliert, mit dem Spiel an die militärische Leistung der US-Truppen erinnern und der Toten der Kämpfe gedenken zu wollen. Im Vorwort betont ein namentlich nicht genanntes Mitglied der ‚Army Rangers', einer US-Spezialeinheit, die an dem Einsatz in Mogadischu maßgeblich beteiligt war, man habe sich bei der Entwicklung „jede nur erdenkliche Mühe gegeben, die tapferen Soldaten der Einsatzgruppe Ranger und das amerikanische Kontingent der Operation Restore Hope durch dieses Spiel zu würdigen". Zum Abschluss des Vorworts wird der Spieler direkt angesprochen und dazu aufgefordert, das Spiel als eine Möglichkeit des Gedenkens und der Würdigung zu verstehen: „Wir hoffen, dass du dieses Spiel als Anlass nimmst, einmal über die Opfer nachzudenken, die diese Männer und ihre Familien gebracht haben." Bei der Darstellung der positiven Folgen des Einsatzes der Soldaten wird ein Freiheitsbild über den Vorgang des Spielens selbst transportiert, indem die benannten Opfer als solche expliziert werden, die „es uns ermöglichen, Spiele wie dieses in der Sicherheit unserer Heimat zu genießen. Und während wir uns vergnügen, kämpfen diese Männer und jene, an die sie die Fackel weitergegeben haben, in aller Stille weiter für uns."[159]

Als inhaltliche Klammer wird die Zielsetzung des Gedenkens an die Opferbereitschaft der US-Soldaten am Ende des Handbuches noch einmal in einer Weise eingelöst, die an das Totengedenken von Gedenkstätten erinnert: Auf einer Ehrentafel sind unter der Überschrift „Im Gedenken an die Gefallenen" die 31 Angehörigen der US-Armee aufgelistet, die zwischen Februar und Oktober 1993 in Somalia im Kampfeinsatz getötet wurden oder ohne Feindeinwirkung gestorben sind, jeweils unter Angabe des Dienstgrades und des Todesdatums. Auf der folgenden Seite des Handbuchs erhält die ‚Special Operations Warrior Foundation' die Gelegenheit, ihre Arbeit vorzustellen.[160] Es handelt sich um eine Stiftung, die nach der Befreiung von Geiseln in der US-Botschaft in Teheran im Jahr 1980 gegründet wurde und Hochschulstipendien an Kinder vergibt, deren Eltern als Angehörige von US-Spezialeinheiten in Kampfeinsätzen ums Leben ge-

---

159 Vorwort des Handbuchs, in: *Delta Force: Black Hawk Down.*
160 Handbuch, in: *Delta Force: Black Hawk Down.*

kommen sind.[161] Zwei Mitglieder der Organisation werden in den Danksagungen im Spiels an prominenter Stelle bedacht.[162]

Im bereits erwähnten Vorwort des Handbuches von *Delta Force: Black Hawk Down* ist der Anspruch, das Spiel selbst zu einem Gedenkort werden zu lassen, klar formuliert: „Diese tapferen Männer verdienen es, geehrt zu werden. Wir wollen das tun, so gut es uns im Rahmen eines Computerspiels möglich ist.“[163] Über diese Ankündigung im medialen Umfeld hinaus ist eine Umsetzung im Spiel selbst allerdings kaum erkennbar. *Delta Force: Black Hawk Down* ist ein konventioneller First-Person-Shooter, dessen Handlungsaufbau und Darstellungsmittel sich nicht von vergleichbaren Spielen ohne Gedenkauftrag unterscheiden. Die Spielercharaktere bleiben namenlos, eine die Missionen verknüpfende und überspannende Narration ist nicht vorhanden. Ein Totengedenken zu evozieren und anzuregen ist dem Spiel schon allein deshalb nicht möglich, weil es keine Verluste auf Seiten der US-Armee zeigt. Die angestrebte Würdigung der US-Soldaten scheint somit dadurch erreicht zu werden sollen, dass das Spiel in der kontrovers diskutierten Frage, ob deren Einsatz in Somalia als militärischer Erfolg gewertet werden kann, eine eindeutige Position bezieht: Bereits ein ausführlicher historischer Abriss der Geschichte Somalias und der UN-Mission, der sich im Handbuch des Spiels findet, greift diese Diskussion auf und betont, dass insbesondere die Soldaten selbst trotz der hohen Verluste in ihren eigenen Reihen von einem erfolgreichen Einsatz sprechen würden: „Die Tatsache, dass ‚nur‘ 18 amerikanische Soldaten, die in dieses Gemetzel hineingerieten, getötet wurden, ist ein beredetes Zeugnis für die Ausbildung, Zähigkeit und Entschlossenheit dieser Männer“, wird hier mit Blick auf die Schlacht von Mogadischu argumentiert. „Sie tun alles, um Verluste zu vermeiden, doch wenn es notwendig wird, sind sie bereit, auch dieses Opfer zu bringen.“[164] *Delta Force: Black Hawk Down* versucht in diesem Sinn, die militärische Leistung einer bestimmten Einheit zu würdigen; der

---

161 Siehe Special Operations Warrior Foundation, URL: www.specialops.org [Stand: 09.03.2011].

162 Es handelt sich um John Carney, den amtierenden Präsidenten der ‚Special Operations Warrior Foundation‘, und Dick Davies, der im US-Verteidigungsministerium beschäftigt ist.

163 Vorwort des Handbuchs, in: *Delta Force: Black Hawk Down.*

164 Handbuch, in: *Delta Force: Black Hawk Down.*

Gedenkort für die Gefallenen bleibt auf die Formulierung des Anspruches im Handbuch beschränkt und wird im Spiel selbst nicht erzeugt.

Während hier der militärischen Leistung einer Gruppe von Einheiten in einer bestimmten Schlacht gedacht werden soll, ist es das Ziel des rundenbasierten Strategiespiels *Operation Victory: Für König und Vaterland*, den Blick auf die nationale Kriegsanstrengung Kanadas im Zweiten Weltkrieg zu lenken. Die Entwicklung des Titels wurde von der staatlichen Medienförderung ‚Telefilm Canada' und der Kulturstiftung ‚Canadian Heritage' finanziell unterstützt;[165] er entstand parallel zu einer gleichnamigen, sechsteiligen Dokumentationsreihe des kanadischen Privatsenders ‚History Television', deren Drehbuchautor Gilbert Reid auch für die inhaltliche Konzeption des Spiels zuständig war. Die Fokussierung auf Kanada als Teilnehmer des Zweiten Weltkrieges ist bereits an der Auswahl der Schauplätze für die Missionen zu erkennen, die an den wichtigsten Einsatzorten kanadischer Einheiten orientiert ist: Mit der ‚Operation Jubilee' – einem Landungsversuch alliierter Streitkräfte im Hafen der französischen Stadt Dieppe im August 1942 – zeigt *Operation Victory* bereits in einer frühen Mission eine Militäroperation, die Computerspielen sonst äußerst selten als Handlungsschauplatz dient, dem durch die hohen Verluste unter den kanadischen Soldaten, die die Mehrheit der eingesetzten alliierten Truppen stellten, aber ein hoher Stellenwert in der kanadischen Erinnerungskultur zukommt.[166] Auch bei anderen Kriegsschauplätzen, die im Spiel dargestellt werden, wie etwa der alliierten Landung auf Sizilien 1943,[167] hält sich *Operation Victory* an diejenigen Einsätze des Zweiten Weltkrieges, an denen kanadische Soldaten in nennenswerter und maßgeblicher Zahl beteiligt waren. Die Konzentration auf Kanada als einem Land, das gemeinhin nicht in der ersten Reihe der Teilnehmer am Zweiten Weltkrieg steht, wird außerdem in einem einführenden Text zum historischen Hintergrund deutlich, der sich im Handbuch findet und im Startmenü des Spiels aufgerufen werden kann. Kanada

---

165 *Operation Victory: Für König und Vaterland* (PC), Entwicklung: Breakthrough New Media, Vertrieb: Kalypso Media, 2005; Telefilm Canada, URL: www. telefilm.gc.ca [Stand: 08.03.2011]; Canadian Heritage, URL: www.pch. gc.ca [Stand: 08.03.2011].

166 Mission *Morgenröte in Dieppe*, in: *Operation Victory*.

167 Siehe Terry Copp/Matt Symes: *The Canadian Battlefields in Italy. Sicily and Southern Italy*, Waterloo 2008.

wird hier wie selbstverständlich aus der häufig anonymen Gruppe der kleineren Alliierten herausgelöst und auf eine Stufe mit den Großmächten gestellt. „Nun, in ihrer dunkelsten Stunde", heißt es im Text nach der Beschreibung der deutschen Eroberung Europas, „müssen England, Kanada, die Vereinigten Staaten und ihre Alliierten zurückschlagen, um Europa zu befreien und das Imperium der Nazis zu zerstören."[168]

Operation Victory betont auffällig die Beteiligung frankophoner Soldaten aus der Provinz Québec an der kanadischen Kriegsanstrengung: In jeder Mission steuert der Spieler vier Soldaten, die mit kurzen Biographien charakterisiert werden; jeweils einer aus dieser Gruppe stammt dabei immer aus dem französischsprachigen Bevölkerungsteil des Landes. In der Sprachausgabe des Spiels sprechen diese Soldaten in den Missionen mit einem starken französischen Akzent, während bei den anderen der kanadische Dialekt des Englischen zu hören ist. *Operation Victory* suggeriert damit eine nationale Einheit, die das Land im Kampf gegen Deutschland versammelt habe, und verschweigt damit, dass gerade der Zweite Weltkrieg eine tiefe Kluft zwischen Anglophonen und Frankokanadiern aufreißen ließ: Während bei einer Volksabstimmung 1942 mehr als drei Viertel der Wähler in den englischsprachigen Provinzen für die Einführung der Wehrpflicht im Zuge des Krieges stimmten, votierte der gleiche Anteil der Stimmberechtigten in Québec dagegen; Ausschreitungen und Proteste der Frankokanadier waren die Folge, als die Wehrpflicht gegen den Willen einer Mehrheit der Québecer Wahlberechtigten eingeführt wurde.[169] Neben der staatlichen Förderung des Projektes zeigt sich auch an dieser Darstellungsweise einer national geeinten Kriegsanstrengung, in der innenpolitische Verwerfungen in einer bilingual geprägten Gesellschaft ausgeblendet werden, der Anspruch von *Operation Victory*, mit der Präsentation eines dezidiert kanadischen Geschichtsbildes an die Vergangenheit des Landes im Zweiten Weltkrieg zu erinnern.

Die Verlagerung eines Gedenkortes in das Spiel hinein findet sich in *Medal of Honour – Pacific Assault*, das im Pazifikkrieg angesiedelt ist.

---

168 Handbuch und Menüoption *Historischer Hintergrund*, in: *Operation Victory*.

169 Zu Kanada im Zweiten Weltkrieg siehe William Douglas/Brerton Greenhous: *Out of the Shadows. Canada in the Second World War*, Toronto et al. 1977; Udo Sautter: *Geschichte Kanadas*, 2., aktualisierte Auflage, München 2007, 89-92.

Eine nicht spielbare Sequenz, die nach einer Mission in einem Trainings-
camp platziert ist, zeigt ein Denkmal mit einer Figurengruppe, vor dem
Soldaten eines sogenannten ‚Silent Drill Platoons' paradieren, einer speziellen Ehrenformation des ‚Marine Corps', die im Rahmen des militärischen
Zeremoniells eine ritualisierte Waffeninspektion in vollständiger Stille und
ohne Kommandos vorführt.[170] Eine Stimme aus dem Off spricht während
der Sequenz, in der besonders das Denkmal immer wieder prominent in
Szene gesetzt wird, folgende Worte:

„Über zwei Jahrhunderte kämpft das United States Marine Corps für die Freiheit.
Aber ihr Ruf, ihre Legende, entstand in der Hölle des Zweiten Weltkrieges. Trium-
phe entstehen aus der Not, und der Preis des Sieges ist das Blut der Männer. Glaube,
Mut und Verzicht pflasterten ihren Weg. Diese Reise begann in den frühen Morgen-
stunden des 7. Dezembers 1941."[171]

Bei dem Denkmal handelt es sich um eine detailgetreue, virtuelle Rekonstruktion des ‚Marine Corps War Memorial', dem zentralen Mahnmal für
die Gefallenen des Korps, das sich im US-Bundesstaat Virginia auf der
Washington gegenüberliegenden Uferseite des Potomac befindet. Die bron-
zene Figurengruppe auf dem Sockel des Mahnmals ist selbst die plastische,
überlebensgroße Darstellung des Motives der Fotografie ‚Raising the Flag
on Iwo Jima', die Joe Rosenthal im Februar 1945 während der ersten Woche der Kämpfe um die japanische Insel aufnahm: Das Bild, das zu den
meistreproduzierten Fotografien der Geschichte zählt, zeigt sechs Marines,
die einen Masten mit einem Sternenbanner auf dem Gipfel des Berges Suribachi auf Iwo Jima aufrichten.[172]

---

170 Zwischensequenz vor Mission *Pearl Harbor*, in: *Medal of Honor – Pacific As-
     sault.*

171 Zum Mahnmal und seiner Geschichte siehe Jost Dülffer: *Über-Helden – Das
     Bild von Iwo Jima in der Repräsentation des Sieges. Eine Studie zur US-ame-
     rikanischen Erinnerungskultur seit 1945*, in: Zeithistorische Forschungen
     3/2006, 247-272, hier bes. 259-265.

172 Zur Flaggenhissung und ihren Umständen siehe Karal Ann Marling/John
     Wetenhall: *Iwo Jima. Monuments, Memories, and the American Hero*, Camb-
     ridge 1991, 40-83; Richard Wheeler: *A Special Valor. The U.S. Marines and
     the Pacific War*, New York 1983, 363-385.

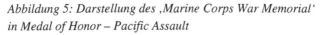

Abbildung 5: Darstellung des ‚Marine Corps War Memorial'
in Medal of Honor – Pacific Assault

Quelle: Screenshot aus *Medal of Honor – Pacific Assault* (PC), Entwicklung und
Vertrieb: Electronic Arts, 2004.

Ebenso wie das ‚Marine Corps War Memorial' dem Gedenken an die Toten
und der Ehrung ihrer militärischen Leistung gewidmet ist, ist *Medal of
Honor – Pacific Assault* als Gedenkort angelegt, der die Opfer des ‚Marine
Corps' im Pazifikkrieg beschwört. Das Spiel beginnt – narrativ untypisch –
mit dem Tod des Spielercharakters bei der Landung auf dem Pazifikatoll
Tarawa, die im November 1943 stattfand.[173] Die weitere Handlung dreht
die Uhr noch einmal zurück: Sie erzählt den Weg eines anderen Marines
der gleichen Einheit, beginnend mit seiner Ausbildung über sein Erleben
des japanischen Angriffes auf Pearl Harbor bis hin zur Eroberung Tarawas.

---

173 Mission *Tarawa*, in: *Medal of Honor – Pacific Assault*. Zur Geschichte des
‚Marine Corps' im Pazifikkrieg siehe Allan R. Millett: *Semper Fidelis. A History of the United States Marine Corps*, New York und London 1980, hier bes.
388-441.

In einem Schlussmonolog des Spielercharakters schließt sich der Kreis zur Sequenz, in der das Mahnmal dargestellt wird:

„Ein japanischer Admiral hat einmal gesagt, wir hätten Tarawa mit einer Millionen Mann in hundert Jahren nicht erobert. Tja, die Marines haben es in drei Tagen geschafft. Und jetzt ist es vorbei – na ja, nicht wirklich. Bis nach Tokio ist es weit; wir haben gerade mal die Hälfte des Weges hinter uns. Aber wenigstens leben wir noch. Hoffentlich gönnen sie uns eine Pause, aber die Tyrannei schläft nicht."

Für die Schlusseinstellung schwenkt die Kamera auf ein Sternenbanner, das auf dem höchsten Punkt der Insel zwischen den Ruinen weht.[174] Das Bild des Flagge wird so mit Bezug auf das Mahnmal noch einmal aufgenommen, antizipiert jedoch gleichzeitig das historische Ereignis auf dem Suribachi, das von der Warte der erzählten Zeit aus betrachtet noch bevorsteht.

Das gezeigte Mahnmal ist eine Gedenkstätte für gefallene Marines aller Kriege; dennoch besteht durch die Darstellung des Aufrichtens der Flagge auf dem Suribachi als einem erinnerungskulturell neuralgischen Ereignis des Pazifikkrieges ein direkter inhaltlicher Bezug zum Spiel, auch wenn dessen Handlung chronologisch vor den Kämpfen auf Iwo Jima endet. Die Darstellung des Denkmals zu einem frühen Zeitpunkt im Spiel antizipiert jedoch nicht nur das in ihr verbildlichte Ereignis, sondern in seiner Funktion als Gedenkstätte auch die Opfer, die in der Narration durch den Tod des ersten Spielercharakters einen eindrücklich inszenierten Ausdruck finden. Dass das Spiel tatsächlich bewusst darauf angelegt ist, als Gedenkort für das ‚Marine Corps' im Medium des Computerspiels zu fungieren, zeigt die Mitarbeit mehrerer Angehörige des Korps, die teilweise Abteilungen für Öffentlichkeitsarbeit zugeordnet sind, als ‚Military Consultants' an der Entwicklung von *Medal of Honor – Pacific Assault*.[175]

---

174 Mission *Tarawa – Das letzte Gefecht*, in: *Medal of Honor – Pacific Assault*. Das genannte Zitat stammt von dem Admiral Shibasaki Keiji, der die japanischen Truppen auf Tarawa befehligte. Er äußerte diese Einschätzung vor dem Beginn der Kämpfe, um die Stärke seiner Truppen zu unterstreichen.

175 Abspann, in: *Medal of Honor – Pacific Assault*. Mehrere dieser Berater sind in Abteilungen für Öffentlichkeits- und Pressearbeit des ‚Marine Corps' beschäftigt. In den Danksagungen wird das Korps gesondert bedacht.

Als Ikone der US-amerikanischen Erinnerungskultur mit Blick auf den Pazifikkrieg ist das Bild des Flaggenhissens auf Iwo Jima auch in anderen Spielen präsent, nimmt dort jedoch jeweils andere Funktionen für die Narrative ein. Im First-Person-Shooter *Battle for the Pacific* bildet die Erstürmung des Suribachi das Setting für die abschließende Mission des Spiels.[176] Der Spielercharakter erreicht hier nicht den Gipfel, sondern beobachtet das Aufrichten des Flaggenmasts in einer nicht spielbaren Sequenz von einem unterhalb der Spitze des Suribachi gelegenen Standpunkt aus; das Spiel stellt nicht die Perspektive der berühmten Fotografie nach, sondern wählt eine starke Untersicht, die das Geschehen auf dem Gipfel szenisch überhöht und als heroisch inszeniert erscheinen lässt.[177] Nach der Sequenz wird dennoch ein direkter Bezug zur Fotografie von Rosenthal hergestellt; ein Sprecher erklärt aus dem Off: „After weeks of some of the bloodiest fighting of the war, Iwo Jima was finally captured. The photo of six Marines raising the flag atop Mount Suribachi became one of the most iconic images in American history."[178] Das Aufrichten des Sternenbanners wird als Endpunkt des Spiels und zugleich Schlussakt der Schlacht und des gesamten Krieges vorgestellt. Als Zeichen einer räumlichen Inbesitznahme fungiert das Bild hier als Siegessymbol – eine Konnotation, mit der ‚Raising the Flag on Iwo Jima' während seiner wechselvollen Rezeptionsgeschichte ebenfalls häufig erinnerungskulturell aufgeladen wurde.

Eine explizite Verwendung des Motives der Fotografie in dieser Lesart findet sich in *War Front – Turning Point*, einem Strategiespiel, das aus einer deutschen und einer US-amerikanischen Kampagne besteht.[179] Hat der Spieler eine der Missionen der US-Kampagne erfolgreich durchlaufen, erscheint ein bildschirmfüllendes Emblem mit dem Schriftzug „You are victorious!", das von einer Darstellung des Aufheißens der Flagge auf Iwo Jima gekrönt wird. Auffällig ist, dass es sich hierbei um eine Reproduktion der Statuengruppe des ‚Marine Corps War Memorial' handelt, deren An-

---

176 Mission *Iwo Jima 3*, in: *Battle for the Pacific* (PC, Microsoft Xbox 360, Sony PlayStation 3), Entwicklung: Cauldron, Vertrieb: Activision, 2007.

177 Vgl. als ähnliches Beispiel, in dem ebenfalls der Suribachi gestürmt, die Flaggenhissung jedoch nur in Form der Fotografie präsent ist, Mission *Angriff auf Berg Suribachi*, in: *The Heat of War*.

178 Abspann nach Mission *Iwo Jima 3*, in: *Battle for the Pacific*.

179 *War Front – Turning Point*.

ordnung sich von der Körperhaltung der Personen auf der Fotografie in Details unterscheidet. Dass diese Darstellung ausschließlich als Siegessymbol verwendet wird, macht nicht nur die Verknüpfung mit dem Schriftzug deutlich: Obwohl das Spiel im Zweiten Weltkrieg angesiedelt ist, konzentriert es sich ausschließlich auf den europäischen Kriegsschauplatz; ein inhaltlicher Zusammenhang zu den Kämpfen um Iwo Jima im Pazifikkrieg besteht also nur mittelbar. Ähnlich verhält es sich bei der Erweiterung *Semper Fi*, die dem Strategiespiel *Hearts of Iron III* neue Einheiten hinzufügt und spieltechnische Aspekte des Hauptspiels ausbaut.[180] Auf der Verpackung ist ‚Raising the Flag on Iwo Jima' reproduziert, während der Titel der Erweiterung die Kurzform des Mottos „Semper Fidelis" sowie den Titel eines Marsches des ‚Marine Corps' aufnimmt – weder das Flaggenhissen auf dem Suribachi noch die Militäreinheit sind im Spiel in exponierter Weise präsent. Die Erweiterung *For the Motherland* sowie die russische Version des Hauptspiels *Hearts of Iron III* hingegen beziehen sich auf die andere Flaggenhissung während des Zweiten Weltkrieges, deren Abbildung nicht minder als erinnerungskulturelle Ikone gilt: Auf den Titeln der Verpackungen ist jeweils die berühmte Fotografie von Jewgeni Chaldej zu sehen, die einen Rotarmisten beim Aufpflanzen der sowjetischen Fahne auf dem Dach des Berliner Reichstages zeigt.[181]

Gerade diese beiden, ikonographisch berühmten Bilder der Flaggenhissungen sind zentrale Erinnerungsorte der Gedächtnislandschaft des Weltkrieges. Das Konzept des ‚Erinnerungsortes' geht auf den französischen Historiker Pierre Nora zurück. Das kollektive Gedächtnis einer bestimmten Gruppe lagert sich nach Nora an Orte an, in denen es sich „in besonderem Maße kondensiert, verkörpert oder kristallisiert".[182] Diese ‚lieux de mémoire' oder ‚Gedächtnisorte', wie sie Nora in Anlehnung an die Ar-

---

180 Add-On *Hearts of Iron III: Semper Fi* (PC), Entwicklung: Paradox Interactive, Vertrieb: Koch Media, 2010.

181 Add-On *Hearts of Iron III: For the Motherland* (PC), Entwicklung: Paradox Interactive, Vertrieb: Koch Media, 2011; *Hearts of Iron III* (PC), Entwicklung: Paradox Interactive, Vertrieb: snowball.ru, 2009 [russische Version]. Vgl. die Fotografie Eugene Khaldey: *Victory Flag over Reichstag, 1945*, in: Fralin, *Indelible Image*, 186-187.

182 Nora, *Zwischen Gedächtnis und Geschichte*, 7. Vgl. Pierre Nora (Hrsg.): *Erinnerungsorte Frankreichs*, München 2005.

beiten von Frances A. Yates bezeichnet,[183] werden mit Bedeutung aufgeladen, die ihnen eine symbolische Funktion für das kollektive Gedächtnis zukommen lässt. Der Begriff ‚Ort' ist hierbei metaphorisch und nicht ausschließlich geographisch zu verstehen: ‚Erinnerungsorte' können sowohl materieller als auch immaterieller Art sein; Schauplätze historischer Ereignisse, Denkmäler, Gebäude und Personen können ebenso eine symbolische Funktion einnehmen und als Bezugspunkt für die Vergangenheitswahrnehmung des kollektiven Gedächtnisses dienen, wie ahistorische Mythen, Begriffe, Vorstellungen und künstlerische Repräsentationen.[184]

Bei den Erinnerungsorten, die in Computerspielen gezeigt werden, handelt es sich in der Mehrzahl um materielle und physische Orte, die in Verbindung mit bestimmten historischen Ereignissen oder aufgrund ihrer eigenen Geschichte mit einer erinnerungskulturellen Bedeutung aufgeladen sind. Besonders sichtbar wird dies am Berliner Reichstagsgebäude, dessen Einnahme durch sowjetische Rotarmisten ihn zu einem zentralen Erinnerungsort des Zweiten Weltkrieges gemacht hat. In zahlreichen Spielen, die die Endphase des Krieges auf dem europäischen Kriegsschauplatz thematisieren, bildet das Gebäude zusammen mit dem Brandenburger Tor eine zentrale Landmarke.[185] Die Darstellung des Reichstags dient hier jedoch nur als ein visuelles Äquivalent für die deutsche Hauptstadt; er ist Teil der Kulisse und trägt in den Narrationen der Spiele keine weiterführende Bedeutung. Anders verhält es sich beim First-Person-Shooter *Call of Duty – World at War*, an dessen Ende die Erstürmung des Reichstages in den letzten beiden Missionen der sowjetischen Kampagne des Spiels steht. Rotarmisten kämpfen sich hier über den Vorplatz und durch den Plenarsaal bis

---

183 Siehe Frances A. Yates: *The Art of Memory*, London 1966.

184 Siehe Etienne François/Hagen Schulze (Hrsg.): *Deutsche Erinnerungsorte*, 3 Bde., München 2001, hier Bd. 1, 9-18. In ihrer Einleitung bemerken Etienne François und Hagen Schulze, dass man nach heutigem Sprachgebrauch von ‚Ikonen' sprechen könne. Zur Diskussion der ‚Lieux de mémoire' als Erinnerungsmedien siehe Patrick Schmidt: *Zwischen Medien und Topoi. Die Lieux de mémoire und die Medialität des kulturellen Gedächtnisses*, in: Erll/Nünning, *Medien des kollektiven Gedächtnisses*, 25-43.

185 Siehe etwa Missionen *Spielverderber* und *Das schwarze Herz*, in: *Heroes over Europe; Mission Aggressive Diplomatie*, in: *War Front – Turning Point*; Mission *Töte Bormann: Der Reichstag*, in: *Sniper Elite*.

auf das Dach des Reichstages vor, wo der Spielercharakter die rote Fahne hisst.[186] Das Spiel greift hierbei die zeitgenössische Vorstellung der sowjetischen Soldaten auf, mit dem Reichstag eine wichtige Machtzentrale Deutschlands erobert zu haben, obwohl das in ihm tagende Parlament im politischen Gefüge des NS-Staates 1945 bereits seit geraumer Zeit keine Rolle mehr spielte. Die Flaggenhissung auf dem Dach des Reichstages, die den Schlusspunkt des Spiels darstellt, reproduziert den realhistorischen Vorgang, der insbesondere durch die zu einem späteren Zeitpunkt inszenierten Fotografien von Jewgeni Chaldej zu einem Erinnerungsort für den sowjetischen Sieg über das nationalsozialistische Deutschland wurde.[187] Das Aufpflanzen der roten Fahne sowie der Reichstag stellen in *Call of Duty – World at War* außerdem eine Klammer dar, die zu Beginn der sowjetischen Kampagne des Spiels durch einen weiteren Erinnerungsort geöffnet wird: Die Handlung beginnt im leeren ‚Barmaley-Brunnen' in Stalingrad, in dem sich die beiden Protagonisten der Kampagne vor der Wehrmacht versteckt halten.[188] Als Erinnerungsort ist der Brunnen vor allem durch die Aufnahmen des Kriegsfotografen Emmanuil Evzerikhin mit der Schlacht um Stalingrad verzahnt, in denen das friedlich-naive Bildmotiv – die Statuengruppe des Brunnens zeigt sechs Kinder in einem Tanzreigen – in einem hartem Kontrast zur vollständigen Zerstörung der Stadt während

---

186 Missionen *Herz der Deutschen* und *Mit letzter Kraft*, in: *Call of Duty – World at War*.

187 Siehe Bernd Roeck: *Der Reichstag*, in: François/Schulze, *Deutsche Erinnerungsorte*, Bd. 1, 138-155, hier bes. 152-154; Stefanie Frey: *Von der ‚Quatschbude' zum Symbol der Einheit – Das Reichstagsgebäude*, in: Constance Carce-nac-Lecomte u.a. (Hrsg.): *Steinbruch Deutsche Erinnerungsorte. Annäherung an die deutsche Gedächtnisgeschichte*, Frankfurt am Main 2000, 237-248, hier bes. 242-243; Peter Reichel: *Schwarz-Rot-Gold. Kleine Geschichte deutscher Nationalsymbole nach 1945*, München 2005, 125-143. Zur Geschichte des Gebäudes siehe Jürgen Schmädeke: *Der Deutsche Reichstag. Das Gebäude in Geschichte und Gegenwart*, 3. Aufl., Berlin 1981.

188 Mission *Der Auftrag*, in: *Call of Duty – World at War*. Für eine weitere Darstellung des ‚Barmaley-Brunnens' siehe Missionen *Eliminieren Sie den Heckenschützen* und *Schützen Sie General O'Donnell*, in: *Commandos 3: Destination Berlin* (PC), Entwicklung: Pyro Studios, Vertrieb: Eidos Interactive, 2003.

der Schlacht steht. Der ‚Barmaley-Brunnen' und der Reichstag lösen somit als Erinnerungsorte visuell das handlungsleitende und im Spiel explizit formulierte Grundmotiv der Vergeltung ein: Dass die Gräuel und der Einfall der Wehrmacht in das vormals friedliche Stalingrad durch die Eroberung Berlins und des Reichstages gerächt werden würden.[189] „Wenn unsere Flagge über der Stadt weht, werden Niederlage und Erniedrigung unserer Feinde außer Frage stehen", kündigt einer der Protagonisten des Spiels vor dem Sturm des Reichstages an. „Unsere Vergeltung wird vollkommen sein."[190]

Abbildung 6: Mauerstückchen aus der Sammleredition von World in Conflict

Quelle: Fotografie von Julia Schmid, Tübingen

Im Ensemble mit dem in unmittelbarer Nähe befindlichen Brandenburger Tor kommt dem Reichstagsgebäude auch in den Spielen zum Kalten Krieg eine wichtige Rolle als Erinnerungsort der innerdeutschen Teilung zu. Im Strategiespiel *World in Conflict* wird die Berliner Mauer als Symbol und

---

189   Für eine ausführliche Besprechung der handlungsleitenden Topoi beider Kampagnen siehe Bender, *Erinnerung im virtuellen Weltkrieg*, 108-114.

190   Mission *Mit letzter Kraft*, in: *Call of Duty – World at War*.

konkreter Ausdruck der Trennung im wahrsten Sinn des Wortes dekon-
struiert: Das Spiel zeigt einen alternativgeschichtlichen Dritten Weltkrieg
zwischen den Supermächten, in dessen Verlauf die Rote Armee 1989 West-
Berlin angreift. Die Mauer wird in einer Kampagne, die aus der sowjetischen Perspektive gespielt wird, auf der Höhe des Reichstages und des
Brandenburger Tores gesprengt, um den sowjetischen Panzern das Vorrü-
cken auf die – in diesem Kontext ebenfalls erinnerungskulturell symbolträchtige – ,Straße des 17. Juli‘ zu ermöglichen.[191] Die Sprengung der
Berliner Mauer in diesem Add-On zu *World in Conflict* wird dem Spieler
auch in einer konkreten Form vermittelt: Einer Sammleredition des Hauptspiels liegt ein eingeschweißtes Betonstück bei, das mit einem ,Zertifikat‘
eines unbekannten Beglaubigers – das Papier trägt das Staatswappen der
DDR – als „Original Berliner Mauerstein" und als „[e]in Stück deutscher
Geschichte" ausgewiesen wird.[192] Ob es sich bei dem mit Graffiti besprüh-
ten Bröckchen tatsächlich um ein „[e]chtes Stück der Berliner Mauer" handelt,[193] ist für seine symbolische Funktion zweitrangig; als physischer Bestandteil eines historischen Erinnerungsortes konterkariert es jedoch die
Handlung von *World in Conflict* in einem entscheidenden Punkt: Während
die Berliner Mauer im Spiel militärisch zum Einsturz gebracht wird und
damit der Funktion beraubt wird, Kriegsparteien voneinander zu trennen,
stehen die Mauerstückchen als Erinnerungsort für die friedliche Revolution
in der DDR, die dazu führte, dass die Grenzanlagen demontiert und von unzähligen „Mauerspechten" in handliche Souvenirs zerlegt werden konn-
ten.[194] Wäre die Geschichte so verlaufen, wie in *World in Conflict* dargestellt, hätte es die Mauerstückchen als Erinnerungsort der deutschen Wiedervereinigung nie gegeben.

---

191 Mission *Befreiung*, in: Add-On *World in Conflict: Soviet Assault* (PC), Entwicklung: Massive Entertainment, Vertrieb: Ubisoft, 2009.

192 *World in Conflict – Collector's Edition* (PC), Entwicklung: Massive Entertainment, Vertrieb: Sierra Entertainment, 2007.

193 Text auf Verpackung, in: *World in Conflict – Collector's Edition*.

194 Der Sammleredition liegt neben dem Mauerstückchen noch eine DVD mit ei-
   ner Dokumentation aus einer Serie des History Channel bei, die ebenfalls den
   Fall der Mauer thematisiert. Siehe *Modern Marvels*, Staffel 10, Folge 84: Die
   Berliner Mauer, Produktion: Don Cambou, USA 2003.

Während die symbolische Funktion des Erinnerungsortes von *World in Conflict* gezielt aufgegriffen wird, um sie mit der alternativgeschichtlichen Handlung des Spiels in Beziehung zu setzen, scheint die erinnerungskulturelle Relevanz bestimmter Erinnerungsorte von den Entwicklern teilweise auch versteckt zu werden. In einer der Missionen von *Saboteur* – einem ‚Open World‘-Titel mit einem spielkonzeptuellen Genremix – wird der Spielercharakter damit beauftragt, eine „experimentelle Radaranlage" zu zerstören, die die deutschen Besatzer Frankreichs im Zweiten Weltkrieg außerhalb Paris in einer „alten Abtei" installiert hätten und in der sie die „Nonnen als menschliche Schutzschilde" gefangen halten würden.[195] An besagtem Ort angekommen, wird jedoch klar, dass es sich bei dem beschriebenen Gebäudekomplex keineswegs um ein Kloster, sondern vielmehr um das Beinhaus von Donaumont handelt. Die Nekropole, in der die sterblichen Überreste unbekannter deutscher und französischer Soldaten aufbewahrt werden, die im Ersten Weltkrieg in der Schlacht um Verdun gefallen waren, ist im Spiel bis in Details hinein virtuell rekonstruiert: Sowohl das Äußere des Gebäudes mit dem Turm in Form einer aufgerichteten Granate als auch der Kreuzgang mit seinem Tonnengewölbe im Inneren sind dicht nach dem architektonischen Vorbild modelliert.[196] Ein Umdeklarieren historischer Erinnerungsorte kann in *Saboteur* auch in weiteren Fällen beobachtet werden: So befreit der Spielercharakter beispielsweise in einer der Missionen eine Widerstandskämpferin, die vor dem „ehemaligen Justizpalast" der Stadt von der Wehrmacht hingerichtet werden soll; tatsächlich handelt es sich bei dem Gebäude aber um eine detaillierte Rekonstruktion der Pariser Kathedrale Notre Dame.[197] Dass den Entwicklern die eigentliche Funktion der Gebäude nicht bekannt war, als sie in das Spiel integriert wurden, kann aufgrund ihrer Bekanntheit und der aufwändigen Rekonstruktion für das Spiel, die eine dezidierte und umfassende Beschäftigung mit den Gebäuden voraussetzt, ausgeschlossen werden. Die tatsächliche symbolische Funktion insbesondere des Beinhauses von Donaumont scheint vielmehr als eine zusätzliche Erinnerungs- und Bedeutungsschicht

---

195 Mission *Hinter der Klosterpforte*, in: *Saboteur*.

196 Für eine Beschreibung des Beinhauses siehe Sandra Petermann: *Rituale machen Räume. Zum kollektiven Gedenken der Schlacht von Verdun und der Landung in der Normandie*, Bielefeld 2007, 107-112.

197 Mission *Bedürfnisse der Wenigen oder der Einzelnen*, in: *Saboteur*.

angeboten zu werden, die demjenigen Spieler, der sie erkennt, einen erweiterten Zugang bieten soll.

Wenn sich Computerspiele ausdrücklich dem Gedenken an einen historischen Krieg verschreiben, gehen sie hierbei meist konventionell vor, indem sie ihre gedenkende Funktion schlicht deklarieren. Gedenken soll dabei häufig im Umfeld der eigentlichen Spielehandlung durch Widmungen oder die Aufforderung an den Spieler vorgenommen werden, sich während des Spielvorgangs des realen Hintergrundes des Gezeigten bewusst zu sein. Das Spiel soll somit einen erinnernden Anlass darstellen, der jedoch nicht die Hauptfunktion einnimmt, sondern lediglich zur – meist konventionell bleibenden – Wettbewerbsausrichtung eines Spiels hinzutritt. Auch bei der Darstellung von Gedenkorten wie etwa Mahnmalen und Erinnerungsorten orientieren sich Computerspiele an erinnerungskulturell etablierten Formen, indem sie diese im Rahmen der Spielehandlung selbst abbilden. Die symbolische Funktion für das kollektive Gedächtnis muss dem Spieler jedoch bekannt sein; ist sie es nicht, kommt den virtuell nachmodellierten Erinnerungsorten in den Spielen – seien es Gebäude, Schauplätze oder Denkmäler – keine aus sich selbst heraus entstehende, erinnerungskulturelle Relevanz zu.

Der Vorgang des Spielens selbst kann jedoch von den Spielern selbst als Anlass und sogar Akt des Erinnerns und Gedenkens in einer Form verstanden werden, die im Aufbau der Spiele selbst nicht angelegt ist. Eine Gruppe von Spielern aus den USA etwa trifft sich regelmäßig auf einem eigenen Server, um gemeinsam im Flugsimulator *IL-2 Sturmovik* Luftoperationen des Zweiten Weltkrieges nachzuspielen, die Mitglieder der Gruppe für diesen Zweck auf der Grundlage historischer Informationen virtuell nachmodelliert haben. Als Zielsetzung formulieren die *Doolittle Raiders* – so benannt nach einem Angriff eines US-Bombergeschwaders auf Tokio im Februar 1942 – neben dem möglichst authentischen Nacherleben der Kriegserfahrungen von US-Piloten auch „to honor those men who served and sacrificed for our country during World War II".[198] Im Gegensatz zu dieser erklärten Verschreibung des Spielvorgangs an das Gedenken, betreibt der Medienkünstler Joseph DeLappe die bewusste Zweckentfremdung cines Computerspiels, um an gefallene Soldaten eines nicht histori-

---

198 *Welcome Aboard*, in: Doolittle Raiders, URL: www.doolittleraiders.us [Stand: 12.12.2011].

schen, sondern aktuellen Konfliktes in mehrfacher Hinsicht zu erinnern. Als Plattform für sein Projekt *dead-in-iraq* wählte DeLappe den First-Person-Shooter *America's Army*: Ursprünglich von der US-Armee als Trainingssimulation entwickelt, wird das kostenlose Onlinespiel mittlerweile offen als Rekrutierungsinstrument verwendet.[199] DeLappe begann im Jahr 2006 damit, sich regelmäßig unter dem Spielernamen ‚dead-in-iraq' in Multiplayer-Partien von *America's Army* einzuwählen. Während der Spielrunde gab er in die Chatfunktion, die auf dem Bildschirm aller beteiligten Spieler angezeigt wird und eigentlich der Kommunikation zwischen den Spielern eines Teams dient, die Namen, den Dienstgrad und das Todesdatum gefallener US-Soldaten des Irakkrieges ein.[200] Zum einen handelte es sich bei der Kunstaktion, die DeLappe mit dem Anspruch, die Namen aller im Irak getöteten US-Soldaten auf diese Weise in *America's Army* publik zu machen, kontinuierlich weiterführte, um einen Protest gegen das militärische Engagement der USA im Nahen Osten, indem der Künstler die Spieler damit konfrontierte, dass es in einem realen Krieg, für den die US-Armee mit *America's Army* Rekruten gewinnen wollte, auch reale Tote gibt. Zum anderen betonte DeLappe, dass es sein Ziel sei, der gefallenen Soldaten zu gedenken: Die Kunstaktion sei „essentially a fleeting, online memorial".[201] Beide Beispiele, in denen Computerspiele von ihren Nutzern

---

199 Der aktuelle Teil der Reihe, die seit 2002 in mehreren Teilen weiterentwickelt wurde, ist *America's Army 3* (PC), Entwicklung: Zombie Studios, Vertrieb: U.S. Army, 2009. Siehe auch Randy Nichols: *Target Acquired. America's Army and the Video Games Industry*, in: Huntemann/Payne, *Joystick Soldiers*, 39-52.

200 Für eine Beschreibung des Projektes siehe Dean Chan: *Dead-in-Iraq. The Spatial Politics of Digital Game Art Activism and the In-Game Project*, in: Huntemann/Payne, *Joystick Soldiers*, 272-286.

201 Joseph DeLappe: *Provocation. dead-in-iraq – performance/memorial/protest*, in: TDR. The Drama Review 52/1 (Frühling 2008), 2-3, hier 2. Ausgehend von der Kunstaktion war DeLappe einer der Mitbegründer einer virtuelle Gedenkstätte für getötete irakische Zivilisten, die von einer physischen Wanderausstellung begleitet wird. Zu diesem Projekt siehe Iraqi Memorial, URL: www.iraqimemorial.org [Stand: 12.12.2011]. Mit der Erklärung des US-Präsidenten Barack Obama, dass der Krieg beendet sei, und dem Abzug der US-Armee aus dem Irak im Dezember 2011 schloss auch DeLappe das ‚dead-in-iraq'-Projekt

mit unterschiedlichen Zielsetzungen dem Erinnern und Gedenken durch eine Verschreibung des Spielvorgangs oder das subversive Umschreiben gewidmet werden, zeigen die Abhängigkeit des kollektiven Gedächtnisses von der Motivation seiner Träger: Eine symbolträchtige, erinnerungskulturelle Funktion kommt denjenigen Medien zu, die eine bestimmte soziale Gruppe als mediale Erinnerungsorte bestimmt und auserkoren hat.

---

ab, indem er die letzten noch verbliebenen Namen in *America's Army* veröffentlichte. Vgl. schriftliche Auskunft von Joseph DeLappe vom 17.12.2011 auf eine Anfrage des Autors vom 10.12.2011.

Historische Kriege in Computerspielen

Den „Roten Baron und seine Truppe zu Witzfiguren machen" – Der Erste Weltkrieg

Seine düstere Prognose des nächsten großen Krieg stützte H.G. Wells auf die Entwicklung eines Spiels. 1913 veröffentlichte der Schriftsteller mit *Little Wars* eine Anleitung und ein Regelwerk für ein Strategiespiel, das er als „the perfect battle-game as we play it in an ordinary room" bezeichnete.[1] Auf einem selbst zu gestaltenden Spielfeld ziehen die Spieler Figuren unterschiedlicher Truppenteile, deren Bewegungsradius und Angriffsstärke Wells in den Regeln ebenso definierte wie er verschiedene Spielmodi erläuterte. Dass *Little Wars* damit in einer Kontinuitätslinie mit dem preußischen ‚Kriegsspiel' des 19. Jahrhunderts stand, das strategisches Denken schulen und die Kriegskunst lehren sollte,[2] erkannte auch Wells; er betonte jedoch nicht einen militaristischen Zweck, sondern ausdrücklich die pazifistische Intention seines Spiels: Man müsse nur drei oder vier Runden von *Little Wars* spielen um zu erkennen „what a blundering thing Great War

---

1   H.G. Wells: *Little Wars. A Game for Boys from Twelve Years of Age to One Hundred and Fifty and For That More Intelligent Sort of Girl Who Likes Boys' Games and Books* (1913), Lenox 2006, 11.

2   Siehe Gunnar Sandkühler: *Die philanthropische Versinnlichung. Hellwigs Kriegsspiel als pädagogisches und immersives Erziehungsmodell*, in: Nohr/ Wiemer, *Strategie spielen*, 69-86; Isabell Koch: *Simulanten, Spieler und Strategen. Das Kriegsspiel und der Zweite Weltkrieg im Computerspiel*, in: Das Archiv. Magazin für Kommunikationsgeschichte 4/2009, 29-35, hier bes. 30-32.

must be". Der ‚Große Krieg', also im Gegensatz zum Spiel derjenige in der Realität, sei „at present [...] not only the most expensive game in the universe, but it is a game out of all proportion". *Little Wars* führe zu der „most pacific realisation conceivable", dass die Ausmaße eines zukünftigen Krieges jenseits der Vernunft und der Vorstellungskraft liegen würden.[3]

Die Realität bestätigte Wells Einschätzung, die er in der Beschäftigung mit *Little Wars* abgebildet sehen wollte, unmittelbar nach der Veröffentlichung des Regelwerks mit dem Ausbruch des Ersten Weltkrieges, der in Großbritannien bis heute tatsächlich als „the Great War" und in Frankreich als „Grande Guerre" bezeichnet wird. Militärisch durchlief die Kriegsführung mit der Mobilisierung von Massenheeren und der zivilen Gesellschaften für den Kriegseinsatz sowie einschneidende technische Neuerungen eine Transformation, an deren Ende der enthegte, industrialisierte, totale Krieg stand. Politisch leitete der Weltkrieg die fundamentale Umstrukturierung des europäischen Staatengefüges ein, deren Folgen das gesamte 20. Jahrhundert entscheidend prägten.[4] Als geschichtliche Zäsur, die zu einer „Urkatastrophe" eines gesamten Jahrhunderts werden sollte, brachte der Erste Weltkrieg Konsequenzen hervor, die die Vorstellungskraft von Wells und seinen Zeitgenossen vor dessen Ausbruch tatsächlich vielfach übersteigen musste.[5]

In der europäischen Erinnerungslandschaft ist der Erste Weltkrieg unterschiedlich stark präsent. In Großbritannien kommt dem staatlichen Gedenken an den Weltkrieg ein hoher Stellenwert zu. Der in zahlreichen Commonwealth-Staaten begangene ‚Remembrance Day' findet am Jahres-

---

3 Wells, *Little Wars*, 29-30.

4 Als Überblicksdarstellungen zum Ersten Weltkrieg siehe auch im Folgenden John Keegan: *Der Erste Weltkrieg. Eine europäische Tragödie*, Reinbek bei Hamburg 2000; Michael Salewski: *Der Erste Weltkrieg*, 2., durchges. Aufl., Paderborn 2004; David Stevenson: *1914-1918. Der Erste Weltkrieg*, Düsseldorf 2006.

5 Die häufig als Synonym für den Ersten Weltkrieg verwendete Bezeichnung „Urkatastrophe des 20. Jahrhunderts" geht zurück auf George F. Kennans Formulierung „the great seminal catastrophe of this century". George F. Kennan: *The Decline of Bismarck's European Order. Franco-Russian Relations 1875-1890*, Princeton 1979, 3. Vgl. auch Wolfgang Mommsen: *Die Urkatastrophe Deutschlands. Der Erste Weltkrieg 1914-1918*, Stuttgart 2002.

tag des Waffenstillstandes des Ersten Weltkrieges statt und wird als Gedenktag für die Kriegstoten seit 1919 zelebriert. Anders als in Großbritannien, wo die Erinnerung an den Ersten Weltkrieg durch diesen Nationalfeiertag, aber auch durch Denkmäler, museale Repräsentationen und ein allgemeines Geschichtsintcresse einen bedeutenden Platz im kollektiven Gedächtnis einnimmt,[6] ist die Beschäftigung mit der „Urkatastrophe des 20. Jahrhunderts" in Deutschland hauptsächlich das Metier des akademischen Diskurses. Die erinnerungskulturelle Konjunktur des Ersten Weltkrieges verlief hier seit seinem Ende in Wellen mit Höhepunkten in Deutschland während der 1960er Jahre – angetrieben durch die sogenannten ‚Fischer-Kontroverse' und die geschichtswissenschaftliche Diskussion der Frage nach der Kriegsschuld des Deutschen Reiches – und erneut nach 1990, als das Ende des Kalten Krieges neue Perspektiven für westliche Historiker auf die Entstehung der Sowjetunion eröffnete;[7] in Deutschland wurde „der Erste Weltkrieg nach 1945 zunächst durch den Zweiten Weltkrieg und seit den 1980er Jahren durch den Holocaust erinnerungskulturell überlagert".[8]

Auch als Schauplatz von Computerspielen fristet der Erste Weltkrieg ein Nischendasein und steht im Schatten des Zweiten Weltkrieges, der die Spiele, die historische Kriege des 20. Jahrhunderts darstellen, mit deutlichem Vorsprung als Vorlagengeber dominiert. Bei der Realisierung der Darstellung von Geschichte macht der Erste Weltkrieg besonders anschaulich, wie stark die Charakteristika eines historischen Krieges eine Umsetzung im Medium des Computerspiels präfigurieren und wie sie die Wahl

---

6 Siehe Dan Todman: *The Great War. Myth and Memory*, London 2005; Jay Winter: *Remembering War. The Great War between Memory and History in the Twentieth Century*, New Haven und London 2006; Nicholas J. Saunders (Hrsg.): *Matters of Conflict. Material Culture, Memory and the First World War*, London und New York 2004; Barbara Korte/Ralf Schneider/Claudia Sternberg (Hrsg.): *Der Erste Weltkrieg und die Mediendiskurse der Erinnerung in Großbritannien. Autobiographie – Roman – Film (1919-1999)*, Würzburg 2005.

7 Siehe Gerd Krumeich: *Konjunkturen der Weltkriegserinnerung*, in: *Der Weltkrieg 1914-1918. Ereignis und Erinnerung*, im Auftrag des Deutschen Historischen Museums hrsg. von Rainer Rother, Berlin 2004, 68-73.

8 Barbara Korte/Sylvia Paletschek/Wolfgang Hochbruck: *Der Erste Weltkrieg in der populären Erinnerungskultur. Einleitung*, in: dies. (Hrsg.): *Der Erste Weltkrieg in der populären Erinnerungskultur*, Essen 2008, 7-24, hier 8.

eines entsprechenden Genres anbieten. Fahrzeugsimulationen finden im Ersten Weltkrieg nur wenige historische Ansatzpunkte: Landfahrzeuge spielten hier eine untergeordnete Rolle. Frühe Panzer wurden zwar seit 1917 eingesetzt, waren jedoch langsam und störanfällig; ihnen kam keine kriegsentscheidende Bedeutung zu. Der Seekrieg beschränkte sich, sobald große Seeschlachten in den Blick kommen sollen, auf das einzige nennenswerte Aufeinandertreffen der britischen und der deutschen Flotte am Skagerrak im Jahr 1916, das außerdem ohne ein eindeutiges Ergebnis endete. Der mit dem Ersten Weltkrieg unmittelbar assoziierte Grabenkrieg am Boden wiederum liefert kaum umsetzbare Vorlagen für das konzeptuelle Grundgerüst eines First-Person-Shooters: Das wiederholte Anstürmen einer großen Anzahl von Soldaten gegen gut befestigte Defensivstellungen ohne oder mit geringem Raumgewinn ist für die Inszenierung in einem Computerspiel wohl nur schwer nachzustellen, wenn es sich dramaturgisch ansprechend an den Genrekonventionen orientieren soll. Es verbleiben somit Flugsimulationen, die auf ein umfangreiches Reservoir an erinnerungskulturell beständigen Bildern vom Luftkrieg zu Beginn des 20. Jahrhunderts zurückgreifen können, und Strategiespiele, die durch den umfassenden Blick auf eine große Anzahl von zu steuernden Einheiten geprägt sind.

The Entente und *World War I – Grabenkrieg in Europa* zeichnen als taktisch orientierte Strategiespiele verschiedene Operationen des Ersten Weltkrieges vom virtuellen Feldherrenhügel aus nach.[9] Beide Spiele bestehen aus mehreren Kampagnen unterschiedlicher Kriegsteilnehmer, innerhalb derer verschiedene Einsätze zu einem Feldzug der jeweiligen Kriegspartei zusammengefasst sind. Obwohl der Verpackungstext von *The Entente* verspricht, das Spiel sei „a real chance for everyone to alter the way of the World War I", verfügen die Kampagnen über eine die Einsätze überspannende narrative Struktur.[10] Die Spiele stellen – wie in den taktisch orientierten Strategiespielen üblich – in den Einzelmissionen Aufgaben wie etwa die Einnahme geographischer Punkte oder die Vernichtung bestimmter gegnerischer Einheiten, die tatsächlich Äquivalente in der historischen Realität besitzen. Aus dieser linearen Struktur kann der Spieler jedoch nicht

---

9 *The Entente – World War I Battlefields* (PC), Entwicklung: Lesta Studio, Vertrieb: Buka Entertainment, 2003; *World War I – Grabenkrieg in Europa* (PC), Entwicklung: Dark Fox, Vertrieb: The Games Company, 2005.

10 Text auf Verpackung, in: *The Entente – World War I Battlefields*.

ausbrechen, um den Ausgang der gesamten Kampagne zu verändern: Deutschland und Österreich-Ungarn können auch in *The Entente* den Ersten Weltkrieg nicht für sich entscheiden, Frankreich und Großbritannien können ihn nicht verlieren. Lediglich bei den Lösungswegen der strategischen Aufgaben innerhalb der Einzelmissionen bieten die Spiele Variationsmöglichkeiten an, die von der Realhistorie abweichen, jedoch auf den gleichen Ausgang hinführen, wenn die Anforderungen, die das Spiel stellt, erfolgreich absolviert worden sind.

In teilweise ausführlichen Texten werden in beiden Spielen die historischen Ausgangslagen der jeweiligen Kriegsparteien im Jahr 1914 sowie der Verlauf und die geschichtliche Relevanz der im Spiel nachvollzogenen Einsätze beschrieben. Bei der Frage nach den historischen Triebkräften und Gründen für den Ausbruch des Ersten Weltkrieges – ein geschichtswissenschaftlich nach wie vor kontrovers diskutiertes Thema – bleiben diese Beschreibungen jedoch vage.[11] *World War I* benennt den 28.7.1914 als den „Tag, an dem das Grauen begann" – es handelt sich um das Datum der Kriegserklärung Österreich-Ungarns an Serbien.[12] Der Auslöser des Krieges sei das Attentat serbischer Nationalisten auf den österreichischen Thronfolger Franz Ferdinand in Sarajevo gewesen, das „von den europäischen Großmächten als willkommenes Ereignis gesehen" worden sei, um „militärische Stärke zu demonstrieren".[13] Im Handbuch wird jedoch ergänzt, dass die „wahren Gründe für den Krieg viel ernsterer Natur" gewesen seien: „Es war ein globaler Kampf um Weltherrschaft!"[14] Auch *The Entente* hält sich nicht mit Schuldzuweisungen auf und vermeidet es, sich bei der Erläuterung der Vorgeschichte des Weltkrieges in das multilaterale Beziehungs- und Interessensgeflecht der Jahre vor 1914 zu verirren: Am Beginn des „first universal slaughter in the history of mankind" habe die Er-

---

11 Siehe etwa Holger Afflerbach/David Stevenson (Hrsg.): *An Improbable War? The Outbreak of World War I and the European Political Culture before 1914*, Oxford 2007.

12 Text auf Verpackung, in: *World War I – Grabenkrieg in Europa*.

13 Intro zur Kampagne *Der Ententefeldzug*, in: *World War I – Grabenkrieg in Europa*.

14 Handbuch, in: *World War I – Grabenkrieg in Europa*.

mordung des österreichischen Erzherzogs und die Reaktion durch Russland gestanden, „which caused a chain reaction of interventions".[15]

Bei der Darstellung der Kriegsführung in den Spielen selbst fehlt ein zentrales und erinnerungskulturell relevantes Charakteristikum des Ersten Weltkrieges beinahe vollständig: Obwohl *World War I* den Untertitel „Grabenkrieg in Europa" trägt, zeigt das Spiel den Ersten Weltkrieg eben nicht als einen in Defensivstellungen verhärteten Krieg, der durch Materialschlachten geprägt ist.[16] Vielmehr ist der Erste Weltkrieg, wie ihn die Strategiespiele zeigen, von permanenter Mobilität und die vielfältige Einsatzfähigkeit der in den Missionen verwendbaren Einheiten geprägt. Panzer etwa, die historisch zu einem späten Zeitpunkt des Krieges eingeführt wurden, um gegnerische Stellungen durchbrechen zu können, stehen allen Kriegsparteien in *World War I* bereits zu Beginn des Ersten Weltkrieges zur Verfügung; auch der Kavallerie – eine höchst manövrierfähige, aber auch verwundbare Waffengattung, deren Zeit mit dem Aufkommen der modernen Kriegsführung ablief – kommt in den Strategiespielen eine gesteigerte Bedeutung zu. Das ‚leere Schlachtfeld' des technisierten Krieges, das sich im Ersten Weltkrieg im Niemandsland zwischen den komplexen Grabensystemen erstreckte, in denen sich die Kriegsparteien verschanzt hatten,[17] existiert in den Spielen nicht; sie folgen hier den Genrekonventionen, nach denen der Anreiz für die Beschäftigung mit Strategiespielen im umfassenden Zugriff auf eine große Anzahl unterschiedlicher Einheit besteht, die nach den taktischen Vorstellungen des Spielers bewegt und eingesetzt werden können. Stagnation und ein statisches Vorgehen sind schlicht nicht vorgesehen.

Mangelnde Mobilität ist den Flugsimulationen ebenfalls nicht vorzuwerfen; sie stellen das quantitativ am besten bestückte Genre der Spiele zum Ersten Weltkrieg. Die Flugsimulationen lehnen sich an die zeitgenössisch und erinnerungskulturell verklärten ‚Fliegerasse' und damit an reale historische Personen an. In Übernahme eines gängigen und seit rund 100

---

15 Beschreibung der Kampagne *Austro-Hungarian Campaign*, in: *The Entente.*

16 Zum Grabenkrieg siehe Tony Ashworth: *Trench Warfare, 1914-1918. The Live and Let Live System*, London 1980.

17 Zur Wahrnehmung des Krieges siehe Julia Encke: *Sinne*, in: *Enzyklopädie Erster Weltkrieg*, hrsg. von Gerhard Hirschfeld, Gerd Krumeich, Irina Renz, akt. und erw. Studienausg., Paderborn 2009, 1004-1006.

Jahren beständigen Geschichtsbildes werden die Piloten des Ersten Weltkrieges als „mutige Männer in ihren fliegenden Seifenkisten, die in der Luft
für Ehre und Vaterland kämpften", dargestellt.[18] Besonders tritt hierbei mit
Manfred von Richthofen die in der Erinnerungskultur bis heute wohl am
stärksten exponierte historische Einzelpersönlichkeit des Weltkrieges hervor. Während der ‚Rote Baron' mit seinem für ihn charakteristisch einge-
färbten Dreidecker bereits zeitgenössisch zum mythischen Helden stilisiert
wurde, dem Ritterlichkeit und Tugendhaftigkeit zugeschrieben wurde,
wurde dieses Bild durch Spielfilme und eine Reihe weiterer populärkultu-
reller Umsetzungen seiner Biographie tradiert, ergänzt und umgeformt,[19] so
dass der Beiname des Jagdpiloten heute als Namensgeber für eine US-amerikanische Tiefkühlpizzamarke und eine Restaurantkette dienen kann, die
sinnigerweise an deutschen Flughäfen ihre gastronomischen Dienste anbietet.[20] Gemessen an der historischen Realität ist das populäre Bild
Richthofens, wie es auf diesem Weg über ein Jahrhundert entstanden ist,
die „Summe der größten Übertreibungen, gängigsten Klischees, schönsten

---

18 Intro zur Kampagne *Der Ententefeldzug*, in: *World War I – Grabenkrieg in Europa*.

19 Zu den Spielfilmen siehe *The Blue Max*, Regie: John Guillermin, Großbritan-
nien 1966; *Von Richthofen and Brown*, Regie: Roger Corman, USA 1971;
Revenge of the Red Baron, Regie: Robert Gordon, USA 1994; *Der Rote Baron*,
Regie: Nikolai Müllerschön, Deutschland/Großbritannien 2008. Zur Darstellung
Richthofens in Comics siehe Hans Grote: *Rhythmen des Luftkampfs. Zur Dar-
stellung des Richthofen-Mythos in historischen Comics*, in: Korte/Paletschek/
Hochbruck, *Der Erste Weltkrieg in der populären Erinnerungskultur*, 99-117.
Besonders prominent ist Richthofen in der Comicserie *Die Peanuts* des US-
amerikanischen Autoren und Zeichners Charles M. Schulz vertreten. Hier liefert
sich der Hund Snoopy in seiner Phantasie immer wieder Luftkämpfe mit dem
‚Roten Baron', der in den Comics jedoch selbst nie gezeigt wird. Das in den
Comics beständig wiederkehrende Aufeinandertreffen von Snoopy und Richtho-
fen stellte selbst die Vorlage für ein Computerspiel. Vgl. hierzu *Snoopy vs. The
Red Baron* (PC, Sony PlayStation 2), Entwicklung: Smart Bomb Interactive,
Vertrieb: Namco Bandai Games, 2006.

20 Siehe Red Baron Pizza, URL: www.redbaron.com [Stand: 30.08.2011]; Red
Baron Restaurants, URL: www.redbaron-airport.de [Stand: 30.08.2011].

Wunschvorstellungen, purer Phantasie, beliebtesten Legenden und verbreitetsten sachlichen Fehler".[21]

Während eine Zahl von Flugsimulationen zum Ersten Weltkrieg ohne narrativen Rahmen auskommt und das Fliegen in historischen Flugzeugen der Zeit im Mittelpunkt steht,[22] ist der ‚Rote Baron' für eine Reihe von Spielen zusätzlich eine Chiffre, die geradezu synonym mit den Luftkämpfen des Ersten Weltkrieges verwendet wird.[23] *Sky Aces* etwa – ein Spiel, in dem Flugzeuge beider Seiten durch eine deutsche und eine alliierte Kampagne gesteuert werden – zeigt den roten Dreidecker Richthofens über Schützengräben emblematisch bereits auf dem Titelbild.[24] Auch *Wings of Honour – Battles of the Red Baron* präsentiert das Flugzeug, das meist unmittelbar mit Richthofen in Verbindung gebracht wird und durch seine Farbgebung mit dem Beinamen ‚Roter Baron' verknüpft ist, mit feuernden Maschinengewehren an exponierter Stelle auf der Verpackung des Spiels, auf der außerdem mit dem Konterfei Richthofens – bei Spielen ungewöhnlich – die Abbildung einer historischen Persönlichkeit zu sehen ist, die als Protagonist im Mittelpunkt des Spiels stehen soll.[25] Bereits der Titel des Spiels nimmt die konstituierenden Eckpunkte des Richthofen-Mythos auf,

---

21 Joachim Castan: *Der Rote Baron. Die ganze Geschichte des Manfred von Richthofen*, Stuttgart 2007, 15. Zum erinnerungskulturellen Bild des Luftkrieges im Ersten Weltkrieges siehe Dominick A. Pisano u.a. (Hrsg.): *Legend, Memory and the Great War in the Air*, Seattle und London 1992.

22 Siehe etwa *Wings of War* (PC, Microsoft Xbox), Entwicklung: Silver Wish Games, Vertrieb: Gathering, 2004; *First Eagles: The Great War 1918* (PC), Entwicklung: Third Wire, Vertrieb: G2 Games, 2006; *Rise of Flight: The First Great Air War* (PC), Entwicklung: neogb, Vertrieb: 777 Studios, 2009.

23 Siehe *Red Baron 3-D* (PC), Entwicklung: Dynamix, Vertrieb: Sierra On-Line, 1998; *Master of the Skies: The Red Ace* (PC), Entwicklung: Fiendish Games, Vertrieb: Small Rockets, 2000; *Red Baron* (PC, Sony, PlayStation 2), Entwicklung: Atomic Planet Entertainment, Vertrieb: Davilex Games, 2005.

24 Siehe Titelbild auf Verpackung, in: *Sky Aces. Kampf der Reichsadler* (PC), Entwicklung: The X Studio Productions, Vertrieb: IncaGold, 2006.

25 Siehe Titelbild auf Verpackung *Wings of Honour – Battles of the Red Baron* (PC), Entwicklung und Vertrieb: City Interactive, 2006. Vgl. auch den aus britischer Perspektive angelegten Vorgänger *Wings of Honour* (PC), Entwicklung und Vertrieb: City Interactive, 2003.

indem er den Beinamen des Jagdfliegers nennt und auf die Ehrenhaftigkeit verweist, die Richthofen in der Erinnerungskultur zugeschrieben wird. Im Zentrum des Spiels steht das deutsche Geschwader um Richthofen, dem eine fiktive alliierte Fliegerstaffel mit dem Namen ‚Angels of Doom' gegenüber gestellt wird. Missionen, in denen die Geschwader beider Seiten gesteuert werden, sind zu zwei Kampagnen zusammengefasst, die sich narrativ nahezu spiegelverkehrt verhalten: Ist es in der deutschen Kampagne die Aufgabe, einen Staudamm zu zerstören, gilt es in der komplementären Mission der alliierten Kampagne, dies zu verhindern;[26] während man in der alliierten Kampagne den Angriff auf einen Hafen abwehrt, zerstört man ihn in der entsprechenden Mission der deutschen Kampagne.[27] Aufklärungsflüge und das Zerstören von Bodenzielen stellen zwar meist die Ausgangspunkte der Missionen dar, diese werden jedoch in ihrem Verlauf jeweils vom Aufeinandertreffen mit gegnerischen Flugzeugen und den daraus entstehenden ‚Dogfights' geprägt. Neben einer großen Anzahl anonymer Piloten treten in regelmäßigem Abstand ‚Fliegerasse' auf – eine qualitative Bezeichnung, die in der Zeit des Ersten Weltkrieges entstand – die im Spiel die Namen ihrer realhistorischen Vorbilder tragen. Während Piloten wie Oswald Boelcke und Ernst Udet in der alliierten Kampagne und Flieger wie George Guynemer und Edward Mannock als Gegner des deutschen Geschwaders endgültig abgeschossen werden können, ist Richthofen ein mehrmals auftretender Widersacher der ‚Angels of Doom';[28] er kann erst im abschließenden „Duell der Asse" besiegt werden, das auch die deutsche Kampagne des Spiels beschließt. Je nach dem, welche Seite er steuert, wird der Spieler nach dessen Ende dazu beglückwünscht, den „Roten Baron und

---

26 Missionen *Zerstörung des Damms* (deutsche Kampagne) und *Verteidigung des Damms* (alliierte Kampagne), in: *Wings of Honour – Battles of the Red Baron.*

27 Missionen *Doppelter Ärger* (alliierte Kampagne) und *Nachtschicht* (deutsche Kampagne), in: *Wings of Honour – Battles of the Red Baron.*

28 Ein Erzähler aus dem Off berichtet im Anschluss an die entsprechenden Missionen, dass man Richthofens Flugzeug zwar abgeschossen habe, der ‚Rote Baron' selbst jedoch nur verletzt sei. Siehe Missionen *Treffen mit dem Roten Baron* und *Der letzte Schlag* (alliierte Kampagne), in: *Wings of Honour – Battles of the Red Baron.*

seine Truppe zu Witzfiguren gemacht" oder den „letzten der Angels of Doom zur Hölle geschickt" zu haben.[29]

Abbildung 7: Luftkampf in Wings of Honour – Battles of the Red Baron

Quelle: Screenshot aus *Wings of Honour – Battles of the Red Baron* (PC), Entwicklung und Vertrieb: City Interactive, 2006.

Dass der Luftkrieg Teil einer größeren Kriegsanstrengung war, wird in *Wings of Honour – Battles of the Red Baron* zwar angedeutet – „[J]eder erledigte Feind ist ein Gegner weniger für unsere Infanterie" – bleibt jedoch hinter dem Bild zurück, die Kämpfe der Piloten seien ein Selbstzweck gewesen, bei dem sich die Angehörigen einer neuen Teilstreitkraft losgelöst vom eigentlichen Verlauf des Weltkrieges militärisch miteinander gemessen hätten.[30] Beide Geschwader stehen durch die Einteilung ihrer Einsätze in zwei spielbare Kampagnen, die das gleiche Geschehen aus unterschiedli-

---

29 Mission *Duell der Asse* (deutsche und alliierte Kampagne), in: *Wings of Honour – Battles of the Red Baron.*

30 Mission *Rundflug* (alliierte Kampagne), in: *Wings of Honour – Battles of the Red Baron.*

chen Perspektiven zeigen, gleichrangig und gleichwertig nebeneinander; außer dem Konstatieren einer Gegnerschaft werden in *Wings of Honour – Battles of the Red Baron* kaum Feindbilder aufgebaut. Der Abschluss der Narration fällt nicht mit dem Kriegsende zusammen, sondern wird durch die Vernichtung des gegnerischen Geschwaders in einer finalen Konfrontation unter Gleichen markiert, in der nicht die numerische oder technische Überlegenheit der industriellen Kriegsführung den entscheidenden Ausschlag gibt, sondern das individuelle fliegerische Können der Piloten. *Wings of Honour – Battles of the Red Baron* reproduziert damit ein etabliertes und bereits zeitgenössisch propagiertes Bild von den Piloten des Ersten Weltkrieges: In Kontrast zum anonymen Massensterben der Soldaten am Boden wird der Luftkrieg als ein erhabener, ritterlicher Schlagabtausch zwischen prominenten Individuen erinnert, die die Beherrschung modernen Kriegsgeräts mit tradierten und als ehrenhaft konnotierten Werten der Kriegsführung verbunden und ihren Gegnern Respekt entgegengebracht hätten.[31] Richthofen selbst ist im Spiel kaum mehr präsent als die anderen ‚Fliegerasse' der Zeit – dass der Spieler in der deutschen Kampagne den virtuellen Pilotensitz des ‚Roten Barons' einnimmt, wird im Spiel mit keinem Wort erwähnt, sondern kann nur aus der spiegelverkehrten Darstellung der alliierten Kampagne rückgeschlossen werden. Der berühmte Jagdflieger und sein fortdauernd zu einem heroischen Stereotypen stilisiertes Bild stehen paradigmatisch für das erinnerungskulturell verbreitete Bild des gesamten Luftkrieges im Ersten Weltkrieg, das über die Anlehnung an Richthofen in den Computerspielen aufgerufen wird. Dass das bereits zeitgenössisch „in den Medien kolportierte Bild des Luftkampfes [...] nichts mit seiner traurigen Realität zu tun" hatte und es „[a]uch mit der Ritterlichkeit der Kämpfe [...] nicht weit her" war, wird in den Compu-

---

31 Siehe zum zeitgenössischen Bild des Luftkrieges Florian Schnürer: *Kampfflieger, Sportsmen, Chevaliers. Wahrnehmung und Deutung des Luftkrieges im Ersten Weltkrieg in transnationaler Perspektive*, Phil. Diss. Gießen 2012. Zum von mittelalterlichen Vorstellungen geprägten Bild der ‚Ritter der Lüfte' siehe Stefan Goebel: *The Great War and Medieval Memory. War, Remembrance and Medievalism in Britain and Germany, 1914-1940*, Cambridge 2007, 223-230.

terspielen – wie auch der übergreifenden Erinnerungskultur zum Ersten Weltkrieg – nicht sichtbar.[32]

Während der Luftkrieg in den Flugsimulationen personalisiert und eng an zu Helden stilisierten Idolen ausgerichtet wird, stellt eine virtuelle Reproduktion des in der europäischen Erinnerungskultur nachrangigen Seekrieges die technischen Aspekte des Krieges in den Vordergrund. In seinem schematisch gehaltenen Titel zeigt der *U-Boot-Simulator 1. Weltkrieg* ohne semantische Umwege seinen Inhalt an.[33] Der Spieler steuert in den Kampagnen, die sich über den gesamten Zeitraum des Krieges erstrecken, ausschließlich die deutsche Seite. Eine historische Kontextualisierung des Seekrieges, in dem sich das Spiel bewegt, findet kaum statt; obwohl einige der Missionen realhistorischen Einsätzen nachempfunden sind, bleibt es in den Beschreibungen zu Beginn der Kampagnen und Einzelmissionen bei der knappen Nennung des Datums, der groben Kriegslage zum jeweils angewählten Zeitpunkt sowie der kommenden Aufgaben. „Realistisch nachgebildete U-Boote der deutschen Marine" bilden den eigentlichen spielerischen Schwerpunkt der Simulation.[34] Die vier zu steuernden Boote, die je nach historischem Zeitpunkt der Mission im Spiel verwendet werden können, werden genregemäß von verschiedenen Stationen der Tauschschiffe aus bedient. Durch die Konzentration auf die technischen Aspekte, deren historische Merkmale auf die visuelle Gestaltung beschränkt bleibt, ähneln die Missionen und die Handlungsabläufe denjenigen in Computerspielen, die in anderen historischen Kriegen angesiedelt sind; Spezifika der maritimen Kriegsführung des Ersten Weltkrieges bleiben dabei weitgehend unbe-

---

32 Florian Schnürer: *‚Nun hat der große Flieger Dich geholt...' Die Totenfeiern für die ‚Ritter der Lüfte' als transnationales Medienereignis*, in: Horst Carl/Janine Hauthal/Martin Zierold (Hrsg.): *Exzellent in Sachen Kultur. Gießener Kulturwissenschaften heute und morgen*, erscheint 2012, 151-176, hier 171.

33 *U-Boot-Simulator 1. Weltkrieg*. Es handelt sich bei dem Titel um die Neuveröffentlichung des Spiels *1914 – Die Schalen des Zorns*. Vgl. *1914 – Die Schalen des Zorns* (PC), Entwicklung: h2f Informationssysteme, Vertrieb: rondomedia, 2006.

34 Text auf Verpackung, in: *U-Boot-Simulator 1. Weltkrieg*.

leuchtet, auch wenn die Referenz auf den erinnerungskulturell verbreiteten „Mythos U-Boot" erkennbar bleibt.[35]

Auffallend ist bei den Spielen aller Genres, die im Ersten Weltkrieg angesiedelt sind, dass es für sie keine historische Kriegspartei zu geben scheint, bei der es sich aus dem geschichtlichen Kontext des Konflikts heraus verbieten würde, dem Spieler ihre Steuerung anzuvertrauen. Die Strategiespiele behandeln die kriegsführenden Nationen sowohl der Mittelmächte als auch der Entente und ihrer Verbündeter gleichrangig: In *The Entente* können die taktischen Geschicke Russlands, Frankreichs und Großbritanniens, aber auch Deutschlands und Österreich-Ungarns gelenkt werden. Auch bei den Fahrzeugsimulationen kann wie selbstverständlich die deutsche Seite gesteuert werden, der – trotz einem mangelnden Konsens in der wissenschaftlichen Forschung über die Verantwortlichkeiten – eine größere und entscheidendere Rolle beim Ausbruch des Krieges zugeschrieben werden muss, als anderen Großmächten.[36] Die Spiele können nicht auf erinnerungskulturell zementierte, eindeutige und starke Feindbilder zurückgreifen, die die Kriegsparteien in Aggressoren und Angegriffene unterteilen; Kriegsziele und Motive darzustellen und sie als legitim oder unrechtmäßig zu qualifizieren, scheint nicht ihr Ziel zu sein.

Eine beinahe vollständige Auflösung der historischen Kriegsparteien, die auch die Akteure zu austauschbaren Größen werden lässt, nimmt das Strategiespiel *Aggression – Reign over Europe* vor, das außerdem einen ungewöhnlichen Zugang zur Geschichte des 20. Jahrhunderts sucht. Der Spieler steuert die Geschicke einer der europäischen Großmächte zwischen 1910 und 1950; die beiden Weltkriege werden im Spiel zu einem histori-

---

35 Linda Maria Koldau: *Mythos U-Boot*, Stuttgart 2010. Linda Maria Koldau diskutiert die gesellschaftliche und erinnerungskulturelle Verbreitung des Mythos auch anhand von Computerspielen und namentlich U-Bootsimulationen, die sie für „eine Art ‚interaktives Geschichtsbuch'" hält: Nicht konkrete historische Ereignisse nachzuvollziehen sei der Zweck der Spiele, sondern die Möglichkeit, sich in die Komplexität der technischen und strategischen Aspekte der Führung von U-Booten einfühlen zu können. Siehe ebd., 423-431.

36 Siehe zur Kontroverse etwa Wolfgang Jäger: *Historische Forschung und politische Kultur in Deutschland. Die Debatte 1914-1980 über den Ausbruch des Ersten Weltkriegs*, Göttingen 1984; John W. Langdon: *July 1914. The Long Debate 1918-1990*, New York 1991.

schen Raum verknüpft.[37] Überlegungen, die Ära bei der Periodisierung als Einheit zu fassen, gibt es durchaus auch in der Geschichtswissenschaft;[38] Hans-Ulrich Wehler spricht für die Zeit zwischen 1914 und 1945 etwa von einem „zweiten Dreißigjährigen Krieg".[39] Während der Zeitraum hierbei aufgrund struktureller Kontinuitäten als Epoche verstanden wird, konstatiert *Aggression over Europe* die historische Einheit lediglich durch das Abstecken des Zeitraumes, in dem das Spiel angesiedelt ist, der durch zwei Kriege miteinander verklammert ist. „Zwischen 1914 und 1945 mussten die Völker Europas die schrecklichsten Kriege erleiden, die die Menschheit je erlebt hat", beschreibt der Text auf der Verpackung des Spiels, und verspricht weiter: „Jetzt hast Du die Chance, die Geschichte zum Guten zu wenden!"[40] Die positive Wendung besteht allerdings keineswegs darin, Frieden zu stiften oder Kriege zu verhindern; das Spielziel von *Aggression – Reign over Europe* besteht in der Eroberung ganz Europas für Deutschland, Frankreich, England oder Russland, die bis zum Erreichen des Jahres 1950 abgeschlossen sein muss. Das Spiel bietet an seinem Beginn im Jahr 1910 auf der Karte eine historische Tabula Rasa: Im jeweiligen Einflussbereich befinden sich lediglich Städte, in denen die militärische, gesellschaftliche und wissenschaftliche Infrastruktur beinahe vollständig neu aufgebaut werden muss und in jede gewünschte Richtung entwickelt werden kann. Alle Bereiche der Staatskunst werden in ihrem zeitlichen Fortschreiten – ganz im Sinne Heinrich von Treitschkes – durch die Geschicke großer Männer bestimmt.[41] Jede Großmacht beginnt mit einem aus drei histori-

---

37 *Aggression – Reign over Europe* (PC), Entwicklung: Lesta Studios, Vertrieb: Playlogic, 2008.

38 Siehe etwa Bruno Thoß: *Die Zeit der Weltkriege – Epochen als Erfahrungseinheit?* in: ders./Hans-Erich Volkmann (Hrsg.): *Erster Weltkrieg – Zweiter Weltkrieg. Krieg, Kriegserlebnis, Kriegserfahrung in Deutschland*, Paderborn et al. 2002, 7-30.

39 Hans-Ulrich Wehler: *Deutsche Gesellschaftsgeschichte*, Bd. 4: Vom Beginn des Ersten Weltkriegs bis zur Gründung der beiden deutschen Staaten 1914-1949, München 2002, XIX.

40 Text auf Verpackung, in: *Aggression – Reign over Europe*.

41 Treitschkes bekanntes Diktum aus dem Jahr 1879 lautet wörtlich: „Männer machen die Geschichte." Heinrich von Treitschke: *Deutsche Geschichte im neunzehnten Jahrhundert*, Bd. 1: Bis zum zweiten Pariser Frieden, Leipzig 1879, 28.

schen Persönlichkeiten bestehenden Ministerium, denen bestimmte Fähigkeiten zugewiesen sind, die im Verlauf des Spiels ausgebaut und verbessert
werden können – im Falle Deutschlands handelt es sich bei dieser Trias um
Kaiser Wilhelm II., Erich von Ludendorff und Helmuth von Moltke. Dieser
Bestand an Spielfiguren, die mit Aufgaben betraut über die Karte geschickt
werden können, kann jederzeit durch weitere Akteure ergänzt werden, die
ohne Ansehen von Nationalität, Profession und geschichtlicher Biographie
hinzugekauft und um weitere Fähigkeiten ergänzt werden können. Durch
die nahezu freie Wahl aus rund 200 historischen Persönlichkeiten und deren
evolutionäre Entwicklung in der Spielrunde kann es zu äußerst kuriosen
Konstellationen kommen: So ist es beispielsweise ohne weiteres möglich,
den französischen Komponisten Claude Debussy als deutschen General
einzusetzen, Albert Einstein zum Spion auszubilden, Aristide Briand als
Minister mit der Leitung einer deutschen Provinz zu betrauen, Rosa Lu-
xemburg als Wissenschaftlerin in der militärischen Forschung arbeiten zu
lassen und den britischen Physiker Ernest Rutherford zum deutschen
Staatsoberhaupt zu küren. Die Rückbindung an die Geschichte der Weltkriege besteht somit nur in der Existenz der historischen Persönlichkeiten,
deren Biographien für den Spielverlauf jedoch unmaßgeblich sind und die
hierdurch vollständig austauschbar werden. *Aggression – Reign over Europe* zeigt die beiden Weltkriege durch seine Epocheneinteilung als Einheit,
lässt hierbei realhistorische Konstellationen und Abläufe aber vollständig
verschwinden und vom Spieler neu generieren.[42] Das Spiel behandelt die
Geschichte der Weltkriege somit wie ein Mosaik, dessen Steine immer
wieder neu verlegt werden können: Die einzelnen Teile besitzen Äquiva-

---

42 Historische Ereignisse werden mit dem Erreichen des jeweiligen Datums angezeigt und beschrieben, etwa der Untergang der ‚Titanic' und die Eröffnung des
Panama-Kanals. Andere geschichtliche Ereignisse oder Prozesse werden teilweise als Aufgaben gestellt: So kann beispielsweise der ‚Schlieffen-Plan' erar-
beitet werden. Das Lösen der Aufgaben wird mit dem Gewinn von Punkten be-
lohnt; scheitert der Spieler jedoch daran, ein historisches Ereignis spielerisch
umzusetzen, oder lehnt er die Annahme der Aufgabe ab, hat dies – abgesehen
von einem Punktabzug oder eben dem Nichteintreten des Ereignisses – keinen
Einfluss auf den Spielverlauf. Neuralgische Ereignisse der dargestellten Zeit wie
der Kriegsausbruch 1914 werden nicht automatisch ausgelöst.

lente in der historischen Realität, das aus ihnen zusammengesetzte Bild
nicht mehr.

Was allen Computerspielen zum Ersten Weltkrieg gemein ist, ist der
distanzierte Blick auf das, was historisch zur prägenden Erfahrung des
Krieges wurde: Das Massensterben der Soldaten, das angesichts einer in-
dustriell begründeten und waffentechnisch einschneidend veränderten
Kriegsführung ungekannte Ausmaße annahm. Während die Vogelperspektive und damit ein vom Einzelnen weit entfernter Blick den Strategiespielen
genreinhärent ist, zeigen sie – ebenfalls aufgrund ihrer Genrekonventionen
– einen mobilen Krieg, der in seinem Charakter demjenigen des 19. Jahrhunderts gleicht und das zähe, verlustreiche und häufig erfolglose Anstürmen der Infanteristen gegen Defensivstellungen nicht kennt. Bei den Fahrzeugsimulationen schwebt die Spielehandlung wie für das Genre obligatorisch nicht nur perspektivisch ‚über den Dingen‘: In der dritten Dimension
des Luftraumes über den Schlachtfeldern bekämpfen sich Individuen, während die U-Boote auf hoher See in den Tiefen des Meeres von der Oberflä-
che verschwinden können – Menschen sind auch hier nicht präsent. Das
Massensterben und das „Face-to-Face Killing", wie es im Ersten Weltkrieg
besonders im Bajonettkampf in den Schützengräben seinen Ausdruck fand,
kommen als zentrales Kriegserlebnis der Infanteristen nicht vor.[43] Die Darstellung „des brutalsten aller Kriege", wie der Konflikt auf der Verpackung
von *World War I* zwar als werbendes Versprechen beschrieben wird,[44]
erinnert so in Computerspielen mehr an gehegte und begrenzte Kabinetts-
kriege vorangegangener Jahrhunderte als an einen Weltkrieg, in dem bereits
vielfältige und zentrale Weichenstellungen für die Entwicklung der Kriegsführung im 20. Jahrhundert und ihre politischen Konsequenzen sichtbar
wurden.

---

43 Siehe Joanna Bourke: *An Intimate History of Killing. Face-to-Face Killing in
   Twentieth Century Warfare*, New York 1999.
44 Text auf Verpackung, in: *World War I – Grabenkrieg in Europa*.

„THE OLD FASHIONED WAY" –
DER ZWEITE WELTKRIEG

Für die Mehrheit der Computerspieler ist der Zweite Weltkrieg kein interessanter Konflikt mehr. Im Dezember 2010 stellte ein Redakteur einer großen deutschen Spielezeitschrift Szenarien für Spiele zusammen, die „längst aus der Mode" seien. Die Liste wurde vom Zweiten Weltkrieg angeführt: Wie häufig man in Spielen bereits „den Nazis in die Suppe gespuckt" habe, sei nicht genau zu beziffern – „auf jeden Fall oft genug für die nächsten Jahrzehnte". Die Entwickler wurden daher dazu aufgefordert, künftig „den Zweiten Weltkrieg Geschichte sein" zu lassen.[45] Der Zweite Weltkrieg war in der Geschichte der Computerspiele tatsächlich ein Konflikt, der überproportional häufig als historischer Schauplatz für Spiele verwendet wurde: Eine quantitative Untersuchung eines Korpus aus rund 1.000 Computerspielen aller Genres, die zwischen 1981 und 2008 erschienen und maßgeblich durch geschichtliche Inhalte von der Antike bis in die Gegenwart geprägt sind, verbucht ein knappes Drittel aller ausgewerteten Titel bei den Spielen, die im Zweiten Weltkrieg angesiedelt sind.[46]

Die Ablehnung, auf die der Zweite Weltkrieg mittlerweile als Setting für Computerspiele stößt, ist also ein Phänomen jüngeren Datums, das besonders durch die jeweilige inhaltliche Neuausrichtung der umsatzstarken und langen Spielereihen *Call of Duty* und *Medal of Honor* dokumentiert wird: Die Teile beider Titel erschienen seit der Jahrtausendwende als First-Person-Shooter, in denen sich die jeweiligen Spielercharaktere den Weg durch die Schlachten des Zweiten Weltkrieges bahnen. Das Entwicklerstudio ‚Infinity Ward', das sich bei der Produktion von Titeln für die *Call of Duty*-Reihe mit ‚Treyarch' abwechselt, entwickelte 2008 einen Teil der Reihe mit dem bezeichnenden Namen *Modern Warfare*, der in einem fikti-

---

45 Max Falkenstern: *Ausgelutscht. Diese Game-Szenarien sind längst aus der Mode*, 19.12.2010, in: PC Games, URL: www.pcgames.de/Panorama-Thema-233992/Specials/Ausgelutscht-Diese-Game-Szenarien-sind-laengst-aus-der-Mode/804313 [Stand: 05.01.2011].

46 Siehe die Zahlen und ihre Einordnung bei Schwarz, *Geschichte in Computerspielen*, hier bes. 319-332.

ven Konflikt der nahen Zukunft angesiedelt ist.[47] Aufgrund des kommerziellen Erfolges blieb das Studio diesem neuen Szenario treu und ließ zwei Fortsetzungen folgen.[48] Den gleichen Weg beschritt die *Medal of Honor*-Reihe: Nach einem letzten Ausflug in den Weltkrieg mit *Airborne* vollzogen die Entwickler die Loslösung vom Zweiten Weltkrieg als Schauplatz und den Sprung in die Gegenwart. Im aktuellen Teil der Reihe, der als Zeichen der Neuausrichtung ohne einen Untertitel auskommt und schlicht mit *Medal of Honor* selbstbetitelt ist, kämpft sich der Spielercharakter mit dem Afghanistankrieg sogar durch einen Konflikt, der zum Zeitpunkt der Veröffentlichung des Spiels in der Realität noch andauerte.[49]

In ihrem zeitgeschichtlichen Entstehungsrahmen waren beide Reihen um die Jahrtausendwende Exponenten eines US-amerikanischen Zeitgeistes, der sich nach dem Ende des Kalten Krieges auf der Suche nach geschichtlichen Vorbildern zunehmend dem Zweiten Weltkrieg zuwandte. In seiner Deutung als „Good War" und sogar „the Best War Ever" bietet der Konflikt augenfällige, scharf abgrenzbare Feindbilder und klare Frontstellungen.[50] Von der US-amerikanischen Warte aus betrachtet handelt es sich beim Zweiten Weltkrieg um einen siegreich geführten Krieg gegen militärisch ebenbürtige Gegner, in den die USA aus der Position des Angegriffenen heraus und mit einem unwidersprochen hehren Kriegsziel eingetreten waren – Charakteristika, die kein anderer Konflikt des 20. Jahrhunderts mit US-amerikanischen Beteiligung auf sich vereinen konnte. Ein verstärktes öffentliches und erinnerungskulturelles Interesse an der „Greatest Generation" als denjenigen Zeitgenossen, die den Zweiten Weltkrieg für die USA ausgefochten und durchlebt hatten, setzte parallel zum Beginn konkreter

---

47 *Call of Duty 4 – Modern Warfare* (PC, Microsoft Xbox 360, Sony PlayStation 3), Entwicklung: Infinity Ward, Vertrieb: Activision, 2008.

48 *Call of Duty – Modern Warfare 2* (PC, Microsoft Xbox 360, Sony PlayStation 3), Entwicklung: Infinity Ward, Vertrieb: Activision, 2009; *Call of Duty – Modern Warfare 3* (PC, Microsoft Xbox 360, Sony PlayStation 3), Entwicklung: Infinity Ward, Vertrieb: Activision, 2011.

49 *Medal of Honor* (PC, Microsoft Xbox 360, Sony PlayStation 3), Entwicklung und Vertrieb: Electronic Arts, 2010.

50 Zum Topos des ‚Good War' siehe John Bodnar: *The ‚Good War' in American Memory*, Baltimore 2010. Zum Begriff ‚Best War Ever' vgl. Michael C. Adams: *The Best War Ever. America and World War II*, London 1994.

Planungen für den Bau des ‚National World War II Memorial' in Washington im Jahr 1993 und den Feierlichkeiten zum 50. Jahrestag der alliierten Landung in der Normandie ein Jahr später ein.[51] Auch die politische Kultur nutzte in den Folgejahren des Zusammenbruches des Sowjetunion, in denen die USA in eine Phase der unangefochtenen weltpolitischen Hegemonie eintraten, vermehrt Deutungen des Zweiten Weltkrieges, die mit konkreten Gegenwartsbezügen versehen und als Handlungsanweisungen präsentiert wurden. So wurden die Terroranschläge des 11. September 2001 häufig in eine Analogie zum Zweiten Weltkrieg gestellt: Der Anschlag selbst wurde mit dem japanischen Angriff auf Pearl Harbor 1941 verglichen – US-Präsident George W. Bush sprach vom „Pearl Harbor of the 21st century" – und mit Bezug auf den Topos des Luftangriffes ohne vorherige Kriegserklärung mit dem Beginn des Pazifikkrieges gleichgesetzt.[52] Diese Wahrnehmung der Anschläge beinhaltete eine Handlungsanweisung, die sich mit dem ‚War on Terror' zugleich auf die aus dem Angriff resultierenden Reaktionen beziehen ließ und die Erwartung eines siegreichen Ausgangs dieses Kampfes in sich trug.[53]

Bei einer Umfrage in den USA im Jahr 1999 zu den wichtigsten historischen Ereignissen des ausgehenden Jahrhunderts landete der Zweite Weltkrieg mit großem Abstand auf dem ersten Platz; mit dem Atombombenabwurf auf Hiroshima wurde außerdem ein Einzelereignis des Krieges an die

---

51 Der mittlerweile verbreitete Begriff der ‚Greatest Generation' geht zurück auf ein gleichnamiges, biografisches Buch des Journalisten Tom Brokaw. Siehe hierzu Tom Brockaw: *The Greatest Generation*, New York 1998. Zu US-amerikanischen „Erinnerungsmanifestationen" mit Blick auf den Zweiten Weltkrieg siehe Kristina Scholz: *The Greatest Story Ever Remembered. Erinnerung an den Zweiten Weltkrieg als sinnstiftendes Element in den USA*, Frankfurt am Main 2008.

52 Zitiert nach Bob Woodward: *Bush at War*, New York und London 2002, 37. Als weitere Parallelisierung trat der Vorwurf hinzu, die USA seien auf die Terroranschläge ähnlich unvorbereitet gewesen wie 1941 auf den japanischen Angriff. Siehe hierzu Fred L. Borch: *Comparing Pearl Harbor and 9/11. Intelligence Failure? American Unpreparedness? Military Responsibility?* in: Journal of Military History 67/3 (Juli 2003), 845-860.

53 Siehe ausführlich Marianna Torgovnick: *The War Complex. World War II in Our Time*, Chicago und London 2005, hier bes. ix-xxi.

dritte Stelle gewählt, gefolgt vom ebenfalls untrennbar mit der Geschichte des Zweiten Weltkrieges verwobenen Holocaust.[54] Die starke erinnerungs-kulturelle Zuwendung zum Zweiten Weltkrieg fand auch in der Populär-kultur statt und manifestierte sich besonders in einer „Rückkehr des Zwei-ten Weltkriegs ins US-Kino".[55] Angeführt von Steven Spielbergs *Saving Private Ryan* hob eine Reihe von Großproduktionen wie *The Thin Red Line, Pearl Harbor* und *Windtalkers* den Zweiten Weltkrieg auf die Lein-wand.[56] *Saving Private Ryan*, der bis heute maßgeblich das US-amerikani-sche Geschichtsbild prägt und „mit an der Legende des Zweiten Weltkriegs baut",[57] stellte außerdem den Ausgangspunkt eines multimedialen Fran-chise dar, zu dem neben der zehnstündigen TV-Serie *Band of Brothers* aus dem Jahr 2001 auch der erste Teil der *Medal of Honor*-Reihe zu zählen ist,[58] dessen Produktion Spielberg entscheidend anschob und der das Subgenre des ‚Weltkriegsshooters' begründete.[59] Der Boom, den Compu-terspiele mit einem inhaltlichen Bezug zum Zweiten Weltkrieg erlebten,

---

54 *The Gallup Poll. Public Opinion 1999*, hrsg. von George Gallup jr., Wilmington 2000, 232-238. Die Repräsentativität der Umfrage mag dadurch verwässert sein, dass sie am 06.12.1999, also einen Tag vor dem Jahrestag des japanischen An-griffes auf Pearl Harbor durchgeführt wurde, so dass die allgemeine Aufmerk-samkeit in diesem Zeitraum stärker als sonst auf dem Zweiten Weltkrieg gele-gen haben könnte.

55 Peter Bürger: *Kino der Angst. Terror, Krieg und Staatskunst aus Hollywood*, Stuttgart 2007, 188-242.

56 *Saving Private Ryan*; *The Thin Red Line*, Regie: Terrence Malick, USA 1998; *Pearl Harbor*, Regie: Michael Bay, USA 2001; *Windtalkers*, Regie: John Woo, USA 2002.

57 Andreas Etges: *The Best War Ever? Der Deutungswandel des Zweiten Welt-kriegs in US-amerikanischen Filmen am Beispiel von ‚The Best Years of Our Li-ves' und ‚Saving Private Ryan'*, in: Bernhard Chiari/Matthias Rogg/Wolfgang Schmidt (Hrsg.): *Krieg und Militär im Film des 20. Jahrhunderts*, München 2003, 163-178, hier 176.

58 *Band of Brothers*, versch. Regisseure, USA 2001; *Medal of Honor* (1999).

59 Vgl. hierzu auch Steffen Bender: *Durch die Augen einfacher Soldaten und namenloser Helden. Weltkriegsshooter als Simulation historischer Kriegserfah-rung?* in: Schwarz, *Annäherung an Geschichte im Computerspiel*, 121-148.

begann um die Jahrtausendwende parallel mit dieser erinnerungskulturellen Konjunktur.

Abbildung 8: Vor dem Reichstag in Call of Duty – World at War

Quelle: Screenshot aus *Call of Duty – World at War* (PC, Microsoft Xbox 360, Sony PlayStation 3, Nintendo Wii), Entwicklung: Treyarch, Vertrieb: Activision, 2008.

Quantitativ findet der Zweite Weltkrieg in Computerspielen fast ausschließlich in den Jahren zwischen 1943 und 1945 statt; die Spiele setzen also am Wendepunkt ein, der den Höhepunkt der militärischen Dominanz der Wehrmacht und die Umkehr der Kampfrichtung zurück nach Deutschland markiert. Die geographischen Schwerpunkte orientieren sich an den historischen Kriegsschauplätzen innerhalb dieser zeitlichen Eingrenzung; sie liegen auf Italien, Frankreich und Stalingrad, also jenen Orten, an denen die Rückeroberung der von der Wehrmacht besetzten Gebiete ihren Ausgang nahm. Ferner ist eine kleinere Gruppe von Spielen zu beobachten, die die Kämpfe in Nordafrika thematisiert und damit auch aus dieser zeitlichen

Eingrenzung ausschert.[60] Abgetrennt von den historischen Entwicklungen auf dem europäischen Kriegsschauplatz setzt die Darstellung des Pazifikkrieges in Computerspielen kaum zeitliche Schwerpunkte: Häufig beginnend mit dem japanischen Angriff auf Pearl Harbor, decken die Spiele hier die gesamte Kriegsdauer von 1941 bis 1945 ab.[61]

Der Zweite Weltkrieg in Computerspielen ist ein vornehmlich militärischer Konflikt, in dem Politik eine untergeordnete Rolle spielt und bisweilen als Hintergrund und Triebkraft nicht existent ist. Bei der Erläuterung des politischen Kontextes des Zweiten Weltkrieges, der in den dargestellten geschichtlichen Settings eigentlich Freund-Feind-Konstellationen aufzeigen und Legitimationsstrategien der Kriegsparteien beinhalten müssten, ist die Mehrzahl der Spiele zurückhaltend und vage. Ausnahmen bilden lediglich die Globalstrategiespiele, die in teilweise umfangreichen Texten am Beginn der Spielrunden die Ausgangslagen der jeweiligen Szenarien und die Motive der Kriegsparteien erläutern.[62] Ein Strategiespiel wie *Officers – Operation Overlord* hingegen verwendet im Handbuch viel Raum darauf, in ausführlichen Fließtexten die Entwicklungs-, Technik- und Einsatzgeschichte der im Spiel verwendbaren Fahr- und Flugzeuge zu erläutern;[63] die Beschreibung des historischen Hintergrundes der eigentlichen Spielhandlung, die mit der alliierten Landung in der Normandie einsetzt, wird hingegen mit dem Hinweis im Intro abgehandelt, die Westalliierten hätten beschlossen, mit der „Invasion von Nordwesteuropa" eine „zweite Front gegen Hitlerdeutschland" aufzubauen.[64] Warum Frankreich im Jahr 1944 besetzt ist und

---

60 Siehe etwa *Combat Mission 3: Afrika Korps* (PC), Entwicklung: Battlefront. com, Vertrieb: CDV Software Entertainment, 2003; *Afrika Korps vs. Desert Rats* (PC), Entwicklung: Digital Reality, Vertrieb: Monte Christo Multimedia, 2004; *Theatre of War 2: Africa 1943* (PC), Entwicklung und Vertrieb: 1C Company, 2009.

61 Siehe neben den bereits genannten Titeln etwa *Pacific Fighters* (PC), Entwicklung: 1C Maddox Games, Vertrieb: Ubisoft, 2004; *WW II: Battle over the Pacific* (PC, Sony PlayStation 2), Entwicklung: Naps Team, Vetrieb: Midas Interactive, 2006.

62 Siehe als Beispiele *Making History; Hearts of Iron III.*

63 Handbuch, in: *Officers – Operation Overlord* (PC), Entwicklung: GFI Russia, Vertrieb: Peter Games, 2009.

64 Intro zu Mission *Landung am Omaha Beach*, in: *Officers – Operation Overlord.*

wer sich wo an der anderen Front gegenübersteht, bleibt unausgesprochen. Dass der Zweite Weltkrieg auch eine Auseinandersetzung zwischen politischen und gesellschaftlichen Ideologien war, die bereits zeitgenössisch als solche empfunden wurde, ist in den Spielen über ihre Nennung hinaus nur selten präsent. Der Nationalsozialismus als aggressive und expansive Weltanschauung, die einen integralen Bestandteil der Gründe für den Kriegsausbruch darstellt, kommt in den Spielen nicht vor. Eine Beschreibung des Aufstiegs des NS-Regimes als der treibenden Kraft, die Europa in einen Krieg stürzte, wie sie im Handbuch des Strategiespiels *Blitzkrieg* zu finden ist, bleibt selten. Dass Politik und Militär jedoch auch hier voneinander getrennt bleibende Perspektiven sein können, zeigt die Umsetzung dieser Informationen im Spiel: Die Festlegung im Text des Handbuches, dass nach 1934 in Deutschland „eine grausame Diktatur" geherrscht habe,[65] schließt im Spiel selbst nicht aus, dass eine deutsche Kampagne gespielt und somit die Wehrmacht durch verschiedene Schlachten gesteuert werden kann. Durch die Abtrennung der militärischen Kriegsführung der Wehrmacht von den politischen Triebkräften ihres Handelns scheinen sich die Strategiespiele die Möglichkeit zu schaffen, dem Spieler vielfach die Steuerung der deutschen Seite anbieten zu können.[66] Mit Deutschland in Globalstrategiespielen, in denen der narrative Ablauf nicht vorgegeben ist, den Zweiten Weltkrieg kontrafaktisch gewinnen zu können, ohne die politischen Implikationen und Konsequenzen eines solchen Geschichtsverlaufes zu thematisieren, stellt somit die Zielsetzung dar, wenn die Steuerung der Wehrmacht angeboten wird.

Auch narrativ inszenierte, linear aufgebaute Computerspiele, die die Kriegserfahrungen von Individuen fokussieren, erzählen die Geschichte des Zweiten Weltkrieges auffallend unpolitisch: Motivationen der Kriegsparteien und Legitimationen der Handlungen – auch für die am Krieg beteiligten Individuen – bleiben weitgehend ausgeblendet. Bei einer Reihe von

---

65 Handbuch, in: *Blitzkrieg* (PC), Entwicklung: Nival Interactive, Vertrieb: CDV Software Entertainment, 2003.

66 So als Beispiele für Echtzeit-Strategiespiele, in denen eine deutsche Kampagne gespielt werden kann, etwa *Sudden Strike* (PC), Entwicklung: Fireglow Games, Vertrieb: CDV, 2000; *Company of Heroes: Opposing Fronts* (PC), Entwicklung: Relic Entertainment, Vertrieb: THQ, 2007; *Company of Heroes: Tales of Valor* (PC), Entwicklung: Relic Entertainment, Vertrieb: THQ, 2009.

Spielen mit einer durchlaufenden Erzählung entfällt selbst die Beschreibung der Ausgangslage oder die bloße Benennung des dargestellten Konfliktes – sie steigen ohne eine Erläuterung der historischen Situation und der
Frontstellungen in das Geschehen ein.[67] Die Spiele setzen auf ein erinnerungskulturell begründetes Vorwissen der Spieler, das eine ausführliche
Erläuterung selbst der einfachsten Grundkonstellationen scheinbar obsolet
werden lässt. Die Gegnerschaft zu den zu bekämpfenden Feinden – meist
Deutsche und Japaner – wird in den Spielen kaum explizit erklärt und begründet, sondern schlicht konstatiert; Feindbilder werden dementsprechend
hauptsächlich visuell und auf der Grundlage der Kenntnis anderer Erinnerungsmedien aufgerufen.

Gerade in den First-Person-Shootern sind es jedoch nicht einfache Soldaten, die der Spieler durch Schlachten des Zweiten Weltkrieges steuert;
bei den Spielercharaktere handelt es sich stattdessen häufig um Angehörige
von Spezialeinheiten und militärischen Geheimdiensten, die in den Missionen alleine oder in kleinen Gruppen bestimmte Aufträge ausführen müssen.
Die kandestine Kriegsführung in den Mittelpunkt zu stellen, scheint pragmatischen Gründen geschuldet zu sein, die bei der Entwicklung eines
Computerspiels und der Einbettung einer Narration in den historischen
Kontext des Zweiten Weltkrieges zahlreiche Vorteile mit sich bringen. Der
Einsatz von Spezialisten und Agenten eröffnet eine Reihe narrativer Freiheiten: Der Spielercharakter kann – aufgrund der Natur seiner Missionen
als geheim – innerhalb eines Spiels plausibel an einer Reihe historischer
Kriegsschauplätze auftauchen, die in dieser geographischen Vielfalt kaum
eine realhistorische Person während des Zweiten Weltkrieges besucht haben dürfte. Der Protagonist von *Medal of Honor – European Assault* etwa
bereist als Mitglied des militärischen Geheimdienstes ,Office of Strategic
Services' (OSS), des Nachrichtendienstes des US-Kriegsministeriums,
Nordafrika, Frankreich, Belgien und mit Stalingrad sogar einen Kriegsschauplatz, an dem keine US-Einheiten eingesetzt waren.[68] In *Battlestrike:
Der Widerstand* unterstützt der Spielercharakter polnische Widerstands-
kämpfer und operiert später hinter feindlichen Linien in Deutschland – auch
dies ist eine von den Spielen häufig genutzte narrative Möglichkeit, die sich

---

67 Beispiele hierfür sind *Call of Duty – World at War* und *Medal of Honor – Airborne*.

68 *Medal of Honor – European Assault.*

nur durch die Darstellung von Agenten verständlich machen lässt.[69] Die Konzentration auf einen einzelnen Spielercharakter oder eine kleine Gruppe von Figuren ermöglicht mit Blick auf die klandestine Kriegsführung eine erzählerische Freiheit, mit der sich nahezu jedes Narrativ in den Rahmen des historisches Zweiten Weltkrieges betten lässt. Geheimoperationen können als ‚Secret Histories' losgelöst von der Realgeschichte erzählt werden; die Handlungen der Agenten in den Spielen beziehen ihre Plausibilität aus der Vorstellung, dass sie sich durch ihren vorgeblich verdeckten und geheimen Charakter auch dem Blick und der Kenntnis der Erinnerungskultur entziehen würden.

Im Zusammenhang mit dieser starken Präsenz von Spezialeinheiten und Agenten bei der Darstellung des Zweiten Weltkrieges in Computerspielen ist der Umstand zu sehen, dass überproportional häufig deutsche ‚Wunderwaffen' präsentiert werden, die vernichtet oder erbeutet werden müssen, um zu verhindern, dass sich das Kriegsglück in den letzten Monaten des Konflikts noch einmal zu Gunsten Deutschlands wendet.[70] Das in dieser Darstellung einsatzfähige Material umfasst Düsenjägern und Raketen, die in der Endphase des Krieges tatsächlich in Serie produziert und eingesetzt wurden. Darüber hinaus fliegt, fährt und feuert in den Computerspielen nahezu alles, was sich realhistorisch in einem frühen Entwicklungsstadium befand – in den Spiele als ‚Prototypen' bezeichnet – oder nur als Idee auf einem Reißbrett existierte. Ein Flugzeug, dass sich im Fundus der Maschinen befindet, die in der Flugsimulation *Air Conflicts* gesteuert werden können, ist etwa die ‚Horten Ho 229'.[71] Prototypen der technisch innovativen Nurflügel-Konstruktion mit Strahltriebwerken absolvierten kurz vor dem

---

69 *Battlestrike: Der Widerstand* (PC), Entwicklung und Vertrieb: City Interactive, 2008.

70 Zu den deutschen ‚V-Waffen', ihrer Erforschung und Produktion vor allem in Peenemünde in Ostvorpommern siehe Heinz Dieter Hölsken: *Die V-Waffen. Entstehung – Propaganda – Kriegseinsatz*, Stuttgart 1984; Walter Dornberger: *Peenemünde. Die Geschichte der V-Waffen*, 3. Aufl., Frankfurt am Main 1992; Jürgen Michels: *Peenemünde und seine Erben in Ost und West. Entwicklung und Weg deutscher Geheimwaffen*, Bonn 1997; Michael J. Neufeld: *Die Rakete und das Reich. Wernher von Braun, Peenemünde und der Beginn des Raketenzeitalters*, Berlin 1999.

71 *Air Conflicts* (PC), Entwicklung: 3D People, Vertrieb: 1C Company, 2006.

Kriegsende zwar Testflüge, von einer Serienproduktion war das Flugzeug jedoch weit entfernt; die ‚Horten Ho 229' wurde nie in Kampfeinsätzen geflogen. Auch in einer Erweiterung zum Multiplayer-Shooter *Battlefield 1942* mit dem vielsagenden Namen *Secret Weapons of World War II* zieht das Flugzeug seine Kreise an der Seite anderer Waffensysteme, die „[f]risch aus den Laboratorien [...] noch nie im Kampf eingesetzt" worden seien.[72] Auch diejenigen deutschen Düsenflugzeuge, die tatsächlich im Zweiten Weltkrieg eingesetzt wurden, sind in den Spielen vertreten und werden als zukunftsweisende Technologien vorgestellt. In *Heroes over Europe* äußert der Spielercharakter beim ersten Aufeinandertreffen mit einer ‚Messerschmitt Me 262' offen Bewunderung für das erste Flugzeug mit Strahltriebwerken, das in Serie gebaut wurde: „Warum haben wir die nicht erfunden?", fragt der Pilot über Funk seinen Flügelmann. „Damit hätten wir den Krieg schon vor Jahren gewonnen."[73] Die abschließende Mission des Spiel präsentiert einen klassischen Endgegner in Gestalt einer schwarz lackierten ‚Me 262', die von zwei weiteren Düsenjägern flankiert den Berliner Flughafen Tempelhof verteidigt. „Sind das Jäger? Was sind sie? Wo sind seine Propeller? Das ist unmöglich!", funkt einer der US-amerikanischen Piloten beim ersten Sichtkontakt mit den für damalige Verhältnisse futuristisch anmutenden Maschinen. „Nicht wirklich", lautet die Antwort des Spielercharakters. „Dachtest du, sie würden aufhören, Flugzeuge zu erfinden?" Die bereits zuvor angedeutete Ansicht, dass es sich bei den Düsenjägern um technisch überlegene Flugzeuge in den Händen der falschen Piloten handle, wird während des Luftkampfes durch den Rat des Flügelmannes bekräftigt, zu versuchen den Piloten zu besiegen, nicht das Flugzeug.[74] Den Bogen in die Zukunft, mit dem die Ungleichzeitigkeit der deutschen Düsentechnologie noch einmal betont wird, schlägt eine fiktive Wochenschau im Abspann von *Heroes over Europe*, in der Piloten für die US-Luftstreitkräfte geworben werden: „Ein Ruf an alle Helden des 25. Jahrhunderts! Mit bis zu 960 Stundenkilometern lassen die ‚Düsenjäger' ihre propellerbetriebenen Vorgänger alt aussehen", kommentiert ein Sprecher aus dem Off die Aufnahmen früher strahlgetriebener Flugzeuge. Da aus

---

72 Add-On *Battlefield 1942: Secret Weapons of World War II* (PC), Entwicklung: Digital Illusions, Vertrieb: Electronic Arts, 2003.

73 Mission *Ardennenoffensive*, in: *Heroes over Europe*.

74 Mission *Das schwarze Herz*, in: *Heroes over Europe*.

„Science Fiction Wirklichkeit geworden" sei, benötige man eine neue Generation von Piloten: „Kommen sie an Bord: Erleben Sie die Zukunft schon heute!"[75]

Abbildung 9: „Experimentalwaffen" in Mortyr II

Quelle: Screenshot aus *Mortyr II* (PC), Entwicklung: Mirage Interactive, Vertrieb: Vivendi Universal Games, 2004.

Einen extremen Fall für ein Spiel, das massenhaft zeitgenössische Konstruktionszeichnungen als einsatzfähiges Kriegsgerät präsentiert, ist *Mortyr II*, ein First-Person-Shooter.[76] Als Agent des britischen Geheimdienstes muss der Spielercharakter einen atomaren Angriff auf London verhindern. Auf seinem Weg durch das umkämpfte Europa fallen ihm hierbei regelmäßig deutsche „Experimentalwaffen dieser Epoche" in die Hände.[77] So benutzt er eine Maschinenpistole mit einem Nachtsichtgerät, die er offen

---

75 Abspann, in: *Heroes over Europe*.

76 *Mortyr II* (PC), Entwicklung: Mirage Interactive, Vertrieb: Vivendi Universal Games, 2004.

77 Text auf Verpackung, in: *Mortyr II*.

herumliegend in einem Sanitätslastwagen findet, fliegt eine ‚Flettner Fl 282' – ein früher Militärhubschrauber, der jedoch über Testflüge hinaus nicht eingesetzt wurde – und sabotiert einen geheimen Flughafen der deutschen Luftwaffe in Norwegen, auf dem Nurflügler stationiert sind. Im Finale von *Mortyr II* spürt der Spielercharakter die deutsche, auf London gerichtete Atomrakete in einer unterirdischen Abschusseinrichtung in Griechenland auf, die der Vulkanfestung aus dem James Bond-Streifen *Man lebt nur zweimal* verdächtig ähnlich sieht.[78] Die Trägerrakete, die – wie der Abspann zeigt – später geborgen und von alliierten Truppen abtransportiert werden kann, ist mit der Kennung ‚V3' beschriftet.[79] Was im Spiel als konsequente Fortführung der Zählung des deutschen Raketenprogrammes vorgestellt wird, hatte einen realhistorischen Hintergrund: An der Produktion einer sogenannten ‚Amerikarakete' mit dem inoffiziellen Namen ‚V3' wurde in Peenemünde tatsächlich als Weiterentwicklung der Raketenrüstung gearbeitet; das Kriegsende verhinderte jedoch, dass das Projekt über die Konzeptphase hinausging.

Wie bereits diese Beispiele zu funktionstüchtigen und einsatzfähigen deutschen Nuklearwaffen zeigen, bewegen sich die Computerspiele mit ihrer Darstellung deutscher ‚Wunderwaffen' nicht selten im Deutungsbereich populärer und pseudo-wissenschaftlicher Theorien, die noch immer um die deutsche Waffentechnologie kursieren. Die Handlung des First-Person-Shooters *Call of Duty – Black Ops* ist im Kalten Krieg der 1960er Jahre angesiedelt und kreist an verschiedenen Schauplätzen um den Versuch US-amerikanischer Spezialeinheiten, den Einsatz einer biochemischen Waffe zu verhindern, die die Sowjetunion am Ende des Weltkrieges aus den Händen deutscher Wissenschaftler erbeutet haben soll.[80] In einer Mission, die als Rückblende in den Oktober 1945 angelegt ist und somit zeitlich Monate nach dem Ende des Zweiten Weltkrieges stattfindet, kämpft sich der Spieler als russischer Soldat durch einen Stützpunkt der Wehrmacht am Polarkreis – das Spiel klärt nicht, an welchem – in dem sich die Waffe zusammen mit passenden Trägerraketen befindet. Während die sowjetischen Soldaten die

---

78 *James Bond 007 – Man lebt nur zweimal*, Regie: Lewis Gilbert, Großbritannien 1967.

79 Mission *The Final Battle*, in: *Mortyr II*.

80 *Call of Duty – Black Ops* (PC, Microsoft Xbox 360, Sony PlayStation 3, Nintendo Wii), Entwicklung: Treyarch, Vertrieb: Activision, 2010.

Anlage im ewigen Eis stürmen, greifen auch britische Spezialeinheiten an, die ebenfalls in den Besitz der „deutschen Massenvernichtungswaffe" gelangen möchten.[81] Das Nervengift aus den Laboren deutscher Wissenschaftler, dessen Einsatz gegen Washington und Moskau nach der Narration von *Call of Duty – Black Ops* einzig das Kriegsende verhinderte, ist reine Fiktion; dennoch lehnt sich das Spiel mit dieser Episode an besonders in esoterischen Kreisen verbreitete Thesen an, nach denen ein geheimer deutscher Stützpunkt in der Antarktis existiert habe, in den sich nach dem Ende des Zweiten Weltkrieges verschiedene Führungspersönlichkeiten des NS-Regimes mit Resten der Wehrmacht und neuen Waffentechnologien geflüchtet haben sollen und der mehrmals von den Westalliierten in geheimen Operationen militärisch angegriffen worden sein soll.[82] Das Spiel visualisiert damit krude Verschwörungstheorien, die einer ernsthaften wissenschaftlichen Auseinandersetzung nicht lange standhalten können. Sobald deutsche ‚Wunderwaffen' ins Spiel kommen, kündigen die Entwickler offenbar jegliche häufig proklamierte historische Genauigkeit auf – sowohl in ihrer zahlenmäßigen als auch bei praktischen Verfügbarkeit für das deutsche Militär. Nur selten zeigen die Spiele etwa realhistorische Forschungseinrichtungen wie den sogenannten ‚Atomkeller' in Haigerloch, eine Nuklearforschungsanlage des Kaiser-Wilhelm-Instituts, die 1943 von Berlin in den ehemaligen Bierkeller eines Gasthauses auf der Schwäbischen Alb ausgelagert worden war und dem Adventure *Undercover: Operation Wintersonne* als einer der Handlungsschauplätze dient.[83] In der Breite sind jedoch Forschungs- und Produktionsstätten sowie die gezeigte Technologie Fiktion, mit der Elemente in die Spiele eingebracht werden, die eine technologische Ungleichzeitigkeit darstellen und die Spiele daher vielfach in den Bereich der ‚Alternate History' rücken.

Die deutschen ‚Wunderwaffen' tragen in den Spielen dazu bei, eine technologische Überlegenheit zu konstruieren, die den zu besiegenden Gegner als potentiell stärker und den eigenen Weg zum siegreichen Ende

---

81   Mission *Projekt Nova*, in: *Call of Duty – Black Ops*.

82   Für einen guten Überblick über die verschiedenen Verschwörungstheorien rund um eine vorgebliche deutsche Polarstation und deren stichhaltige Widerlegung siehe Colin Summerhayes/Peter Beeching: *Hitler's Antarctic Base. The Myth and the Reality*, in: Polar Record 43 (2007), 1-21.

83   *Undercover: Operation Wintersonne*.

des Spiels im Rahmen eines inszenatorischen Wettbewerbsgedankens als schwieriger erscheinen lässt. Raketen, Düsenjäger und die deutsche Atomforschung werden jedoch nicht nur als Gefahr für den Sieg der Alliierten gegen Deutschland in der Schlussphase des Krieges dargestellt, sondern teilweise auch als zukünftige Exponenten und technische Protagonisten des Kalten Krieges, der sich in der Perspektive einer Reihe von Spielen bereits im Frühjahr 1945 am Horizont abzeichnet. Das Setting dieser Spiele macht es dem Spieler zu Aufgabe, sich für die Westalliierten der deutschen Technologie zu bemächtigen, um zu verhindern, dass sie der Sowjetunion in die Hände fällt. Den Wettlauf um führende Wissenschaftler und deren Forschungsarbeiten, Konstruktionspläne, Prototypen und Bauteile innovativer Waffensysteme zwischen den USA und der Sowjetunion hat es realhistorisch tatsächlich gegeben – die ‚Operation Paperclip‘, in der die USA wichtige NS-Wissenschaftler wie Werner von Braun für ihre Forschungsprogramme rekrutierte und sich damit den entscheidenden Vorsprung der eigenen Raketenentwicklung sicherte, ist hierfür ein prominentes Beispiel.[84] Während derartige Unternehmungen nach der Kapitulation Deutschlands und somit ohne Kampfhandlungen durchgeführt wurden, zeigen die Spiele die Jagd nach der Militärtechnik als Teil der Endphase des Zweiten Weltkrieges selbst. Während die Wehrmacht als militärisch geschlagen dargestellt wird, wandeln sich in diesen Spielen die Feindbilder: Der neue und – wie es die Spiele beschreiben – gefährlichere Feind ist die sowjetische Rote Armee.

Ein instruktives Beispiel hierfür liefert das Strategiespiel *R.U.S.E.* Nachdem die Protagonisten – ein US-amerikanischer und ein britischer Offizier – ihren deutschen Widersacher gefangengenommen haben, erfahren sie in einem Verhör von der Existenz fortschrittlicher deutscher Waffentechnologie in Forschungseinrichtungen, die sich jedoch in Gebieten befinden, die bereits von der Roten Armee besetzt worden sind.[85] In ihr finden Westalliierte und Deutsche in *R.U.S.E.* einen neuen Feind: Um zu verhindern, dass die Technik in die Hände der Sowjetunion fällt – auch die bereits

---

84 Siehe hierzu Franz Kurowski: *Unternehmen Paperclip. Alliierte Jagd auf deutsche Wissenschaftler*, Rastatt 1987; Manfred Herrmann: *Project Paperclip. Deutsche Wissenschaftler in Diensten der U.S. Streitkräfte nach 1945*, Phil. Diss. Erlangen-Nürnberg 1999.

85 Mission *Westen trifft Osten*, in: *R.U.S.E.*

militärisch geschlagenen Deutschen scheinen hieran besonders interessiert zu sein – greifen die Westalliierten getarnt als Wehrmachtseinheiten und mit Unterstützung des deutschen Offiziers und reaktivierten deutschen Kriegsgefangenen die sowjetischen Truppen an.[86] Abschließend kommt es zu offenen Kämpfen zwischen den einstigen Verbündeten, da die Rotarmisten bereits eine deutsche Nuklearrakete erbeutet haben.[87] In der Darstellung der Roten Armee werden im Schlussteil des Spiels sämtliche Register bei der Wiedergabe von zeitgenössischen Klischees über Russen bis hin zu deren Titulierung als „gerissene[r] Iwan" gezogen – ein Ethnophaulismus, der als pejorativer Begriff gemeinhin mit der Verwendung durch Deutsche in Verbindung gebracht wird.

Ein weiteres Beispiel wird durch den Third-Person-Shooter *Sniper Elite* repräsentiert, in dem sich der Spielercharakter als Agent des US-amerikanischen Geheimdienstes im April 1945 durch das umkämpfte Berlin schlägt, um zu verhindern, dass sich die Sowjetunion der Ergebnisse der deutschen Atomforschung bemächtigen kann. Stalin würde die Atombombe dazu benutzen, Europa zu beherrschen, wird im Intro erläutert: „[D]as war eine ungeheure Bedrohung für das globale Gleichgewicht der Macht, vielleicht sogar eine größere Gefahr als die Nazis." Dass die Rote Armee die Wehrmacht als Feind abgelöst hat, wird einführend ebenfalls ausdrücklich betont. „Der Zweite Weltkrieg war noch nicht zu Ende, und ich war bereits einer der ersten Soldaten eines neuen Krieges, des Kalten Krieges", gibt sich der Spielercharakter im Intro prophetisch.[88] Das neue Feindbild wird im Spiel konsequent umgesetzt: Der Spielercharakter durchstreift Berlin getarnt durch die Uniform eines deutschen Soldaten; während er sich in den Reihen der Wehrmacht unerkannt und unbehelligt bewegen kann, kämpft der Spieler in *Sniper Elite* ausschließlich gegen Soldaten der Roten Ar-

---

86 Missionen *Auf Messers Schneide* und *Geheimwaffen*, in: *R.U.S.E.*
87 Mission *In der Höhle des Bären*, in: *R.U.S.E.* Der Spieler kann zu Beginn dieser Mission auswählen, mit welcher Armee er den sowjetischen Truppen entgegentreten möchte. Neben US-Truppen, der britischen und einer französischen Armee steht hierbei auch eine „Deutsches Übergangsarmee" zur Auswahl, die nach der Kapitulation der Wehrmacht auf der Seite der Westalliierten kämpft.
88 Intro, in: *Sniper Elite*.

mee.[89] Auch hier kann sich der Spielercharakter der aktiven Unterstützung deutscher Wehrmachtseinheiten sicher sein, die die ‚Wunderwaffen' in den Händen der Westalliierten sehen möchten. Am Ende des Spiels hat der Spielercharakter den Abtransport deutscher Wissenschaftler in die Sowjetunion verhindert, Prototypen von Raketen zerstört und Schwerwasseranlagen der deutschen Atomforschung sabotiert. Durch diese geheimdienstliche Tätigkeit habe er dafür gesorgt, dass die Sowjets „wenigstens vorläufig [...] den Alliierten gegenüber freundlich bleiben" würden, erklärt der Spielercharakter abschließend.[90]

Die Computerspiele reihen sich mit dieser Deutung nahtlos in eine populäre historische Subkultur ein, die vor allem in den USA verbreitet ist und deren Sichtweise auf den Zweiten Weltkrieg und vor allem die Ostfront maßgeblich durch den Kontext des Kalten Krieg geprägt wurde: Aus dieser Perspektive erscheint die deutsche Wehrmacht hier als ehrenhafte Armee, die sich – im Vorgriff auf spätere Konfliktstellungen – mit ihrem Kriegseinsatz gegen die Sowjetunion dem Kommunismus entgegengestellt habe.[91] Auffällig ist außerdem, dass sich eine Reihe von Entwicklerstudios, aus denen die Spiele zum Zweiten Weltkrieg stammen, in denen die Sowjetunion als eigentlicher Gegner gezeichnet wird, in osteuropäischen Ländern angesiedelt sind.[92] Die Vermutung liegt nahe, dass nationale, erinnerungskulturelle Geschichtsbilder, die von der Zeit des Kalten Krieges geprägt sind,

---

89 Der Spieler wird zu Beginn der ersten Mission mit der Einblendung „Denk daran, dass du als Deutscher verkleidet bist, also musst du dir nur um die russischen Soldaten Gedanken machen" noch einmal explizit daran erinnert. Siehe Mission *Karlshorst: Den Informanten treffen*, in: *Sniper Elite*.

90 Abspann, in: *Sniper Elite*.

91 Siehe in großer Ausführlichkeit Ronald Smelser/Edward J. Davies: *The Myth of the Eastern Front. The Nazi-Soviet War in American Popular Culture*, New York 2008. Vgl. zu den „Origins of the Cold War", die in den letzten Monaten des Zweiten Weltkrieges zu suchen sein sollen, auch John Lukacs: *The Legacy of the Second World War*, New Haven und London 2010, 161-189.

92 So zum Beispiel im Fall von *War Front – Turning Point* des ungarischen Entwicklerstudios ‚Digital Reality' und bei diversen Titeln des polnischen Entwicklers und Publishers ‚City Interactive' wie etwa *Battlestrike: Secret Weapons* (PC), Entwicklung: Direct Action Games, Vertrieb: City Interactive, 2007.

hierbei in die Darstellung der Roten Armee im Zweiten Weltkrieg einge-
flossen sind.

Der Zweite Weltkrieg als inhaltliche Grundlage von Computerspielen
ist der einzige historische Konflikt des 20. Jahrhunderts, in dem Frauen in
nennenswerter Zahl als handlungstragende und narrativ relevante Figuren
gezeigt werden. Durch die weitgehende Abwesenheit von Zivilisten sind
auch Frauen als Nichtkombattanten kaum präsent;[93] als aktive Kriegsteilnehmer ist den Frauenfiguren hingegen eine klare narrative Funktion zugewiesen, die sich durch nahezu alle Spiele verfolgen lässt. Weibliche Spielercharaktere, die als Protagonistinnen gesteuert werden, sind allgemein
selten. Bei *Call of Duty – Finest Hour*, in dem der Spieler verschiedene
Spielercharaktere durch mehrere Schauplätze des Zweiten Weltkrieges
steuert, tritt bei einer sowjetischen Scharfschützin, die in Stalingrad eingesetzt ist, die zusätzliche Besonderheit hinzu, dass kämpfende Frauen sonst
nicht als Mitglieder der regulären Armee dargestellt werden.[94] Ein weiterer
seltener Fall, in dem eine Frauenfigur durch das Spiel gesteuert wird, findet
sich in *Velvet Assassin*, in dem eine britische Agentin hinter feindlichen Linien gegen die Wehrmacht als Attentäterin und Saboteurin agiert.[95] Als
Stealth-Spiel, in dem nicht die offene Konfrontation zum Ziel führt, ist es
das bevorzugte Mittel der Protagonistin, Wachen unschädlich zu machen,
indem sie sich aus dem Hinterhalt anschleicht und mit einem Messer tötet.
Im Spiel wird der Einsatz des Messers als lautlose Waffe des Meuchelmör-
ders in einer Vielzahl von mehreren Dutzend unterschiedlicher Animationen variantenreich zelebriert wird, sobald der Spieler einen Nahkampfan-
griff ausgelöst hat – vom vergleichsweise simplen Aufschlitzen der Kehle
über ein wildes Einhacken bis hin zum Stich in die Genitalien mit anschlie-
ßendem Kopfschuss, mit dem der auf die Knie gesunkene Gegner förmlich

---

93 Eine Ausnahme findet sich in der Mission *Unterwegs im Kaninchenbau*, in:
    Brothers in Arms – Hell's Highway, in der ein US Soldat versucht, eine belgi-
    sche Zivilistin zu retten.

94 Missionen *Dead in Her Sight* und *Defend the Factory*, in: *Call of Duty – Finest
    Hour*.

95 *Velvet Assassin*.

exekutiert wird.[96] Die Protagonistin des Spiels wurde ausdrücklich von der realhistorischen Person Violette Szabo inspiriert, einer Französin, die während des Zweiten Weltkrieges tatsächlich im Auftrag des britischen Nachrichtendienstes SOE im besetzten Frankreich eingesetzt war. Es bleibt im Spiel jedoch bei einer oberflächlichen Anlehnung an das historische Vorbild: Besonders das Aussehen der Hauptfigur, deren Name in Violette Summer geändert wurde, ist deutlich von der Vorlage inspiriert worden; die Spielehandlung weist jedoch nur in Grundzügen Ähnlichkeit mit der realen Biographie von Violette Szabo auf, die im Februar 1945 im Konzentrationslager Ravensbrück ermordet wurde.[97]

Spionage, irreguläres Kämpfen und klandestine Kriegsführung können – wie es bereits bei diesen Beispielen mit weiblichen Protagonistinnen angedeutet ist – vielfach auch bei den nicht steuerbaren, aber handlungsrelevanten Figuren als weiblich markiert beobachtet werden. Die Narration des Strategiespiels *R.U.S.E.* wird von der Suche nach einem Spion in den eigenen Reihen dominiert, der durch seinen Verrat militärischer Informationen den Vormarsch der Westalliierten nach der Landung in der Normandie erschwert und verzögert. ‚Prometheus‘, so der Codename des Spions, entpuppt sich abschließend als eine Vertreterin des US-Verteidigungsministeriums an der Front, die als Tripleagentin nicht nur für Deutschland, sondern auch für die Sowjetunion Informationen gesammelt hat.[98] Führende Köpfe von Widerstandsgruppen und anderen irregulären Einheiten werden in den Spielen ebenfalls auffallend häufig mit weiblichen Figuren besetzt. In mehreren Teilen der *Medal of Honor*-Reihe wird dem jeweiligen Spielercharakter Manon Batiste an die Seite gestellt, ein weibliches Mitglied der Resistance.[99] In *Medal of Honor – Underground*, das Sabotageakte einer fran-

---

96 Die Animationen wechseln sich in einer unregelmäßigen und scheinbar zufälligen Reihenfolge ab. Dennoch scheinen bestimmte Tötungsarten bei den Messerattacken häufiger aufzutauchen als andere.

97 Siehe Susan Ottaway: *Violette Szabo. ‚The Live that I have‘*, Barnsley 2002. Die Lebensgeschichte von Violette Szabo wurde 1958 mit Virginia McKenna in der Hauptrolle verfilmt. Siehe hierzu *Carve Her Name with Pride*, Regie: Lewis Gilbert, Großbritannien 1958.

98 Siehe etwa Mission *Das große Finale*, in: *R.U.S.E.*

99 Die Figur tritt auf in *Medal of Honor* (1999); *Medal of Honor – Allied Assault*; *Medal of Honor – European Assault*.

zösischen Widerstandsgruppe gegen die deutsche Besatzung in Europa und Nordafrika in den Mittelpunkt der Handlung stellt, nimmt die Widerstandskämpferin die Rolle des Spielercharakters ein.[100] Die Figur ist an die realhistorische OSS-Agentin Helene Deschamps Adams angelehnt, die selbst hochbetagt bei der Entwicklung der Spiele als Beraterin fungierte.[101] An der Spitze einer deutschen Widerstandsgruppe, die dem Spielercharakter in *Wolfenstein* an die Seite gestellt ist, steht eine Frau, die im Verlauf der Handlung von der Wehrmacht festgenommen wird. Im Stile klassischer Märchenerzählungen, muss die Gruppe versuchen, ihre Anführerin aus einem Schloss zu befreien.[102] Im Open-World-Titel *Saboteur* sind bei der Darstellung der zentralen Frauenfiguren der Narration sogar beide Aspekte präsent: Es handelt sich um eine Französin, die sich der Resistance anschließt, um die Ermordung ihres Bruders durch die Wehrmacht zu rächen, und um eine englische Herzogin, die sich im Verlauf der Narration als Agentin des britischen Geheimdienstes entpuppt.[103]

Während in zahlreichen Computerspielen mit kriegerischen Inhalten vielfach eine offensive Stilisierung weiblicher Sexualität beobachtet werden kann, ist eine derartige Tendenz in den Spielen mit einem geschichtlichen Hintergrund eher selten.[104] Bieten sich allerdings diese Möglichkeiten,

---

100 *Medal of Honor – Underground* (Sony PlayStation, Nintendo GameBoy Advance), Entwicklung: Dreamworks Interactive, Vertrieb: Electronic Arts, 2002.

101 Siehe Richard Pyle: *Helene Deschamps Adams, 85, daring French Spy, Rescuer in WWII*, 21.09.2006, in: The Boston Globe, URL: http://www.boston. com/news/globe/obituaries/articles/2006/09/21/helene_deschamps_adams _85_daring_french_spy_rescuer_in_wwii [Stand: 10.02.2011]. Vgl. den autobiographischen Bericht über ihre Tätigkeit bei Helene Deschamps Adams: *Behind Enemy Lines in France*, in: George C. Chalou (Hrsg.): *The Secret War. The Office of Strategic Services in World War II*, 2. Aufl., Washington 2002, 140-164.

102 *Wolfenstein*.

103 *Saboteur*.

104 Siehe Sebastian Knoll-Jung: *Geschlecht, Geschichte und Computerspiele. Die Kategorie ‚Geschlecht' und die Darstellung von Frauen in Computerspielen*, in: Schwarz, *Annäherung an Geschichte im Computerspiel*, 171-198, hier bes. 189-191. Zu Frauenbildern in Computerspielen im Allgemeinen siehe Birgit Richard: *Sheroes. Genderspiele im virtuellen Raum*, Bielefeld 2004.

scheinen sie auch hier bereitwillig umgesetzt zu werden. Wenn in *Saboteur* ein Pariser Nachtclub dargestellt wird, scheint es konsequent zu sein, ihn mit wenig bekleideten Tänzerinnen, Sängerinnen und Prostituierten zu bevölkern. Das Spiel bleibt jedoch nicht bei diesem Versuch der szenischen Abbildung eines zeitgenössischen Amüsierbetriebes stehen, sondern bietet im Optionsmenü an, die Funktion ‚Nacktheit' zuzuschalten, die die virtuellen Hüllen der Frauen im ‚Belle de Nuit' fallen lässt. Das Bordell als Raum, in dem nur vordergründig mit den Besatzern kooperiert wird, während es tatsächlich ein Widerstandsort ist – so ist es in *Saboteur* dargestellt – ist auch im First-Person-Shooter *Commandos: Strike Force* ein weiblich konnotierter Ort, an dem Loyalität eben nicht käuflich ist.[105] Die nur vorgetäuschte Vertrautheit mit den feindlichen Besatzungstruppen eröffnet in der Darstellung der Spiele auch hier den Frauen die Möglichkeit, Informationen zu sammeln und an den Widerstand weiterzugeben. Beständige Stereotype der sprichwörtlichen ‚Waffen einer Frau', die von einer sexuell attraktiven „foxy female French Resistance fighter who flirts with the Nazis to trick them" eingesetzt werden,[106] wie es etwa im klassischen Invasionsfilm *The Longest Day* aus dem Jahr 1962 dargestellt wird,[107] werden hier aufgerufen.

Nicht direkt in die jeweilige Spielehandlung integriert sind in Flugsimulationen, die im Zweiten Weltkrieg angesiedelt sind, vielfach Abbildungen aus dem Bereich der zeitgenössischen ‚Nose Art' anzutreffen. Es handelt sich hierbei um Bemalungen, die hauptsächlich US-amerikanische Besatzungen an den Rümpfen der Flugzeuge zur Individualisierung der Maschinen und als Logos anbrachten.[108] Neben Karikaturen und Symbolen wurden häufig Frauen in frivolen und erotischen Posen dargestellt, die in die sich im Zweiten Weltkrieg entwickelnde Tradition des Pin-Ups eingereiht werden können.[109] Die Flugsimulation *Heroes over Europe* greift

---

105 Mission *Widerstand*, in: *Commandos: Strike Force* (PC, Microsoft Xbox, Sony PlayStation 2), Entwicklung: Pyro Studios, Vertrieb: Eidos, 2006.

106 Torgovnick, *War Complex*, 28.

107 *The Longest Day*, Regie: Ken Annakin, Ben Morton u.a., USA 1962.

108 Siehe Gary Valant: *Vintage Aircraft Nose Art*, Osceola 1989; John M. Campbell/Donna Campbell: *War Paint. Fighter Nose Art of World War II and Korea*, Shrewsbury 1990; Jim P. Wood: *Aircraft Nose Art. 80 Years of Aviation Artwork*, London 1992.

109 Siehe hierzu Mark Gabor: *The Pin-up. A Modest History*, London 1974.

diese zeitgenössische ‚Nose Art' auf, wenn sie jeder Maschine, die in einem Menü für die folgende Mission ausgewählt werden kann, die Abbildung eines Pin-Ups an die Seite stellt. Während dieses bei US-amerikanischen Flugzeugen von einem Sternenbanner umweht wird und bei britischen Maschinen ein Union Jack den Hintergrund bildet, wird das Prinzip auch auf die Flugzeuge der deutschen Luftwaffe übertragen, bei der die Bemalung des Rumpfes – zumindest mit Frauen – eigentlich nicht verbreitet war: Das deutsche Pin-Up in *Heroes over Europe* trägt Zöpfe, eine tiefdekolletierte Bluse und eine Lederhose.[110] Besonders prominent taucht die ‚Nose Art' im medialen Umfeld der Spielehandlung von *Battlestations Pacific* auf, einem Flug- und Schiffssimulator, der im Pazifikkrieg angesiedelt ist. Bereits auf dem Titel des Spiel ist ein Flugzeugrumpf zu sehen, der mit einem Pin Up und dem Schriftzug „Blonde Bombshell" versehen ist.[111] Die Bezeichnung geht auf die US-amerikanische Schauspielerin Jean Harlow zurück, die sie nach ihrem Auftritt in der Screwball-Komödie *Bombshell* aus dem Jahr 1933 als Beinamen verliehen bekam,[112] wodurch der Begriff in der Folgezeit semantisch die Bedeutung ‚Sexbombe' annahm. Im Intro der US-Kampagne von *Battlestations Pacific* wird eine Sängerin vor einer Gruppe von Soldaten auf der Bühne eines Nachtclubs gezeigt; die Nahaufnahme der Frau wird zu einer Bemalung an einem Flugzeugrumpf überblendet, die eine Pin-Up-Version ihrer selbst ist.[113] Eine besondere und singuläre Konzentration auf die ‚Nose Art' kann in der Werbung für das Spiel beobachtet werden. Auf einer Webseite mit dem Titel *Bombshell Beauties* wird in einem einführenden Film aus historischem Material und im Stile einer Wochenschau erklärt, dass die ‚Nose Art' als „psychological relief from the stresses of war" fungiere und dass „an appealing piece of nose art will distract the enemy in a dogfight". Im Folgenden kann der Nutzer aus zwei

---

110 Auswahlmenü, in: *Heroes over Europe*.

111 Titel auf Verpackung, in: *Battlestations Pacific* (PC, Microsoft Xbox 360), Entwicklung und Vertrieb: Eidos Interactive, 2009. Der Aufdruck auf der Spiele-CD des Vorgängers *Battlestation Midway* zeigt ebenfalls die Darstellung eines Pin-Ups in einer Matrosenuniform. Siehe *Battlestations Midway* (PC, Microsoft Xbox 360), Entwicklung und Vertrieb: Eidos Interactive, 2007.

112 Siehe *Bombshell*, Regie: Victor Fleming, USA 1933.

113 Intro zu Mission *Schlacht um die östlichen Salomonen*, in: *Battlestations Pacific*.

Models in jeweils zwei zeitgenössischen Outfits auswählen, die daraufhin in Filmen verschiedene Posen wie bei einem Fotoshooting zeigen. Standbilder, die der Nutzer hiervon anfertigen kann, werden dann auf Abbildungen von Flugzeugen projiziert und können mit für die historische ‚Nose Art' typischen Symbolen und Schriftzügen ergänzt werden. Das Endprodukt – dann auch mit einem deutlichen Hinweis auf das beworbene Spiel *Battlestations Pacific* versehen – kann abschließend als Bild gespeichert oder als elektronische Postkarte verschickt werden.[114]

Neben den rein militärischen Aspekten des Zweiten Weltkrieges war der Konflikt durch eine umfassende gesellschaftliche Mobilisierung für die Kriegsanstrengung geprägt, die als ein Merkmal des ‚Totalen Krieges' gefasst wird. Neben den militärischen Kämpfen existierte eine zivile Heimatfront, die die wirtschaftliche Produktion aufrechterhielt, als moralischer Rückhalt fungieren sollte und der eine neuralgische Funktion in der gesamten Kriegsanstrengung zukam, die sie selbst zu einem militärischen Ziel des Gegners werden ließ. Während bereits der Erste Weltkrieg nicht mehr als ein gehegter Krieg des 19. Jahrhunderts ausgetragen wurde, der „die Räume des militärischen Kampfes und zivilen Lebens scharf voneinander zu trennen suchte", gehörte im Zweiten Weltkrieg „die systematische Tötung von Zivilisten zur Kampfführung aller Kriegsparteien".[115] Zivilisten und Nichtkombattanten sind in den Spielen zum Zweiten Weltkrieg, die sich auf eine rein militärische Sphäre konzentrieren, kaum anzutreffen und werden auch dann nur in Nebenbemerkungen erwähnt, wenn sie als Opfer der Kampfhandlungen dargestellt sind. In *Velvet Assassin* infiltriert die Protagonistin in einer Reihe von Missionen den Hamburger Hafen, in dem ein Teil der deutschen U-Boot-Flotte stationiert ist. Um einen Bombenangriff auf den Hafen zu ermöglichen, bringt sie ein Tanklager zur Explosion, dessen Feuerschein als Zielmarkierung für die Flugzeuge dient. Nach der geglückten Sabotage zeigt der Abspann der Mission Bomber, die in großer Höhe über die Stadt ziehen; die Protagonistin monologisiert hierzu: „The submarines were destroyed that night. Operation Gomorrha was a complete

---

114   Siehe Bombshell Beauties, URL: www.bombshellbeauties.com [Stand: 18.02. 2011].

115   Dieter Langewiesche: *Eskalierte die Kriegsgewalt im Laufe der Geschichte?* in: Jörg Baberowski (Hrsg.): *Moderne Zeiten? Krieg, Revolution und Gewalt im 20. Jahrhundert*, Göttingen 2006, 12-36, hier 29.

success."[116] Im Gegensatz zur realhistorischen ‚Operation Gomorrha‘, in der im Juli und August 1943 in mehreren Angriffswellen ein Feuersturm über Hamburg entfacht wurde,[117] wird das Bombardement in *Velvet Assassin* als eine Aktion dargestellt, die mit der Zerstörung feindlicher U-Boote ein konkretes und singuläi militärisches Ziel verfolgt; die Tötung von Zivilisten hingegen wird bei der Definition der Missionsziele ausgespart und lediglich als eine Begleiterscheinung des Angriffes gewertet: „Later I heard that 30.000 civilians were also killed", fügt die Saboteurin zum Abschluss der Mission an. Der Bombenangriff mit dem Feuersturm, der beinahe vollständigen Zerstörung der Stadt und der hohen Zahl an zivilen Opfern ist bis heute ein zentraler Markstein im kollektiven Gedächtnis der Stadt Hamburg.[118] Umso erstaunlicher ist es, dass sich das Entwicklerstudio, das während der Arbeit an *Velvet Assassin* seinen Sitz in Hamburg hatte, direkt auf die realhistorische ‚Operation Gomorrha‘ bezieht, den zivilen Opfern aber lediglich die Rolle von Kollateralschäden zuweist. Zivile Opfer des Luftkrieges sind auch in anderen Spielen lediglich als Randbemerkung präsent. In der Flugsimulation *Heroes over Europe* ist es in einer Mission die Aufgabe des Spielers, zwei alliierte Bomber vor den Angriffen deutscher Abfangjäger zu schützen, als sie schwer beschädigt von einem Einsatz zurückkehren. Scheitert der Spieler, funkt der deutsche Staffelführer als Kommentar zum Absturz des zweiten Bombers: „Das ist für mein geliebtes Hamburg!"[119] *Heroes over Europe* deutet so den alliierten Bombenkrieg gegen Deutschland dezent und aus der Sicht des Gegners an. In den Missionen selbst, in denen der Spieler häufig auch als Pilot eines Begleitflugzeuges alliierter Bomberstaffeln fungiert, wird hingegen fortwährend betont, dass es sich bei den Angriffszielen um militärische und industrielle Einrichtungen handle.

---

116 Mission *Licht über Hamburg – Inferno*, in: *Velvet Assassin*.

117 Siehe ausführlich Ursula Büttner: ‚*Gomorrha‘ und die Folgen. Der Bombenkrieg*, in: *Hamburg im ‚Dritten Reich‘*, hrsg. von der Forschungsstelle für Zeitgeschichte in Hamburg, Göttingen 2005, 613-631.

118 Zur erinnerungskulturellen Dimension der ‚Operation Gomorrha‘ siehe Malte Thießen: *Eingebrannt ins Gedächtnis. Hamburgs Erinnern an Luftkrieg und Kriegsende 1943 bis 2005*, München und Hamburg 2007.

119 Mission *Im Auge des Sturms*, in: *Heroes over Europe*.

Abgesehen von derartigen Erwähnungen von Nichtkombattanten in den jeweiligen Narrationen fehlt die Darstellung von Zivilisten als Akteure des Krieges, die mit Kombattanten auf vielfältige Weise interagieren, in den steuerbaren Spielehandlungen vollständig. Diese Abwesenheit von Zivilisten in den Computerspielen scheint erneut vornehmlich pragmatischen Erwägungen geschuldet zu sein. „Bestimmte Aspekte echter Kampfoperationen wurden im Spiel vereinfacht, um den Spielablauf zu straffen und den Spieler nicht mit sekundären Problemen abzulenken", erläutert etwa das Handbuch des Strategiespiels *Blitzkrieg*. „Es gibt zum Beispiel keine Zivilbevölkerung, und es nehmen keine Guerilla-Truppen an Kampfeinsätzen teil."[120] Die hier angedeutete Komplexitätsreduktion betont das Bild eines historischen Krieges als Konflikt zwischen Kombattanten; Zivilisten, deren Einbringung in eine Kriegsdarstellung zwangsläufig moralische Fragen aufwirft und Entscheidungen abverlangt, werden aus dieser einfachen Konfliktkonstellation herausgenommen. In der Breite betrachtet ist der virtuelle Zweite Weltkrieg eine militärische Auseinandersetzungen zwischen regulären Armeen, in der Zivilisten eine deutlich untergeordnete bis nicht existente Rolle spielen.

Ähnlich und mit diesem Aspekt inhaltlich verbunden verhält es sich mit Themen, die geschichtskulturell eng und untrennbar mit der Erinnerung an den Zweiten Weltkrieg verwoben sind, für die Geschichtsdarstellungen der Computerspiele jedoch ein Tabu darzustellen scheinen: Die Atombombenabwürfe auf die japanischen Städte Hiroshima und Nagasaki sowie der Holocaust. Im Fall der Atombombenabwürfe scheinen besonders Genrekonventionen und die Struktur der Narrative selbst dafür verantwortlich zu sein, dass sie in den Spielen zum Pazifikkrieg ausgespart werden. Als militärische Schlussakte des Krieges, die die japanische Kapitulation erzwangen, die jedoch nicht wie im Fall Deutschlands das Ergebnis einer Besetzung war, können die Atombomben als konkretes Mittel der Kriegsführung kaum in die lineare Erzählstruktur eines Spiels eingepasst werden. Insbesondere die Spiele, die im Pazifikkrieg angesiedelt sind – fast ausnahmslos First-Person-Shooter – fokussieren das Kriegserleben der Infanteristen, die durch die Erzählungen gesteuert und begleitet werden.[121] Der Endpunkt ei-

---

120 Handbuch, in: *Blitzkrieg*.

121 Vgl. als beste Beispiele besonders die US-amerikanische Kampagne von *Call of Duty – World at War* und *Medal of Honor – Pacific Assault*.

ner aufsteigenden Linie der Dramaturgie und des Schwierigkeitsgrades kann aus dieser Perspektive heraus offenbar nicht in einem Kriegsende bestehen, das vom Spielercharakter nicht unmittelbar herbeigeführt werden kann und auf das der Spieler keinen Einfluss nimmt. Entsprechend gibt es keinen inhaltlichen Rahmen für Computerspiele mit historischem Hintergrund, in dem eine größere Anzahl unterschiedlicher Kriegsenden zu beobachten ist, wie den Pazifikkrieg – es handelt sich jeweils um narrative Endpunkte, die an der Dramaturgie der individuell gefärbten Erzählungen ausgerichtet sind.[122] Hinzu kommt, dass die atomaren Angriffe auf Hiroshima und Nagasaki in den USA bis in die Gegenwart geschichtspolitisch und erinnerungskulturell umstrittenes Terrain sind, das sich nicht nahtlos in die Deutung des Krieges als „Good War" einfügt und zahlreiche moralische Implikationen mitbringt.[123]

Während im Fall der Atombombenabwürfe vornehmlich pragmatische Gründe bei der Darstellung des Pazifikkrieges ausschlaggebend sein dürften – atomare Kriegsführung ist, wie zahlreiche Beispiele zeigen, nicht per se ein Tabuthema für Computerspiele – sind es moralische Fragen, die die Entwickler davor zurückschrecken lassen, den Holocaust in Computerspielen sowohl visuell zu zeigen als auch textuell zu erwähnen. Die Frage, wie eine Darstellung des Genozids an den europäischen Juden, der als „Wesensmerkmal des Krieges" benannt worden ist und eine Schlüsselrolle in der transnationalen Erinnerungs- und Gedenkkultur an den Zweiten Weltkrieg einnimmt,[124] in einem Medium gezeigt werden kann, das vornehmlich Unterhaltungszwecken dient, bleibt offen und geprägt von prinzipiellen

---

122 Vgl. als Beispiele: *Medal of Honor – Pacific Assault* endet mit der Einnahme der Insel Tarawa im Jahr 1943, in *Call of Duty – World at War* stellt die Einnahme der Burg Shuri auf Okinawa in den letzten Kriegsmonaten 1945 den Abschluss des Pazifikkrieges dar. *Battle for the Pacific* endet mit der Erstürmung des Berges Suribachi auf der Insel Iwo Jima im Februar 1945 – die Schlacht um die Insel hatte zu diesem Zeitpunkt erst begonnen und dauerte noch bis Ende März.

123 Siehe Bodnar, *‚Good War' in American Memory*, 208-213.

124 Jörg Echternkamp/Stefan Martens: *Der Weltkrieg als Wegmarke? Die Bedeutung des Zweiten Weltkrieges für eine europäische Zeitgeschichte*, in: *Der Zweite Weltkrieg in Europa. Erfahrung und Erinnerung*, hrsg. von Jörg Echternkamp und Stefan Martens, Paderborn et al. 2007, 1-33, hier 16-17.

Vorbehalten gegenüber der Darstellbarkeit des Holocaust.[125] Wie eine derartige Integration aussehen kann, zeigt ein seltenes und drastisches Beispiel für die Darstellung eines Konzentrationslager in einem Spiel, das im First-Person-Shooter *Darkest of Days* präsent ist.[126] Der Spieler steuert einen Zeitreisenden, der für eine geschichtswissenschaftlich forschende Organisation aus der Zukunft historische Kriege besucht, um temporäre Anomalien, die durch die Zeitreisen selbst ausgelöst worden sind, zu beseitigen und so „die Integrität der Geschichte zu wahren".[127] Bei einer Reise in das Jahr 1941 wird der Spielercharakter von der Wehrmacht aufgegriffen und in ein Lager verbracht.[128] Nach der Ankunft im Transportwaggon eines Zuges schreitet der Spielercharakter mit einer großen Gruppe anderer Häftlinge durch das Haupttor des Lagers und weiter durch Stacheldrahtgänge, vorbei an Zäunen und Barracken, drangsaliert von Wachen mit Schäferhunden, die den Spielercharakter mit dem Gewehrkolben schlagen und ihn anschreien, sobald er stehen bleibt oder ihnen zu nahe kommt.[129] *Darkest of Days* beabsichtigt, die düstere Szenerie ganz auf den Spieler einwirken zu lassen, indem das Spiel in diesem Abschnitt stark das Tempo verlangsamt und den Spieler zu einem hilflosen Beobachter macht: Als Steuerungsfunktionen stehen während des Ganges in das Lager nur das langsame Gehen und das Drehen des Blicks zur Verfügung; der Abschnitt dauert vom Verlassen des Waggons bis zum Erreichen des Lagerinneren rund zwei Minuten – für einen First-Person-Shooter, in denen Tempo und Dichte der

---

125 Siehe hierzu Judith Keilbach/Kirsten Wächter: *Photographs, Symbolic Images, and the Holocaust. On the (Im)Possibility of Depicting Historical Truth*, in: History and Theory 48/2 (Mai 2009), 54-76; Robert Braun: *The Holocaust and Problems of Historical Representation*, in: History and Theory 33/2 (März 1994), 172-197. Zur Darstellung des Holocaust in den Neuen Medien siehe Rosmarie Beier: *Geschichte, Erinnerung und Neue Medien. Überlegungen am Bei-spiel des Holocaust*, in: *Geschichtskultur in der Zweiten Moderne*, hrsg. für das Deutsche Historische Museum von Rosmarie Beier, Frankfurt am Main 2000, 299-323.

126 *Darkest of Days* (PC, Microsoft Xbox 360), Entwicklung: 8monkey Labs, Vertrieb: Phantom EFX, 2009.

127 Mission *Deutsche auf der Flucht*, in: Darkest of Days.

128 Mission *Der schmale Punkt*, in: Darkest of Days.

129 Mission *Der Fehdehandschuh*, in: Darkest of Days.

Handlung obligatorisch hoch sind, ein langer Zeitraum für eine Sequenz, in der der Spieler zur Passivität gezwungen ist. Das retardierende Moment hält trotz seiner relativen Dauer nicht lange an: Die Flucht aus dem Lager erfolgt mit roher Waffengewalt und führt die Mission damit schnell wieder zu den Genrekonventionen zurück.

Abbildung 10: Gang in das Lager in Darkest of Days

Quelle: Screenshot aus *Darkest of Days* (PC, Micosoft Xbox 360), Entwicklung: 8monkey Labs, Vertrieb: Phantom EFX, 2009.

In *Darkest of Days* wird die dargestellte Anlage konsequent als „Kriegsgefangenenlager" bezeichnet. Eine Reihe von Indizien spricht jedoch dafür, dass ein Konzentrationslager dargestellt werden soll: Die Internierten des Lagers, an deren Seite der Spielercharakter in das Lager einrückt, tragen gestreifte Häftlingskleidung – Kriegsgefangene durften hingegen ihre Uniformen als Bekleidung behalten. Die Vorlage für die Gestaltung des Haupttores des Lagers, durch das die Gefangenen schreiten und das im Spiel auf einer kleinen Anhöhe oberhalb der Zuggleise positioniert ist, stellt erkennbar das Einfahrtsgebäude des Konzentrationslagers Auschwitz-

Birkenau dar. Gerade dieses nicht explizite Benennen dessen, was in *Darkest of Days* gezeigt wird, unterstreicht jedoch die Zurückhaltung der Entwickler, ein äußerst sensibles historisches Thema ausdrücklich in ein Unterhaltungsformat zu integrieren. Beispiele aus der jüngeren Vergangenheit zeigen außerdem, dass nur wenig gesellschaftliche und geschichtspolitische Akzeptanz für ein derartiges Vorgehen vorhanden wäre: Der britische Entwickler Luc Bernard kündigte im Februar 2008 an, die Arbeit an einem Spiel mit dem Arbeitstitel *Imagination Is The Only Escape* aufzunehmen. Im Mittelpunkt des Adventures stehe ein jüdischer Junge, der sich während des Zweiten Weltkrieges in Frankreich vor den Repressionen und der Gewalt der deutschen Besatzer in eine Phantasiewelt flüchte. Das Spiel, für das keine explizite Darstellung von Gewalt geplant sei, solle laut Bernard mit textuellen Informationen über den Holocaust ergänzt werden und jugendliche Spieler darüber unterrichten, welche Grausamkeiten jüdische Kinder erfahren haben.[130] Die Reaktionen auf die Ankündigung von *Imagination Is The Only Escape*, das bis zum heutigen Tag nicht über eine Konzeptphase hinausgekommen zu sein scheint, waren gemischt, wobei Skepsis und Ablehnung überwogen: Ein Überlebender des Holocaust kritisierte das Vorhaben als mediale Darstellung, die dem Gegenstand nicht angemessen sei: „The Holocaust is serious for all humanity and I don't think anyone should make this kind of game. [...] This is not educational."[131] Nintendo USA kündigte an, das Spiel nicht in Nordamerika veröffentlichen zu wollen.[132]

Eine Gruppe von Entwicklern um den Israeli Maxim Genis kündigte im Dezember 2010 die Veröffentlichung eines First-Person-Shooters mit dem Titel *Sonderkommando Revolt* an, einer nichtkommerziellen Modifikation des Spiels *Wolfenstein 3D* aus dem Jahr 1992. Das Spiel, von dem zu die-

---

130 *Eternity's Child Creator Attempts to Tackle the Holocaust*, 23.02.2008, in: Kotaku, URL: kotaku.com/360003 [Stand: 08.02.2012].

131 Zitiert nach Dana Gloger: *Survivor Outraged by Nintendo Game*, in: The Jewish Chronicle vom 14.03.2008.

132 Siehe Brian Ashcraft: *Nintendo Won't Release Holocaust DS Game*, 10.03. 2008, in: Kotaku, URL: kotaku.com/ 365711 [Stand: 08.02.2012]; Sridhar Pappu: *No Game About Nazis For Nintendo*, 10.03.2008, in: New York Times, URL: http://www.nytimes.com/2008/03/10/technology/10nintendo.html [Stand: 08.02.2012].

sem Zeitpunkt bereits Videoaufnahmen im Internet kursierten, basiert inhaltlich auf einem Häftlingsaufstand im Vernichtungslager Auschwitz-Birkenau im Oktober 1944; im Spiel wird einer dieser Häftlinge gesteuert, der im Lager während der Revolte SS-Männer erschießt und dabei Gaskammern, Krematorien, Hinrichtungsstätten und Leichenberge passiert. Während Genis das Spiel als „blast the Nazis fun" bezeichnete und auf dessen kathartische Intention hinwies,[133] stieß die Ankündigung der Veröffentlichung von *Sonderkommando Revolt* auf scharfe Ablehnung der Medien und von Interessenverbänden. Die ‚Anti Defamation League' bezeichnete den Zugang des Spiels zur Geschichte des Holocaust als „horrific and inappropriate". Allgemein betonte die Organisation, die sich vornehmlich gegen Antisemitismus einsetzt: „The Holocaust should be off-limits for games."[134] Genis beugte sich ausdrücklich dem medialen Druck, stellte die Arbeit an *Sonderkommando Revolt* und bereits geplanten Nachfolgeteilen ein und verzichtete auf eine Veröffentlichung.[135] Die Ablehnung dieser Darstellung des Holocausts gründete besonders auf der drastischen und expliziten Visualisierung: Ein Adventure wie *Another War*, in dem der Spielercharakter das von der Wehrmacht besetzte Europa durchreist und das eine Fülle von Informationen in Textform präsentiert, kann den Holocaust und das Schicksal der europäischen Juden in den Unterredungen, die mit einer Reihe von Charakteren im Spiel geführt werden, an den Rändern der Narration andeuten.[136] Visuelle Verarbeitungen eines erinnerungskulturell traumatischen Ereignisfeldes hingegen, dessen prinzipielle Darstellbarkeit ohnehin bis die Gegenwart im Mittelpunkt einer kritischen Auseinanderset-

---

133 Siehe Michael McWhertor: *Sonderkommando Revolt. Concentration Camp Game Was Meant to Be Fun*, 10.12.2010, in: Kotaku, URL: kotaku.com/ 5711317 [Stand: 08.02.2012].

134 Zitiert nach Brian Crecente: *Anti-Defamation League Slams ‚Fun' Holocaust Video Game as Horrific and Inappropriate*, 11.12.2010, in: Kotaku, URL: kotaku.com/5712163 [Stand: 08.02.2012].

135 Siehe Michael McWhertor: *Auschwitz Game Creator Yanks Wolfenstein Mod Amids Pressure*, 21.12.2010, in: Kotaku, URL: kotaku.com/5715739 [Stand: 08.02.2012].

136 *Another War: Im Krieg ist jede Reise ein Abenteuer* (PC), Entwicklung: Mirage Interactive, Vertrieb: Cenega Publishing, 2002.

zung steht, scheinen die Möglichkeiten und Intentionen eines Mediums zu sprengen, das sich vornehmlich Unterhaltungszwecken verschrieben hat. Wie auch dieses Nichtvorhandensein historisch sensibler Themen zeigt, ist der Zweite Weltkrieg für Computerspiele vornehmlich eine Projektionsfläche für sämtliche Spielarten militärischer Auseinandersetzungen: Der Konflikt bietet eine Reihe von etablierten Feindbildern, Schauplätzen und Schlachten, die nicht eingeführt und erläutert werden müssen, da ihr Bekanntheitsgrad als hoch eingestuft werden kann. Mit ihrer Konzentration auf Kampfhandlungen und militärische Aspekte stellen die Spiele den Zweiten Weltkrieg in der Breite weitgehend entpolitisiert und ohne Hintergründe, Begleiterscheinungen und Konsequenzen dar, die jedoch in der Erinnerungskultur den Blick auf den Konflikt geprägt haben und maßgeblich bestimmen. Neben dem narrativen Durchdeklinieren neuralgischer militärischer Ereignisse – die alliierte Landung in der Normandie, die Schlacht um Stalingrad, der Sturm auf Berlin – nutzt eine Reihe von Spielen zum Zweiten Weltkrieg erzählerische Freiräume jedoch auch zum Umschreiben und Neuschreiben von Geschichtsbildern, indem Feindbilder in Antizipation des Kalten Krieges auf die Sowjetunion verschoben werden oder den deutschen ‚Wunderwaffen' eine Relevanz beigemessen wird, die lediglich dramaturgischen Motiven geschuldet sein kann. Obwohl in der großen Anzahl von Computerspielen, die den Zweiten Weltkrieg als Grundlage ihrer Narrationen auswählen, auch Titel beobachtet werden können, die als Intention eine komplexere Auseinandersetzung mit dem historischen Konflikt erkennen lassen, kann die Vorgabe der meisten Spiele analog zu einer Beschreibung des Shooters *Mortyr 2093-1944* formuliert werden, die den Spieler direkt anspricht: „It's up to you to give the Nazis a history lesson they won't forget, the old fashioned way".[137]

EXKURS – ‚HEIL TESSLER' ODER: EIN ZWEITER WELTKRIEG OHNE NATIONALSOZIALISMUS?

An der Spitze Deutschlands im Zweiten Weltkrieg stand ein Unbekannter. Im Strategiespiel *War Leaders – Clash of Nations* aus dem Jahr 2008 wählt

---

137 Text auf Verpackung, in: *Mortyr 2093-1944* (PC), Entwicklung und Vertrieb: Mirage Media, 1999.

der Spieler eine von sieben Kriegsparteien aus, die er durch den Zweiten Weltkrieg führt. Als Kriegsherren stehen realhistorische Persönlichkeiten wie etwa Winston Churchill, Josef Stalin, Charles de Gaulle und Benito Mussolini an der Spitze der jeweiligen Staaten. Die Geschicke Deutschlands hingegen werden in der deutschen Version des Spiels von Reinhold Tessler gelenkt.[138] Wie eine dem Spiel beigegebene Biographie erläutert, die vor dem Beginn der Spielrunde in einem Menü eingeblendet wird, sei Tessler 1879 in Amberg in der Oberpfalz geboren; er habe Kunst und Literatur studiert und eine Buchhandlung eröffnet, sei verheiratet und Vater zweier Töchter. Der Erste Weltkrieg – so die Biographie weiter – habe „das beschauliche Leben der Familie Tessler" zerstört; aus russischer Kriegsgefangenschaft zurückgekehrt, sei aus dem Buchhändler „ein verbitterter, hasserfüllter Mann geworden", der „von den negativen Ereignissen der Vergangenheit geleitet [...] in einer national orientierten Bewegung seine politische Ausrichtung" gefunden habe. „Seiner beeindruckenden Redekunst" habe Tessler die Parteiführung zu verdanken, und schließlich habe er „die Macht in Deutschland an sich reißen" können.[139] Darauf, dass es sich bei Reinhold Tessler – im Gegensatz zu den sechs anderen Kriegsherren im Spiel – um eine fiktive Person handelt, deren Biographie trotz vereinzelter Anklänge an ihre historische Vorlage erfunden ist, wird weder im Spiel selbst noch in dessen medialen Umfeld mit auch nur einem Wort hingewiesen.

Die Figur des Reinhold Tessler ist eine Eigenheit derjenigen Fassung von *War Leaders – Clash of Nations*, die auf dem deutschen Markt verkauft wird. In der englischsprachigen Originalversion des Spiels, die weltweit vertrieben wird, ist – realhistorisch korrekt – Adolf Hitler der Kriegsherr, der die deutschen Armeen befehligt. Sein Konterfei befindet sich bereits auf der Verpackung des Spiels an einer exponierten Stelle an der Seite der sechs anderen Staatenlenker; auch der biographische Abriss Hitlers gibt in der Originalversion des Spiels seinen realhistorischen Lebensweg bis zum September 1939 wieder.[140] Neben der Darstellung des Mannes, der wäh-

---

138 Im Spiel selbst sowie im medialen Umfeld wird die Figur uneinheitlich und abwechselnd mit ‚Reinhold', ‚Rudolf' und ‚Rudolph' benannt.

139 *War Leaders – Clash of Nations.*

140 *War Leaders – Clash of Nations* (PC), Entwicklung: Enigma Studios, Vertrieb: V.2 Play, 2008 [Originalversion].

Abbildung 11: Reinhold Tessler (dritter von rechts) auf dem Cover von
War Leaders – Clash of Nations

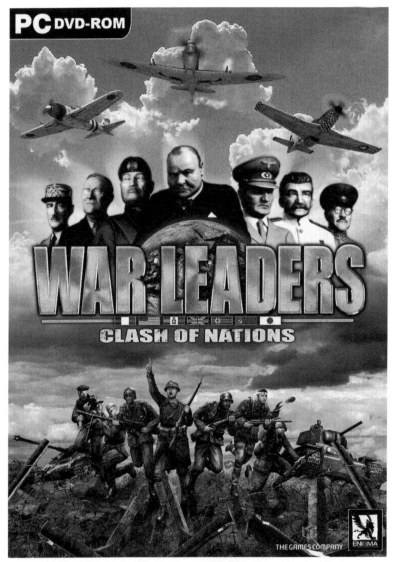

Quelle: Frontcover der deutschen Version von *War Leaders – Clash of Nations*
(PC), Entwicklung: Enigma Studios, Vertrieb: The Games Company, 2008.

rend des Zweiten Weltkrieges an der Spitze Deutschlands stand, unterscheiden sich die beiden Fassungen des Spiels in einem weiteren Punkt: Während in der internationalen Originalversion das Hakenkreuz zu sehen ist – die Armbinde Hitlers zeigt es ebenso wie die Flagge als Hoheitszeichen Deutschlands – ist das nationalsozialistische Parteisymbol in der deutschen Fassung des Spiels durch das ‚Eiserne Kreuz' ersetzt worden.

Dass in einem für den deutschen Markt überarbeiteten Spiel zum Zweiten Weltkrieg die Führungspersönlichkeit des NS-Regimes weder bildlich gezeigt noch namentlich genannt wird und nationalsozialistische Kennzeichen entfernt worden sind, ist keine Ausnahme und liegt in der deutschen Rechtslage begründet. Der ‚Unterhaltungssoftware Selbstkontrolle' (USK) obliegt als zuständiger Instanz die Organisation des Prüfverfahrens von Computerspielen, auf dessen Grundlage die Alterskennzeichnungen von den Vertretern der Obersten Landesjugendbehörden vergeben werden. Verstößt ein Spiel gegen die im Jugendschutzgesetz formulierten Kriterien, kann eine Kennzeichnung verweigert werden; daraufhin kann die ‚Bundesprüfstelle für jugendgefährdende Schriften' das entsprechende Spiel indizieren und strafrechtliche Schritte einleiten.[141] Das für das Prüfverfahren maßgebliche Jugendschutzgesetz wiederum bezieht sich auf diejenigen Paragraphen des Strafgesetzbuches, die neben Volksverhetzung, der Darstellung von Gewalt und der Verbreitung pornographischer Schriften in diesem Zusammenhang auch das „Verbreiten von Propagandamitteln verfassungswidriger Organisationen" und das „Verwenden von Kennzeichen verfassungswidriger Organisationen" unter Strafe stellen.[142] Ausnahmen sind in der sogenannten ‚Sozialadäquanzklausel' formuliert: Sie sind dann gegeben, wenn „das Propagandamittel oder die Handlung der staatsbürgerlichen Aufklärung, [...] der Kunst oder der Wissenschaft, der Forschung oder der Lehre, der Berichterstattung über Vorgänge des Zeitgeschehens oder der Geschichte" dient.[143] Als Kennzeichen werden im Straf-

---

141 Siehe hierzu *Grundsätze der Unterhaltungssoftware Selbstkontrolle* (USK), Stand: 01.02.2011, URL: http://www.usk.de/fileadmin/documents/Publisher_Bereich/2011-01-31_USK_Grundsaetze_DF.pdf [Stand: 01.03.2011], hier bes. §§ 1 und 10; § 14 Jugendschutzgesetz (JuSchuG).

142 Vgl. § 15 Abs. 2 Satz 1 JuSchG; §§ 86, 86a, 130, 130a, 131 und 184 Strafgesetzbuch (StGB).

143 § 86 Abs. 3 StGB.

gesetzbuch „namentlich Fahnen, Abzeichen, Uniformstücke, Parolen und Grußformen" aufgeführt; ihnen gleichgestellt sind solche Kennzeichen, die diesen „zum Verwechseln ähnlich sind".[144]

Bei der Umsetzung dieser gesetzlichen Vorgaben im Prüfverfahren der USK und bei der Vergabe oder Verweigerung der Alterskennzeichnung besteht bei der bildlichen Darstellung und namentlichen Nennung von Personen aus der Führungsriege des NS-Regimes ein Ermessensspielraum, sodass der Einzelfall jeweils individuell bewertet wird. Die explizite Darstellung Hitlers und anderer NS-Größen in Computerspielen ist also nicht prinzipiell verboten, wird jedoch in den meisten Spielen bei der Bearbeitung für den deutschen Markt entfernt oder modifiziert. In der Originalversion von *Medal of Honor – Frontline* etwa sind in verschiedenen Zwischensequenzen des Spiels historische Filmaufnahmen zu sehen, die Adolf Hitler, Hermann Göring, Joseph Goebbels und weitere hochrangige Mitglieder des NS-Regimes zeigen. In der deutschen Version des Spiels sind diese entfernt worden; in den aus dem Off gesprochenen Texten zu den Sequenzen ist außerdem von einem namenlosen „deutschen Befehlshaber" die Rede, während andere Eigennamen in allgemeinerer Form durch unbestimmte Personalpronomen ersetzt werden.[145] Modifikationen der Namen hochrangiger Parteimitglieder können sich – anders als in dem eingangs genannten Beispiel – auch auf das Einfügen oder Abändern einzelner Buchstaben beschränken: Im Echtzeit-Strategiespiel *Hearts of Iron II* finden sich in der Auflistung der Regierungsmitglieder Deutschlands die Namen Adolf Hiller, Rudolf Hoss, Heinrich Heimmler und Hermann Gorink, die jeweils mit einer Silhouette bebildert sind – andere Personen aus der NS-Führungsriege wie Joachim von Ribbentrop und Walter Funk, aber auch Wehrmachtsgeneräle wie Franz Halder und Walther von Brauchitsch hingegen tauchen hier mit einer Abbildung und ohne veränderten Namen auf.[146]

Wie es bereits in diesem Beispiel angedeutet ist, tun sich insbesondere bei Strategiespielen, in denen die Geschicke Deutschlands im Zweiten Weltkrieg gesteuert werden können, auch moralische Fragen auf: Die Spiele müssen die Möglichkeit offen halten, mit Deutschland den Zweiten

---

144 § 86a Abs. 2 StGB.

145 *Medal of Honor – Frontline* (Microsoft Xbox, Sony PlayStation 2, Nintendo GameCube), Entwicklung und Vertrieb: Electronic Arts, 2002.

146 *Hearts of Iron II*.

Weltkrieg gewinnen zu können, da ein Spiel als Wettbewerb angelegt ist und eine Spielrunde erfolgreich absolviert werden können muss. Wenn dies geschieht, scheint jedoch versucht zu werden, wenigstens eine unmittelbare Verbindung zu den prominenten Exponenten des Nationalsozialismus auszuschließen, indem ihre Namen und visuellen Repräsentationen verfremdet oder die jeweiligen Personen ganz aus der Narration gedrängt werden. Im Handbuch des Strategiespiels *Rush for Berlin*, in dem die Missionen zu linearen Narrationen aus dem Blickwinkel verschiedener Kriegsparteien verknüpft sind, wird eine derartige Konstellation ausdrücklich problematisiert.[147] Im Spiel kann eine deutsche Kampagne gespielt werden, in der die Möglichkeit bereitstehen soll, die „Geschichtsbücher mit Hilfe der Wehrmacht umzuschreiben". Das Spiel wolle hiermit „aber keinesfalls den Nationalsozialismus und dessen Folgen glorifizieren". Um dies „zu betonen, kommt Hitler im Spiel durch das Attentat von Graf Stauffenberg im Juli 1944 ums Leben."[148] Das gelungene Attentat und der Tod Hitlers stehen im Spiel selbst im Mittelpunkt einer eigenen Mission, in der Sprengstoff in der Garage einer Bunkeranlage platziert werden muss. Eine abschließende Sequenz zeigt Hitler, wie er nach der Explosion der Bombe, die Stauffenberg gelegt hat, ruft „Ich lebe! Ich bin unsterblich!", bevor ihn die Feuersbrunst, die die Detonation des zweiten Sprengsatzes in der Garage entfacht, tötet.[149] Dass derartige narrative Kunstgriffe, mit denen sich Computerspiele des Diktators entledigen, zugleich eine weiterführende, alternativgeschichtliche Interpretation nach sich ziehen, indem sie implizie-

---

147 *Rush for Berlin* (PC), Entwicklung: Stormregion Szoftverfejlesztö, Vertrieb: Deep Silver, 2006.

148 Handbuch, in: *Rush for Berlin*.

149 Mission *Morgengrauen*, in: *Rush for Berlin*. In der Gruppe der Verschwörer in der Mission befindet sich eine Figur namens Otto von Stirlitz, die offensichtlich an den gleichnamigen Protagonisten einer in der Sowjetunion äußerst populären Buchreihe des Schriftstellers Julian Semjonov angelehnt ist. Als sowjetisches Pendant zu James Bond wird die Figur des Max Otto von Stirlitz in den Büchern als Agent dargestellt, der unter anderem als verdeckter Spion während des Zweiten Weltkrieges aus Hitlers Hauptquartier Informationen beschafft. Auf der Grundlage der Buchreihe entstanden auch eine Fernsehserie sowie ein Kinofilm. Siehe etwa *Siebzehn Augenblicke des Frühlings*, Regie: Tatjana Liosnowa, UdSSR 1973.

ren, dass Deutschland den Krieg auch ohne Hitler weitergeführt hätte, zeigt *Rush for Berlin* in deutlicher Weise: Nachdem die Wehrmacht den Vormarsch der Westalliierten am Rhein und den der Rote Armee auf den Seelower Höhen aufgehalten hat, endet die deutsche Kampagne mit einem Friedensschluss, in dem die Alliierten Deutschland in den Grenzen von 1935 akzeptieren.[150]

Während zumindest die visuelle und namentliche Präsenz der NS-Größen in den deutschen Versionen von Computerspielen kein konsistentes Bild zeigt, ist die Umsetzung der gesetzlichen Bestimmungen mit Blick auf Kennzeichen, die in unmittelbarer Verbindung mit dem Nationalsozialismus stehen, einheitlich: Ihre Darstellung in Computerspielen, die auf dem deutschen Markt verkauft werden, ist verboten; sie müssen, sofern sie sich in den Originalversionen befinden, ausnahmslos und ohne Ermessensspielraum entfernt werden.[151] Hakenkreuze, Runen, der Hitlergruß und die Parolen „Sieg Heil" und „Heil Hitler" werden in anderen Kunstformen wie etwa Spielfilmen auch dann geduldet, wenn sie ausschließlich dem Unterhaltungsbereich zuzuordnen sind – prominente Beispiele hierfür sind die Filme der *Indiana Jones*-Reihe von Steven Spielberg und *Inglourious Basterds* von Quentin Tarantino.[152] Die ‚Sozialadäquanzklausel', die den Ausschlag zur Duldung der eigentlich verbotenen Darstellung nationalsozialistischer Kennzeichen gibt, sofern diese in einem künstlerischen, wissenschaftlichen oder zeitgeschichtlich aufklärenden Rahmen vorgenommen wird, deckt hingegen Computerspiele in der Rechtspraxis nicht ab. Einen maßgeblichen Präzedenzfall stellte hierbei der juristische Umgang mit dem First-Person-

---

150 Handbuch und Abspann der deutschen Kampagne, in: *Rush for Berlin*. Für einen vergleichbaren Fall, in dem ein – hier namenloser – ‚Führer' im Laufe der Kampagne getötet, der Krieg von Deutschland aber dennoch fortgeführt wird, vgl. *War Front – Turning Point*.

151 Für eine juristische Besprechung des Themenkomplexes siehe auch im Folgenden korrespondierend Marc Liesching: *Hakenkreuze in Film, Fernsehen und Computerspielen. Verwendung verfassungsfeindlicher Kennzeichen in Unterhaltungsmedien*, in: BPjM aktuell 2010/3, 11-17.

152 Siehe *Jäger des verlorenen Schatzes*, Regie: Steven Spielberg, USA 1981; *Indiana Jones und der Temple des Todes*, Regie: Steven Spielberg, 1984; *Indiana Jones und der letzte Kreuzzug*, Regie: Steven Spielberg, USA 1989; *Inglourious Basterds*, Regie: Quentin Tarantino, Deutschland und USA 2009.

Shooter *Wolfenstein 3D* aus dem Jahr 1992 dar, in dem in großer Zahl nationalsozialistische Symbole gezeigt werden und das ‚Horst-Wessel-Lied‘ wiedergegeben wird.[153] Das Amtsgericht München ließ das Spiel 1994 bundesweit mit dem Verweis auf die Bestimmungen des Strafrechts beschlagnahmen; es wurde daraufhin von der ‚Bundesprüfstelle für jugendgefährdende Schriften‘ indiziert. 1998 beschäftigte das Spiel das Oberlandesgericht in Frankfurt am Main in einem Prozess gegen einen Angeklagten, der *Wolfenstein 3D* über eine privat betriebene Mailbox – ein Datenfernübertragungssystem auf der Basis von Telefonverbindungen – für Dritte zugänglich gemacht hatte, sodass das Gericht klären musste, ob der Angeklagte über das Spiel Kennzeichen verfassungsfeindlicher Organisationen verbreitet hatte. Eine mögliche Tatbestandslosigkeit verneinten die Richter hierbei: Der Schutzzweck des Paragraphen gebiete es, dass auch in Spielen keine verfassungsfeindlichen Kennzeichen gezeigt werden würden; ob mit der Darstellung nationalsozialistischer Symbole in *Wolfenstein 3D* aktiv für eine verbotene Organisation geworben werde oder nicht, sei irrelevant. Ebenso wenig sei zu berücksichtigen, ob die Kennzeichen im Spiel eindeutig dem zu bekämpfenden Gegner im Spiel zugewiesen seien. Würden sich Kinder und Jugendliche über Computerspiele an nationalsozialistische Symbolik gewöhnen, so argumentierte das Gericht, würden sie anfälliger für eine ideologische Beeinflussung werden; außerdem sei damit zu rechnen, dass in Spielen auch für den Gegner Sympathie entstehen und man sich mit ihm identifizieren könne.[154]

Die Ungleichbehandlung verschiedener Kunstformen wie etwa Spielfilmen und Computerspielen bleibt bei der Duldung nationalsozialistischer Kennzeichen auch über ein Jahrzehnt nach dieser Gerichtsentscheidung bis in die Gegenwart bestehen. Wie konsequent die Bestimmungen durchgesetzt werden, zeigt das Beispiel des Verkaufstopps des Computer- und Videospieles *Wolfenstein*, einem Nachfolger des genannten *Wolfenstein 3D*. Es handelt sich um einen im Zweiten Weltkrieg angesiedelten First-Person-Shooter, in dem sich der Protagonist als Agent seinen Weg durch eine fiktive deutsche Stadt bahnt und verhindern muss, dass deutsche Wissen-

---

153 *Wolfenstein 3D*.

154 Siehe den Sachverhalt und die Urteilsbegründung ausführlich bei OLG Frankfurt a.M.: *Hakenkreuze in Mail-Box, Urteil vom 18.03.1998*, in: Neue Zeitschrift für Strafrecht 1999/7, 356-357.

schaftler okkulte und übernatürliche Kräfte für die NS-Kriegsmaschinerie nutzbar machen können.[155] Wie in seinen Vorgängern auch, wird im Spiel offen und zahlreich NS-Symbolik zur Schau gestellt. Für den deutschen Markt musste die Originalversion von *Wolfenstein* umfangreich überarbeitet werden, um überhaupt eine Alterskennzeichnung der USK zu erhalten: Neben dem Abmildern drastischer Gewaltdarstellungen wurden Hakenkreuze durch ein fiktives Symbol ersetzt, Runen und militärische Abzeichen an Uniformen entfernt und Darstellungen des Hitlergrußes getilgt; außerdem ist in der deutschen Fassung anders als in der Originalversion nicht von „Nazis" die Rede, sondern von „Wölfen".[156] Rund einen Monat nach dem Erscheinen der deutschen Version von *Wolfenstein* rief der Publisher ‚Activision Blizzard' im September 2009 alle bereits ausgelieferten Exemplare zurück und forderte den Einzelhandel auf, das Spiel aus dem Sortiment zu nehmen: Obwohl der Grund lediglich „ein nicht auffallendes Element" im Spiel sei, das „zumal im normalen Spiel allenfalls kurzfristig erkennbar sein kann", habe man sich zu der Rückrufaktion entschlossen.[157] Die Recherche eines Nutzers des Internetportals *Schnittberichte*, auf dem gekürzte Fassungen verschiedener Medien mit den Originalversionen verglichen werden, legte nahe, dass es sich bei dem von ‚Activision' nicht näher bezeichneten Auslöser des Rückrufs um ein einzelnes Hakenkreuz handelte, das sich auch in der deutschen Fassung an einer tatsächlich wenig exponierten Stelle im Spiel befand und offenbar sowohl bei der Bearbeitung des Spiels für den deutschen Markt durch den Hersteller als auch bei der Prüfung durch die USK übersehen worden war.[158] Die Vermutung liegt

---

155 *Wolfenstein.*

156 Das Spiel erhielt nach seiner Bearbeitung von der USK die Kennzeichnung ‚Keine Jugendfreigabe gemäß § 14 JuSchG', durfte also ausschließlich an Voll-jährige verkauft werden. Siehe den Eintrag in der Prüfdatenbank der USK, Nr. 24948/09, in: Unterhaltungssoftware Selbstkontrolle, URL: www. usk.de [Stand: 17.11.2009].

157 *Activision Blizzard ruft Wolfenstein zurück*, 22.09.2009, in: Heise Online, URL: http://www.heise.de/newsticker/meldung/145712 [Stand: 23.09.2009].

158 *Schnittbericht Wolfenstein*, o.Dat., in: Schnittberichte, URL: http://www. schnittberichte.com/schnittbericht.php?ID=5982811 [Stand: 23.09.2009]. Ein vergleichbarer Fall führte im März 2010 zum Rückruf der ‚Collector's Edition' der U-Bootsimulation *Silent Hunter 5* durch den Publisher ‚Ubisoft'. In

nahe, dass ‚Activision' nach dem Entdecken des Fehlers mit der kostspieligen Rückrufaktion einer Beschlagnahme des Spiels und weiterer rechtlichen Konsequenzen zuvorkommen wollte, die gedroht hätten, wenn Vertreter des deutschen Jugend- und Verfassungsschutzes auf das nicht entfernte Hakenkreuz aufmerksam geworden wären. *Wolfenstein* kam nach dem Rückruf nicht mehr in einer erneut überarbeiteten Fassung auf den deutschen Markt.

Darstellungen von nationalsozialistischen Symbolen wie Hakenkreuzen und SS-Runen werden von den Entwicklern entlang der Gesetzeslage für die deutschen Versionen der Spiele modifiziert oder ganz entfernt.[159] Während Runen-Abzeichen meist ersatzlos gelöscht werden, ist es gängige Praxis, Hakenkreuze etwa auf Fahnen, Bannern und Armbinden durch Symbole mit einer ähnlichen Formenstruktur zu ersetzen. Durch die Verwendung von sogenannten ‚Kruckenkreuzen' wie etwa in der Shooter-Reihe *Battlestrike* bleibt die Form des Hakenkreuzes erhalten; die äußeren Kanten sind lediglich zu einem durchgehenden Balken verlängert.[160] Dass das Kruckenkreuz dem Hakenkreuz jedoch nicht nur formensprachlich ähnelt, zeigt die prominenteste Verwendung des Symbols durch den Austrofaschismus in der Zeit des österreichischen Ständestaates zwischen 1934 und 1938. Trotz der Betonung der christlichen Tradition des Symbols handelte es sich um „nichts anderes als eine Nachbildung des Hakenkreuzes mit geringfügigen Änderungen"; die Anlehnung der austrofaschistischen Symbolik an diejenige des deutschen Nationalsozialismus war zeitgenössisch durchaus

---

einem Handbuch, das nur dieser speziellen Ausgabe des Spiels beiliegt, ist ein Hakenkreuz zu sehen. Siehe *Silent Hunter 5: Ubisoft ruft Collector's Edition zurück*, in: Golem, URL: http://www.golem.de/1003/73776.html [Stand: 18.03.2011]. Vgl. Handbuch, in: *Silent Hunter 5: Battle of the Atlantic – Collector's Edition* (PC), Entwicklung und Vertrieb: Ubisoft, 2010.

159 Für einen Überblick über die nationalsozialistische Symbolik und ihre Vorläufer siehe Karlheinz Weißmann: *Schwarze Fahnen, Runenzeichen. Die Entwicklung der politischen Symbolik der deutschen Rechten zwischen 1890 und 1945*, Düsseldorf 1991.

160 Siehe etwa *Battlestrike: Der Widerstand*; *Battlestrike: Call to Victory* (PC), Entwicklung: Jarhead Games, Vertrieb: City Interactive, 2005.

intendiert.[161] Wenn in den Computerspielen das Hakenkreuz also durch das Kruckenkreuz ersetzt wird, wird das nationalsozialistische Hauptsymbol gegen ein anderes politisches Zeichen des Faschismus getauscht, das in seinem historischen Kontext als „epigonale Schöpfung" sowohl formensprachlich als auch ideologisch in einer engen Verbindung mit dem zu tilgenden Hakenkreuz steht.[162]

Häufiger als durch das Kruckenkreuz werden Hakenkreuze für die deutschen Versionen der Spiele durch das ‚Eiserne Kreuz' ersetzt. An die Stelle des im Kontext des Zweiten Weltkrieges eindeutig nationalsozialistisch konnotierten Symbols wird somit ein militärisches Abzeichen mit einer preußisch-deutschen Tradition verwendet, die vor die Zeit des Nationalsozialismus reicht und bis in die Gegenwart – etwa als Hoheitszeichen der Bundeswehr – weitergeführt wird. Im Dritten Reich wurde das ‚Eiserne Kreuz' bis 1945 vornehmlich als Kriegsauszeichnung in Form eines Ordens verwendet.[163] Daneben fungierte das Symbol wie bereits im Ersten Weltkrieg als nationales Erkennungszeichen, das an Flug- und Fahrzeugen der deutschen Armee angebracht wurde. Das ‚Eisernen Kreuz' ist zwar kein Symbol, das ausschließlich mit der nationalsozialistischen Kriegsanstrengung in Verbindung steht; es ist als Zeichen, dass das Hakenkreuz in den Spielen ersetzt, dem historischen Kontext jedoch auch nicht fremd.

Politische Symbole bedeuten aus sich selbst heraus nichts; vielmehr werden sie durch Zuschreibungen und die Kontexte, in denen sie verwendet werden, mit Bedeutung aufgeladen – gerade das Hakenkreuz als Symbol mit einer langen semantischen Geschichte ist hierfür ein prominentes Bei-

---

161 Christian Böhm-Ermolli: *Politische Symbole im Austrofaschismus und Nationalsozialismus*, in: Norbert Leser/Manfred Wagner (Hrsg.): *Österreichs politische Symbole. Historisch, ästhetisch und ideologiekritisch beleuchtet*, Wien et al. 1994, 65-80, hier 78.

162 Ebd.

163 Zum ‚Eisernen Kreuz' zwischen 1939 und 1945 siehe Jörg Nimmergut: *Deutsche Orden und Ehrenzeichen bis 1945*, München 2001, Bd. 4: Württemberg II – Deutsches Reich, 2108-2171; zur Bedeutung des ‚Eisernen Kreuzes' in der Zwischenkriegszeit siehe Ralph Winkle: *Der Dank des Vaterlandes. Eine Symbolgeschichte des Eisernen Kreuzes zwischen 1914 und 1936*, Essen 2007.

spiel.[164] Symbole verlieren die ihnen zugewiesene Bedeutung jedoch nicht dadurch, dass sie in Details variiert werden, zumal dann nicht, wenn sie weiterhin mit anderen „emblematischen Zeichen" wie etwa charakteristischen Uniformen in einem bildsprachlichen Ensemble belassen werden.[165] Deutlich wird dies an dem Onlinespiel *Battlefield Heroes*, in dem sich die Spieler einer von zwei Fraktionen anschließen und in Gruppen auf verschiedenen Karten gegeneinander antreten.[166] Dass der Mulitplayer-Shooter, der in einem bunten Comicstil gehalten ist, lose im Zweiten Weltkrieg angesiedelt und überhaupt an einem historischen Vorbild ausgerichtet ist, wird weder auf der Webseite noch im Spiel selbst explizit verdeutlicht; die Gestaltung der Uniformen, Waffen und Fahrzeuge ist jedoch offensichtlich an dieser Zeit orientiert.[167] Als Fraktionen stehen die ‚Royal Army' und die ‚National Army' zur Auswahl; während erstere eine gestalterische Mischung aus der britischen und der US-amerikanischen Armee im Zweiten Weltkrieg darstellt, kann die ‚National Army' mit der Wehrmacht gleichgesetzt werden, deren Flaggensymbol ein schwarzer Totenkopf mit gekreuzten Knochen in einem weißen Kreis auf rotem Grund ist. Es taucht

---

164 Zur Bedeutungsgeschichte des Hakenkreuzes siehe Karlheinz Weißmann: *Das Hakenkreuz. Symbol eines Jahrhunderts*, Schnellroda 2006; Lorenz Jäger: *Das Hakenkreuz – Zeichen im Weltbürgerkrieg. Eine Kulturgeschichte*, Wien und Leipzig 2006; Elisabeth Weber: *Das Hakenkreuz. Geschichte und Bedeutungswandel eines Symbols*, Frankfurt am Main et al. 2007.

165 Siehe Paula Diehl: *Die SS-Uniform als emblematisches Zeichen*, in: Herfried Münkler/Jens Hacke (Hrsg.): *Strategien der Visualisierung. Verbildlichung als Mittel der politischen Kommunikation*, Frankfurt am Main und New York 2009, 127-150.

166 *Battlefield Heroes* (Browser), Entwicklung: Digital Illusions, Vertrieb: Electronic Arts, 2009, URL: www.battlefieldheroes.com [Stand: 01.03.2011].

167 Explizite Hinweise auf die Zeit des Zweiten Weltkriegs finden sich – etwa durch die Benennung der Schauplätze oder verwendbaren Waffen – auch im Spiel selbst nicht. Die Kennung ‚196th RCT' auf den Panzern der ‚Royal Army', die gestalterisch an die Sherman-Panzer der US-Armee angelehnt sind, bleiben Ausnahmen. Die Abkürzung steht für das ‚196. Regimental Combat Team', eine Infanterieeinheit der US-Armee, die jedoch erst 1946, also nach dem Ende des Zweiten Weltkrieges aufgestellt und im Koreakrieg eingesetzt wurde.

auch auf roten Armbinden, Stahlhelmen und Offiziersmützen auf, die Teil der in schwarz und grau gehaltenen Uniformen der individualisierbaren Spielercharaktere sind. Obwohl die ausdrückliche zeitliche und inhaltliche Zuordnung fehlt, ist der Wiedererkennungswert der verwendeten Symbole und Zeichen hoch: Dass bei der ‚National Army' in *Battlefield Heroes* die Wehrmacht und nationalsozialistische Symbole als Vorlage der visuellen Gestaltung gedient haben, ist nicht zu übersehen. Die historische Haken-kreuzfahne mit ihrer charakteristischen und erinnerungskulturell bekannten Farb- und Formgebung kann hier auch dann weiterhin als solche wahrge-nommen werden, wenn das Hauptsymbol als scheinbar konstituierendes Merkmal durch ein anderes Zeichen ersetzt wird, der bildsprachliche Kon-text jedoch unverändert bleibt – zumal dann, wenn das substituierende Symbol an einem anderen Zeichen des gleichen ideologischen und histori-schen Zusammenhangs – im diesem Fall am SS-Totenkopf – ausgerichtet ist.

Abbildung 12: Auswahlmenü in Battlefield Heroes

Quelle: *Battlefield Heroes* (Browser), Entwicklung: Digital Illusions, Vertrieb: Electronic Arts, 2009.

Versteht man politische Symbole als „Stenographie weltanschaulicher Überzeugungen", der eine bestimmte Bedeutung angeheftet ist und die diese Bedeutung visuell aufruft,[168] kann mit Blick auf ihre Verwendung in Computerspielen konstatiert werden, dass die Assoziationen, die sich mit den Symbolen verbinden, nicht durch deren bloße Modifikation verschwinden. Nicht zuletzt durch andere populäre Erinnerungsmedien ist die historische Bild- und Symbolsprache des Nationalsozialismus bekannt; ihre Variation in den Computerspielen streicht somit nur die konkrete und explizite Darstellung, nicht aber die erkennbare Bedeutung des gesamten visuellen Ensembles. Anders hat die Tilgung der bildlichen und namentlichen Darstellung von NS-Größen in den deutschen Versionen vielfach zur Folge, dass die nationalsozialistische Kriegsanstrengung anonym und weitgehend entpersonalisiert abgebildet wird. Auch wenn in den Spielen, die den Zweiten Weltkrieg darstellen, politische und weltanschauliche Triebkräfte und Motive der Kriegsparteien ohnehin kaum beleuchtet werden, entsteht so eine Leerstelle, in der auch die Möglichkeit verschwindet, die historischen Verantwortlichen für den Ausbruch und den Verlauf des Zweiten Weltkrieges zu benennen.

Die deutschen Rechtsvorgaben bedingen, dass das Bild des Zweiten Weltkrieges in den Computerspielen, das in den Originalversionen an der historischen Realität angelehnt ist, in den deutschen Fassungen zu einer verzerrten Hybridform umgearbeitet wird, die sich auf der visuellen Ebene zwischen Abbildungen der geschichtlichen Wirklichkeit und einer historisch getünchten Fiktion bewegt. Ob die bei der Anwendung des entsprechenden Paragraphen im Vordergrund stehende Zielsetzung erreicht werden kann, eine Identifikation mit dem Nationalsozialismus und ein Werben für seine Weltanschauung zu verhindern, indem visuelle Repräsentationen in ihrer konkreten Form aus Medieninhalten, die vornehmlich Unterhaltungszwecken dienen, verbannt werden, müsste durch empirische Untersuchungen, die die Wahrnehmung der Spieler erforschen, überprüft werden; dass eine Hakenkreuzfahne, deren Form in Details variiert worden ist, grundlegend andere Assoziationen bei einem Spieler hervorruft als eine unveränderte, konkrete Darstellung, darf jedoch bezweifelt werden.

Die Publisher haben sich bei der Überarbeitung der Spiele für den deutschen Markt mit der rechtlichen Lage arrangiert; eine Diskussion darüber, ob die ‚Sozialadäquanzklausel' nicht auch auf Computerspiele angewendet werden müsste, sobald diese als Kunstformen akzeptiert werden, ist bislang

---

168 Weißmann, *Schwarze Fahnen*, 236.

nur in Ansätzen zu beobachten. Auch hat bislang kein Publisher eine Klärung vorangetrieben, indem eine juristische Neubewertung durch die Veröffentlichung eines Spiels, das die bisherige Rechtspraxis in Frage stellt, erzwungen worden wäre. Ein derartiger Fall könnte mit der Veröffentlichung des Spiels *Generation Zero* bevorstehen: Das in München ansässige Entwicklerstudio ‚Reality Twist' arbeitet derzeit an einem Adventure, das in der Nachkriegszeit 1945 angesiedelt ist. Da in dem Spiel „wichtige zeithistorische Zeugnisse, wie etwa die Demontage von Hakenkreuzen" thematisiert werden sollen, stellte sich für das Studio die grundsätzliche Frage nach der Ungleichbehandlung von Spielen und Filmen bei der Darstellung nationalsozialistischer Symbole, die die Entwickler auch gegenüber der Politik aufwarfen; gleichzeitig machte ‚Reality Twist' sein Anliegen publik, in *Generation Zero* Hakenkreuze zeigen zu wollen.[169] Ob die bevorstehende Diskussion richtungsweisend für die zukünftige juristische Bewertung von Computerspielen im Allgemeinen werden kann, ist jedoch offen: Die Entwicklung des Spiels wird vom Bundesland Bayern über dessen staatliche Film- und Medienförderung finanziell unterstützt. *Generation Zero* ist – und hieran ist die Förderung gekoppelt – als Lernspiel mit einer konkreten pädagogischen Ausrichtung und Aussageintention konzipiert. Ob eine Entscheidung über die praktische Anwendung der ‚Sozialadäquanzklausel' bei der Bewertung eines Lernspiels daher den Charakter eines Präzedenzfalles annehmen kann, der Auswirkungen auf den rechtlichen Um-

---

169 Pressemitteilung *Hakenkreuze in Computerspielen: Debatte auf Bundesebene angestoßen*, 30.11.2010, in: Reality Twist, URL: www.reality-twist.com/wp/ hakenkreuze-in-computerspielen-debatte-auf-bundesebene-angestosen [Stand: 23.09.2011]. Der Bundestagsabgeordnete Jimmy Schulz, der von ‚Reality Twist' als Mitglied der Enquête-Kommission „Internet und digitale Gesellschaft" auf die Problematik angesprochen wurde, unterstützt die Gleichstellung von Spielen und Filmen auch mit Blick auf die ‚Sozialadäquanzklausel', indem er mit dem Urheberrecht argumentiert, nach dem „Filmwerke einschließlich der Werke, die ähnlich wie Filmwerke geschaffen werden", zu den geschützten Werken der Literatur, Wissenschaft und Kunst gezählt werden. Siehe § 2 Abs. 1 Urheberrechtsgesetz (UrhG).

gang mit kommerziell ausgerichteten Spiele ohne einen dezidiert formulierten, pädagogischen Bildungsauftrag haben wird, bleibt fraglich.[170]

„WE COULD WIN, IF THEY'D JUST LET US" – DER VIETNAMKRIEG

Der Beginn des Spiels motiviert kaum dazu, sich mit seinem Gegenstand zu beschäftigen. „Vietnam. A place I had never heard of had become my world. This place was so full of shit, we were all swimming in it", erzählt der Protagonist des First-Person-Shooters *Marine Heavy Gunner Vietnam* in der einführenden Sequenz. Die Charakterisierung des Vietnamkrieges aus der Negativzeichnung des Ortes, an dem er stattfindet, wird noch weitergeführt: „Everything here was fucked: the people, the streets, the smells, and the shittiest place of all, the jungle."[171] Die drastischen Worte, mit denen hier die Rahmenbedingungen eines Krieges beschrieben werden, sind für Computerspiele ungewöhnlich; von der allgemeinen erinnerungskulturellen Wahrnehmung des dargestellten Konfliktes ist die Schilderung jedoch nicht allzu weit entfernt. Noch bevor die eigentliche Spielehandlung eingesetzt hat, macht *Marine Heavy Gunner Vietnam* klar, dass es bei der Darstellung des Vietnamkrieges nicht politische und überindividuelle Legitimationen, große Schlachten oder eine mythisierte Sicht auf die Kämpfe in den Mittelpunkt stellt. Vielmehr bildet die subjektive und existentielle Sicht der kämpfenden Soldaten auf die sie umgebende Realität des Krieges den Aufhänger, an dem sich das Geschichtsbild des Vietnamkrieges im Spiel entfalten soll.

Der Vietnamkrieg ist als Grundlage für Computerspiele sowohl dramaturgisch als auch mit Blick auf seine erinnerungskulturelle Einordnung ein schwieriges Terrain. Als „Krieg ohne Fronten" bietet der Konflikt in Südostasien trotz seiner Dauer kaum neuralgische Ereignisse, entlang derer

---

170 Vgl. auch Max Wildgruber: *Reality Twist rüttelt um Hakenkreuzverbot*, 10.12. 2010, in: IGN De Edition, URL: http://de.ign.com/articles/news/7729 [Stand: 23.09.2011].

171 Intro, in: *Marine Heavy Gunner Vietnam* (PC), Enwickler: BrainBox Games, Vertrieb: City Interactive, 2004.

eine Narration aufgebaut werden könnte.[172] Aus Sicht der USA, die die Perspektive nahezu aller Spiele darstellt, ging der Krieg verloren, erschütterte die US-amerikanische „victory culture" in ihren Grundfesten und führte zu einem gesellschaftlichen und politischen ‚Vietnam-Syndrom', das der damalige US-Präsident George H.W. Bush erst 1991 durch den militärischen Sieg im Golfkrieg gegen den Irak überwunden sah.[173] Hinzu kommt, dass der Vietnamkrieg in der Heimat unpopulär war und in seinem Verlauf gesellschaftliche Gräben aufreißen ließ. Bei einer repräsentativen Umfrage im Jahr 1990 bejahten nahezu drei Viertel der Befragten die Aussage, dass „the United States made a mistake sending troops to fight in Vietnam" – ein Wert, der seit dem Krieg selbst kontinuierlich angestiegen ist.[174]

First-Person-Shooter, die im Vietnamkrieg angesiedelt sind, erlebten einen kurzen Boom um das Jahr 2004, in dem die wichtigsten Titel – angeführt vom Multiplayer-Shooter *Battlefield Vietnam* – erschienen.[175] Während sich die Spiele zum Zweiten Weltkrieg im Umfeld einer allgemeinen geschichtskulturellen Konjunktur des Konfliktes etablierten, sind vergleichbare Verbindunglinien zur Beschäftigung mit dem Vietnamkrieg in der Populär- und Erinnerungskultur in diesem Zeitraum nur bedingt erkennbar. Zeitliche Parallelen bestehen lediglich zur Neuveröffentlichung einer erweiterten und technisch überarbeiteten Version des Vietnamfilm-Klassikers *Apocalypse Now* von Francis Ford Copolla im Jahr 2001 sowie zu *We Were Soldiers* aus dem Jahr 2002, einer in dieser Zeit singulär bleibenden Großproduktion eines Spielfilms, der sich mit dem Vietnamkrieg beschäftigt.[176]

---

172 Bernd Greiner: *Krieg ohne Fronten. Die USA in Vietnam*, Hamburg 2007.

173 Siehe Tom Engelhardt: *The End of Victory Culture. Cold War America and the Disillusioning of a Generation*, New York 1995; Geoffrey Simons: *The Vietnam Syndrome. Impact on US Foreign Policy*, Basingstoke 1998.

174 *The Gallup Poll. Public Opinion 1990*, hrsg. von George Gallup Jr., Wilmington 1991, 48.

175 Siehe auch Bruce Esplin: *Virtual Nam. Intertextuality and Authenticity in Vietnam War Video Games*, in: Mark Heberle (Hrsg.): *Thirty Years After. New Essays on Vietnam War Literature, Film, and Art*, Newcastle upon Tyne 2009, 310-320, hier bes. 311-312.

176 *Apocalypse Now Redux*, Regie: Francis Ford Copolla, USA 2001. Für eine erweiterte Fassung des Multiplayer-Shooters Battlefield Vietnam wurde 2005

Deutlicher als bei Spielen, die andere Konflikte als Grundlage haben, ist bei denjenigen zum Vietnamkrieg eine starke Ausrichtung an filmischen Vorbildern zu beobachten,[177] insbesondere an den bekannten Großproduktionen, die Ende der 1970er entstanden sind wie *The Deer Hunter* und *Apocalypse Now*, und den Spielfilmen der 1980er Jahre wie *Full Metal Jacket* und *Platoon*.[178] Wie bereits beschrieben bezieht sich diese Orientierung sowohl auf die Übernahme von in den Filmen verwendeter Musik, die teilweise erst über diesen Einsatz erinnerungskulturell mit dem Vietnamkrieg verzahnt ist, aber auch auf das Nachstellen vollständiger Szenen aus Kriegsfilmen in den Spielen. Eine der berühmtesten und eindrücklichsten Sequenzen aus *The Deer Hunter* wird mit *Call of Duty: Black Ops* und *Conflict: Vietnam* gleich in zwei Computerspielen fast vollständig zitiert: Wie auch im Film werden in beiden Titeln in Zwischensequenzen US-Soldaten gezeigt, die den Vietkong in die Hände gefallen sind und in der Gefangenschaft dazu gezwungen werden, zur Belustigung ihrer Bewacher mit einem Revolver ‚Russisches Roulette' zu spielen.[179] Als weitere Parallele stellt die Situation auch in den Spielen den Ausgangspunkt einer Flucht dar, indem die Gefangenen die geladene Waffe dazu benutzen, ihre Peiniger zu überwältigen. In *The Deer Hunter* kommt der Sequenz in mehrfacher Hinsicht eine Schlüsselfunktion bei der Interpretation des gesamten Films zu: Das potentiell tödliche Spiel mit einer Waffe, die an die Schläfe gesetzt und deren Trommel wie ein Glücksrad gedreht wird, parallelisiert die Zufällig-

---

dieser Zusatz aufgegriffen und in den Titel eingearbeitet. Siehe *Battlefield Vietnam Redux* (PC), Entwicklung: Digital Illusions, Vertrieb: Electronic Arts, 2005. *We Were Soldiers*, Regie: Randall Wallace, USA 2002.

177 Zur „visuellen Erinnerung und der retrospektiven Umdeutung" des Vietnamkrieges in den USA siehe Gerhard Paul: *Bilder des Krieges – Krieg der Bilder. Die Visualisierung des modernen Krieges*, Paderborn et al. 2003, 332-342.

178 Zum US-Kino mit Blick auf den Vietnamkrieg siehe Stefan Reinecke: *Hollywood goes Vietnam. Der Vietnamkrieg im US-amerikanischen Film*, Marburg 1993.

179 Mission *Zahltag*, in: *Call of Duty – Black Ops*; Mission *Russisches Roulette*, in: *Conflict: Vietnam*. In *Operation Vietnam* ist eine Mission, in der Gefangene befreit werden müssen, mit *Russian Roulette* betitelt. Siehe Mission *Russian Roulette*, in: *Operation Vietnam* (Nintendo DS), Entwicklung: Coyote Developments, Vertrieb: Majesco Entertainment, 2007.

keit des Sterbens im Krieg. Der Kreis zur beschriebenen Sequenz schließt sich am Ende des Films, als der Protagonist einen seiner Freunde nach Kriegsende in Saigon wiederfindet, wo sich dieser als professioneller 'Russisches Roulette'-Spieler verdingt, auf dessen Glück gewettet werden kann; als Ausdruck einer tiefgehenden Traumatisierung, die eine Rückkehr in die Gesellschaft der Heimat verhindert, endet das fortgesetzte Spiel mit dem eigenen Leben mit dem Tod, der den Veteranen noch nach dem Ende des Krieges ereilt.[180] Durch das Einfügen einer einzelnen Szene in den neuen narrativen Kontext der Spiele verliert die Sequenz diesen Interpretationszusammenhang; die Remediation stellt vielmehr eine Reminiszenz dar, mit der die Spiele in eine Kontinuitätslinie mit den bekannten erinnerungskulturellen Narrativen gestellt werden sollen.

Über die Wiederaufnahme ganzer Szenen und filmischer Topoi hinaus fallen diese Referenzen auf Filme in den Spielen zum Vietnamkrieg auch wesentlich kleinteiliger und subtiler aus. In einer Szene des Vietnamfilm-Klassikers *Apocalypse Now* taucht ein mysteriöser US-Soldat auf, der einen Granatwerfer bei sich trägt; auf die Waffe ist im Film ein zweifarbiges Tigermuster aufgebracht.[181] Die Handfeuerwaffe ist Bestandteil des verwendbaren Arsenals im Multiplayer-Shooter *Battlefield Vietnam*, der das gleiche Modell des Granatwerfers mit der eigenwilligen und individuellen Bemalung darstellt und sich damit auf *Apocalypse Now* bezieht.[182] Es bleibt jedoch auch hier bei einer visuellen Referenz, die keine Parallelen zur Hand-

---

180 Für eine ausführliche Besprechung insbesondere der 'Russisches Roulette'-Sequenzen in *The Deer Hunter* siehe Sylvia Shin Huey Chong: *Restaging the War. 'The Deer Hunter' and the Primal Scene of Violence*, in: Cinema Journal 44/2 (Winter 2005), 89-106. Als weitere Interpretationsschicht kommt hinzu, dass die drei Protagonisten von *The Deer Hunter* als russischstämmige Stahlarbeiter aus Pennsylvania dargestellt werden, die ihre kulturelle Herkunft auch in den USA pflegen.

181 Siehe *Apocalypse Now*. Die Figur des Soldaten mit dem Granatwerfer sowie die Handlung der Szene, in der er auftaucht, ist dem Buch *Dispatches* von Michael Herr aus dem Jahr 1977 entlehnt, in dem der Autor seine Erlebnisse als Kriegsberichterstatter in Vietnam verarbeitet hat. Die Bemalung des Granatwerfers wird hier jedoch nicht erwähnt. Siehe Michael Herr: *Dispatches*, 46. Aufl., New York 2004, 141-142.

182 *Battlefield Vietnam*. Siehe auch Esplin, *Virtual Nam*, 313-314.

lung der Vorlage erkennen lässt.[183] Die exponierte Darstellung des Tiger-musters – der Spieler blickt, wie bei einem First-Person-Shooter üblich, permanent auf den Schaft der Waffe – ist eine Entlehnung aus *Apocalypse Now*, deren Vorlage den meisten Spielern von *Battlefield Vietnam* unbe-kannt sein dürfte. Umgekehrt findet sich in *Conflict: Vietnam* eine unauf-fällige Reminiszenz an das wohl bekannteste Filmzitat aus *Apocalypse Now*, in dem ein Kommandant einer Hubschraubereinheit mit den Worten „Charlie don't surf!" den Angriff auf einen schwer befestigten Strand be-fiehlt, an dem er Wellenreiten möchte.[184] In der ersten Mission des Spiels, in dem sich der Spielercharakter in einem US-Stützpunkt bewegt, findet sich – meist versteckt und abseitig – an mehreren Wänden ein Kalender-blatt, das ein vietnamesisches Pin-Up und den Schriftzug „VC don't surf?" zeigt.[185] Diese kleinteiligen und in audiovisuelle Details hineinreichenden Bezugnahmen sind für die Handlung der Spiele nicht relevant; sie zeigen jedoch deutlich, dass den Entwicklern die filmischen Vorlagen bei der Konzeption von Spielen zum Vietnamkrieg auch in Einzelheiten präsent sind.

Neben dem Einfügen von Versatzstücken aus der Handlung und audio-visuellen Referenzen adaptieren die Computerspiele vielfach zentrale nar-rative Topoi der Spielfilme. Vor allem *Platoon*, aber auch *Full Metal Ja-cket* zeigen den Vietnamkrieg etwa als Initiationsgeschichte junger Männer, die den Kämpfen in Südostasien zunächst mit jugendlicher und naiver Unerfahrenheit begegnet. *Conflict: Vietnam* folgt diesem Muster. Obwohl während des Spiels zwischen den vier Mitgliedern des Einsatzteams ge-

---

183 Auch in *Call of Duty – Black Ops* sind in den Missionen, die im Vietnamkrieg angesiedelt sind, sowie im Multiplayer-Modus Gewehre verwendbar, die mit dem auffälligen Tigermuster versehen sind. Siehe etwa Mission *Victor Char-lie*, in: *Call of Duty – Black Ops*.

184 Der Ausspruch ist in der Populärkultur als Zitat fest verankert. So nutzt etwa auch eine Mission von *Call of Duty 4 – Modern Warfare*, einem First-Person-Shooter, der nicht im Vietnamkrieg angesiedelt ist, das Zitat als Titel. Siehe Mission *Charlie don't surf*, in: *Call of Duty 4 – Modern Warfare*.

185 Mission *Geisterstadt*, in: *Conflict: Vietnam*. ‚VC' wurde im Sprachgebrauch des US-Militärs als Kurzform für ‚Vietcong' verwendet. Die abwertende Be-zeichnung ‚Charlie' für Vietnamesen entstammt der Aussprache von ‚VC' im phonetischen NATO-Alphabet als ‚Victor Charlie'.

wechselt werden kann, die gleichwertig gesteuert werden können, gibt es einen Protagonisten, dem die Narration folgt. Bereits im Intro von *Conflict: Vietnam* unterstreicht dieser Spielercharakter in der Rückschau, dass er mit falschen Vorstellungen in den Krieg gezogen sei: Er habe sich mehr für die Baseball-Ergebnisse als für die Nachrichten interessiert, bevor ein 1967 eingezogen worden sei. „Hier war ich also, in der schlimmsten Gegend der Welt", merkt der Protagonist an, während Bilder von malerischen Tälern im Dschungel gezeigt werden, „und hatte keine Ahnung: Neu in diesem Land, blauäugig und die Hose reichlich voll."[186] Der ansonsten namenlos bleibende Protagonist wird von den anderen Mitgliedern des Einsatzteams mit ‚Cherry' angesprochen – eine soldatensprachliche Bezeichnung für einen ‚Frischling' – der Name, der im Spiel auch in dem Menü aufgeführt ist, aus dem der zu steuernde Charakter ausgewählt wird. Erst im weiteren Verlauf des Spiels und nachdem sich ‚Cherry' im Kampf bewährt hat, ändern sich die Anrede und die Bezeichnung im Auswahlmenü in ‚Doc' – eine Anspielung darauf, dass dieser Charakter als Sanitäter des Teams fungiert. Im Abspann des Spiels, in dem sich der Protagonist noch einmal aus dem Off zu Wort meldet, bezeichnet er Vietnam als den Ort, „wo Doc geboren wurde und der Frischling starb". Der Soldat, der seinen Dienst zu Beginn des Spiels als naiver junger Mann aufgenommen hatte, berichtet an dessen Ende, er sei mittlerweile Notarzt in einem New Yorker Krankenhaus: „Meine Erfahrungen mit Schusswunden werden dort hoch geschätzt."[187]

Wie es bereits in diesem Beispiel ersichtlich wird, konzentrieren sich die Narrative der Computerspiele beinahe ausschließlich auf die Erfahrungen der US-Soldaten im Vietnamkrieg. Der größere Kontext des Konfliktes, eine grundsätzliche Legitimation des Einsatzes und die Position des Kriegsgegners werden kaum thematisiert. Die Spiele passen sich damit in die Strömung der US-amerikanischen Erinnerungskultur ein, die den Vietnamkrieg stark als Opfergeschichte der US-Soldaten deutet. Der zentrale und älteste, 1982 eingeweihte Teil des ‚Vietnam Veterans Memorial' in Washington ist die sogenannte ‚Memorial Wall', eine Wand aus schwarzem Granit, in die die Namen aller rund 58.000 in Vietnam getöteten und vermissten US-Soldaten eingeprägt sind – ein steingewordenes Totengedenken und Ausdruck von Trauer, die eine politische Aussage über den Krieg ver-

---

186 Intro, in: *Conflict: Vietnam*.
187 Abspann, in: *Conflict: Vietnam*.

meidet.[188] Eng verwoben hiermit sind die unterschiedlichen Perspektiven
auf den Krieg von einer Gesellschaft, in der sich bereits in dessen Verlauf
eine breite Gegenbewegung etablierte, und den Soldaten, die sich bei ihrer
Rückkehr als Veteranen mit der Ablehnung ihres Einsatzes in den USA
selbst konfrontiert sahen. In einer Studie über Traumata von US-Soldaten,
die in Vietnam eingesetzt worden waren, unterstrich der Psychologe Herbert Hendin, dass die Diskrepanz zwischen der tatsächlichen Kriegserfahrung der Soldaten einerseits und den verbreiteten Vorstellungen über den
Kampfeinsatz in der US-Öffentlichkeit andererseits in keinem Krieg der
US-amerikanischen Geschichte größer sei als im Fall des Vietnamkrieges.[189] Der Blick auf das eigene Trauma ist auch fester Bestandteil der
Spielfilme zum Vietnamkrieg, in denen vielfach ein „act of public mourn-
ing" vollzogen wird: In den Filmen, in denen die vietnamesische Perspektive auf den Krieg meist beinahe vollständig ausgeblendet bleibt und der
Kriegsgegner als Akteur kaum präsent ist, wird neben dem persönlichen
Verlust von Freunden und Kameraden hauptsächlich beklagt, dass „what
was lost was something like the moral and social centre of a whole culture".[190] Spielfilme, die Veteranen als gebrochene Persönlichkeiten darstel-

---

188 Zum ‚Vietnam Veterans Memorial' siehe Jeffrey Karl Ochsner: *A Space of
     Loss. The Vietnam Veterans Memorial*, in: Journal of Architectural Education
     50/3 (Februar 1997), 156-171; Robin Wagner-Pacifici/Barry Schwartz: *The Vi-
     etnam Veterans Memorial. Commemorating a Difficult Past*, in: American
     Journal of Sociology 97/2 (September 1991), 376-420; Kristin Ann Hass: *Car-
     ried to the Wall. American Memory and the Vietnam Veterans Memorial*,
     Berkley 1998.

189 Herbert Hendin/Ann Pollinger Haas: *Wounds of War. The Psychological After-
     math of Combat in the Vietnam War*, New York 1984, 3.

190 Antony Easthope: *Realism and its Subversion. Hollywood and Vietnam*, in: Alf
     Louvre/Jeffrey Walsh (Hrsg.): *Tell Me Lies about Vietnam. Cultural Battles
     for the Meaning of the War*, Milton Keynes und Philadelphia 1988, 30-49, hier
     46-47. Zur erinnerungskulturellen Darstellung des Vietnamkrieges in Spiel-
     filmen siehe auch Albert Auster/Leonard Quart: *How the War was Remem-
     bered. Hollywood and Vietnam*, New York et al. 1988; Eben J. Muse: *The
     Land of Nam. The Vietnam War in American Film*, Lanham und London 1995.
     Fred Inglis bezeichnet die Spielfilme zum Vietnamkrieg als „deeply narcissis-
     tic, even at their most intelligent. They register the shock to American culture

len, die psychisch nicht aus Vietnam zurückkehren und sich nicht mehr integrieren können, verweisen meist deutlich auf das Nichtverstehen und die mangelnde Akzeptanz der US-Gesellschaft. Prominent rücken *Born on the Fourth of July* und *The Deer Hunter* die gesellschaftliche Isolation der Veteranen in den Mittelpunkt;[191] auch *Rambo – First Blood* und *Taxi Driver* zeigen ehemalige Vietnamkämpfer als Einzelgänger, deren Kriegserlebnisse zu einer prägenden Erfahrung geworden sind, die eine Rückkehr in ein alltägliches Leben unmöglich macht.[192]

Die Computerspiele lehnen sich in ihren Darstellungen des Vietnamkrieges an diese soldatische Perspektive an. Da sie beinahe ausschließlich Kampfhandlungen in Vietnam zeigen und im Fall der First-Person-Shooter den Blick der Soldaten auch visuell nachstellen, scheint dies durch den Rahmen der Genrekonventionen von Spielen bereits vorgegeben zu sein. Darüber hinaus kann jedoch beobachtet werden, dass in die Narrationen häufig die Diskrepanz zwischen der Kriegswahrnehmung der Soldaten und derjenigen in der US-Öffentlichkeit in den Blick kommt. Ansatzpunkt ist hierbei in mehreren Fällen die Darstellung von Medienvertretern als Mittlern, die in der Heimat durch ihre journalistische Tätigkeit ein bestimmtes Bild des Krieges prägen. Ein instruktives Beispiel findet sich bereits am Beginn des Shooters *Men of Valor*, der den Weg eines schwarzen Soldaten durch den Krieg beschreibt. Das Squad des Spielercharakters wird von einem Reporter namens Morris Schiffer und einem Kameramann, die für den

---

of both losing the war and being wrong about it." Fred Inglis: *The Cruel Peace. Everyday Life in the Cold War*, London 1992, 295.

191 *Born on the Fourth of July*, Regie: Oliver Stone, USA 1989; *The Deer Hunter*.

192 *Taxi Driver*, Regie: Martin Scorsese, USA 1976; *Rambo – First Blood*, Regie: Ted Kotcheff, USA 1982. Siehe zu den genannten Filmen auch Emmett Early: *The War Veteran in Film*, Jefferson und London 2003, 32-35, 165-168, 187-191 und 212-216. Vgl. weiterhin Harry W. Haines: ,*They Were Called and They Went'. The Political Rehabilitation of the Vietnam Veteran*, in: Linda Dittmar/ Gene Michaud (Hrsg.): *From Hanoi to Hollywood. The Vietnam War and American Film*, New Brunswick und London 1990, 81-97; Leonard Quart: *The Deer Hunter. The Superman in Vietnam*, in: Dittmar/Michaud, *Hanoi to Hollywood*, 159-168. Zur Darstellung der Veteranen in der US-amerikanischen Geschichtskultur siehe Mark Taylor: *The Vietnam War in History, Literature and Film*, Edinburgh 2003, 131-147.

fiktiven Fernsehsender KBN berichten, durch eine Mission begleitet. Das Fernsehteam wird hierbei überaus negativ und unsoldatisch dargestellt: Den Tod eines Soldaten kommentiert der Reporter mit der aufgeregten Frage an seinen Kameramann, ob er die Szene aufgenommen habe; beide werden, weil sie sich nicht an die Anweisungen des Offiziers halten, von den Vietkong gefangen genommen und müssen befreit werden; während eines Feuergefechtes kauert der Reporter am Boden und prophezeit, dass alle sterben werden, fordert danach jedoch den Kameramann dazu auf, ihn in einer heroischen Pose zu filmen, wie er einen Hubschrauber besteigt. Nachdem das Squad ein Dorf nach einem langandauernden Schusswechsel geräumt hat, äußern die US-Soldaten zunächst ihr Unbehagen über den Befehl, die Hütten niederzubrennen, werden dann jedoch vom Offizier mit dem Hinweis auf die militärische Notwendigkeit, Rückzugsorte der Vietkong zu zerstören, überzeugt. *Men of Valor* zeigt in der abschließenden Sequenz dieser Mission den Nachrichtenbeitrag der Journalisten, die von den Soldaten als „the glory-haunt reporter and his fat-ass sidekick" bezeichnet werden: Die US-Soldaten hätten, so kommentiert der Reporter die Bilder des brennenden Dorfes, ohne eine Provokation wehrlose Frauen und Kinder angegriffen und ihre Hütten aus Vergeltungssucht angezündet. Auch die Reaktionen aus der Heimat auf den Medienbeitrag liefert das Spiel: In einem Brief beschreibt der Vater des Spielercharakters, den Fernsehbeitrag gesehen zu haben. Obwohl er einräumt zu ahnen, dass „we don't always get the whole story over here", fügt er im Brief, der im Spiel eingeblendet und aus dem Off verlesen wird, an: „Remember, a man's always got a choice – you never have to do something if you know it's wrong."[193]

Die Aussageintention der Sequenz um den Reporter und seinen Kameramann in *Men of Valor* ist durch deren explizite Negativzeichnung eindeutig: Die Medienvertreter behindern die Kriegsführung der Soldaten in einem ohnehin unübersichtlichen und komplexen Konflikt, gewinnen durch ihre Recherche vor Ort keinen tieferen Einblick in den Charakter des Krieges und fallen dem Militär in den Rücken, indem sie aus Geltungssucht vorsätzlich ein falsches Bild über den Krieg verbreiten und die eigenen Soldaten anklagen, anstatt ihre Probleme in den Mittelpunkt zu rücken. Erstaunlich an der dargestellten Mission in *Men of Valor* ist zusätzlich, dass sie eine realgeschichtliche Episode aufgreift, die als Wegmarke der Rolle

---

193 Mission *Clearing the Hamlet*, in: *Men of Valor*.

der Medien im Vietnamkrieg gilt: Morley Safer, der CBS-Korrespondent in Saigon, begleitete im August 1965 eine Gruppe von Marines bei einer sogenannten ,Search and Destroy'-Mission, bei der die US-Soldaten ein Dorf niederbrannten, da sie es als Rückzugsort des Vietkong einschätzten. In seinem Nachrichtenbeitrag erklärte Safer zu Aufnahmen von Soldaten, die Hütten mit Feuerzeugen und Flammenwerfern ansteckten, dass sich im Dorf ausschließlich Frauen und Kinder befunden hätten und stellte in Frage, ob die vietnamesische Zivilbevölkerung mit solchen Maßnahmen davon zu überzeugen sei, dass sich die USA in Vietnam militärischen engagierten, um ihnen zu helfen.[194] Die Bilder von US-Soldaten, die ziviles Eigentum zerstörten, waren „atypical at the time in their content, disturbing tone, and indication of a sizeable gap between the official picture of the war and the on-ground-realities".[195] Erst wenige Monate zuvor hatten die ersten Kampftruppen der US-Armee vietnamesischen Boden betreten; der Bericht wirkte verstörend sowohl auf US-Präsident Lyndon B. Johnson, der Safer aufgrund seiner Kritik an der Kriegsführung für einen Kommunisten hielt und eine Sicherheitsprüfung anordnete, als auch auf die US-amerikanische Öffentlichkeit, deren medialer Blick auf den Vietnamkrieg zu diesem frühen Zeitpunkt des Konflikts noch nicht durch drastische Bilder von Kampfhandlungen und Zerstörungen geprägt war.[196]

Dass *Men of Valor* genau diese mediengeschichtliche Episode des Vietnamkrieges direkt aufgreifen möchte, wird kaum kaschiert: Der Name des Reporters im Spiel variiert denjenigen Safers nur geringfügig, der im Spiel gezeigte Fernsehbericht ist deutlich an den realhistorischen Fernsehbeitrag Safers angelehnt, die Datierung der Mission stimmt mit dem Zeitpunkt der Filmaufnahmen im Sommer 1965 grob überein.[197] *Men of Valor* zeigt eine

---

194 Siehe Engelhardt, *End of Victory Culture*, 187-191; Daniel C. Hallin: *The ,Uncensored War'. The Media and Vietnam*, New York 1986, 131-134; Andrew J. Huebner: *The Warrior Image. Soldiers in American Culture from the Second World War to the Vietnam Era*, Chapel Hill 2008, 179-181.

195 Engelhardt, *End of Victory Culture*, 188.

196 Tom Engelhardt vermutet, dass die Bilder durch ihre damalige Singularität „were perhaps the most disturbing of the war for those who saw them that August night". Engelhardt, *End of Victory Culture*, 189.

197 Das Spiel zieht weitere Parallelen: Der Offizier befiehlt den Soldaten in der Mission mit den Worten „Zippo Job" das Niederbrennen der Hütten, ein

Perspektive, die den Fernsehzuschauern der 1960er Jahre verborgen bleiben musste, indem es die Journalisten charakterisiert und eine eigene Deutung dessen anbietet, wie der Beitrag entstanden ist. Der Spieler wird durch die Mission Zeuge der Ereignisse, die den Wahrheitsgehalt des aus ihnen entstanden, journalistischen Produktes kontrastieren und es als Zerrbild entlarven sollen. Gleichzeitig stellt sich das Spiel in mehrfacher Hinsicht auf die Seite der Soldaten, deren Blick auf die Journalisten nicht nur perspektivisch nachgestellt, sondern die durch die Teilnahme an den medial beschriebenen Ereignissen auch über vorgeblich authentische Erfahrungen verfügen, die den Fernsehzuschauern zum Verständnis der Vorgänge in Vietnam fehlen.

Die mangelnde Einsicht in den Charakter des Vietnamkrieges bei den Daheimgebliebenen, die ihre Informationen aus fehlerhaften Quellen wie der gezeigten beziehen, wird in *Men of Valor* wie im genannten Beispiel kontinuierlich durch die Briefe aufgezeigt, die der Spielercharakter erhält oder versendet und die zwischen den Mission im Spiel eingeblendet und verlesen werden. Auch die Bildschirme, die in der Pause eingeblendet werden, die entsteht, wenn der Computer die Daten für die nächste Mission lädt, verweisen auf diese unterschiedlichen Perspektiven: Neben Zitaten von Politikern zum Vietnamkrieg und geschichtlichen Daten zum Konflikt wird hier mehrfach die Dichotomie zwischen einer Innen- und einer Außensicht verdeutlicht. „Myth: The fighting in Vietnam was not as intense as in World War II", lautet etwa eine der Einblendungen. Auf dem gleichen Ladebildschirm wird diese – von *Men of Valor* als falsch markierte Aussage – korrigiert. „Fact: The average infantryman in Vietnam saw about 240 days of combat in one year thanks to the mobility of the helicopter." Auch die Vergleichszahl, die die Entkräftung erst vervollständigt, wird geliefert. „Fact: The average infantryman in the South Pacific during World War II

Bezug auf die US-amerikanische Feuerzeugmarke. Der Ausdruck wurde nach Safers Bericht zu einem stehenden Begriff für die Zerstörung zivilen Eigentums mit dem Ziel, die Versorgung der Vietkong zu unterbinden und ihre Rückzugsorte unbrauchbar zu machen. Siehe Engelhardt, *End of Victory Culture*, 189 und 190 Fn. Einer der Soldaten im Spiel nennt den Reporter im Lauf der Mission spöttisch ‚Walter Cronkite'. Der populäre Journalist war Anchor der CBS-Hauptnachrichtensendung, in der Safers Beitrag 1965 ausgestrahlt wurde.

saw about 40 days of combat in four years."[198] Mit diesen Gegenüberstellungen von landläufigen Meinungen zum Vietnamkrieg und seinen vorgeblich faktischen Charakteristika verweist *Men of Valor* erneut auf das Auseinanderklaffen der Kriegserfahrungen von Soldaten und dem Bild des Krieges in der Heimat; durch die Präsentation dieser beiden Positionen an einer exponierten Stelle – anders als Zwischensequenzen können die Ladebildschirme vom Spieler aus rein technischen Gründen nicht übersprungen werden – scheint das Spiel eine dezidiert edukative und aufklärende Funktion erfüllen zu wollen.

Auch innerhalb der Spielehandlung wird am Ende von *Men of Valor* die gemeinsame Kriegserfahrung explizit als Element benannt, das die US-Soldaten über das Kriegsende hinaus miteinander verbinde, sie aber von denjenigen, die den Vietnamkrieg nicht selbst erlebt haben, trenne. Der Spielercharakter beschreibt hier als Erzähler im Abspann noch einmal den Krieg in der Rückschau als Initiationserlebnis: „Eventually, the rest of the guys got back to the world in one piece. But we were all changed. We had been forced to become adults in that little country in South East Asia that most people couldn't even find on a map." Die Diskrepanz zwischen dem Kriegserleben der Soldaten und dem Blick einer Gesellschaft, der eine Integration der Veteranen verhindert, wird explizit unterstrichen: „A lot of civilians don't understand what happened in the war. They don't wanna understand. But soldiers understand. And even though I don't see the guys as much as I'd like to, I love 'em all like brothers."[199]

Der Bezug auf die hier benannte Gemeinschaft der Soldaten, die sich aus den Kriegserfahrungen speist, die in der zivilen Gesellschaft der Heimat nicht nachvollzogen und verstanden werden, bildet auch in *Conflict: Vietnam* eine narrative Klammer. Zu Beginn des Spiels erläutert der Spielercharakter in der Rückschau den Blick der Soldaten auf den Krieg: „Vietnam war total beschissen. Die Frontkämpfer hatten darüber nur eine Meinung: Wen kümmert's denn schon? Was damit gemeint war, sollte ich

---

198 Ladebildschirm, in: *Men of Valor*. Die Texte auf den Ladebildschirmen haben keine feste Position im Spiel und folgen in einer zufälligen Reihenfolge aufeinander. Die Aussagen sind dementsprechend nicht direkt auf die Missionen, die vor oder nach dem jeweiligen Ladebildschirm gespielt werden, abgestimmt.

199 Abspann, in: *Men of Valor*.

schon bald erfahren."[200] Der Spielercharakter erzählt zum Ende des Spiels, dass er die drei anderen Protagonisten seit ihrer Heimkehr aus Vietnam nicht mehr gesehen habe; verbindend wirke die geteilte Erfahrung: „[S]ogar jetzt ist ein Teil von mir immer noch in Vietnam [...]. Für die Generäle und Politiker mag der Krieg vielleicht vorbei sein. Aber für die, die gekämpft haben, geht er jedes Mal weiter, wenn wir unsere Augen schließen und versuchen zu schlafen." Die Indifferenz, deren Hintergrund zu Beginn des Spiels zunächst offen bleibt, wird als Schlusswort noch einmal aufgegriffen: „Aber wie schon gesagt: Wen kümmert's denn schon, richtig?"[201]

Die hier erneut angedeutete Kriegserfahrung, die außerhalb der Gemeinschaft der Soldaten nicht vermittelt werden kann und nicht auf Interesse stößt, wird auch zum Abschluss von *Vietcong 2* betont. Zum Ende der US-Kampagne berichtet ein Reporter, der im Rahmen der Narration bereits mehrfach in Zwischensequenzen aufgetaucht ist, in einem Fernsehbericht über die Rückeroberung von Hue und des dortigen Kaiserpalastes im Februar 1968, die im Zuge der Tet-Offensive von nordvietnamesischen Truppen und Vietkong kurzzeitig besetzt worden waren. Die Schlusssequenz blendet zum Spielercharakter über, der sich die Sendung an einem Fernsehapparat ansieht. Sein Kommentar ist der interpretatorische Fluchtpunkt der gesamten Kampagne: „Damn politicians! All those lives, all those friends – dead, for nothing!" Mit dem Betrachten des Fernsehbeitrages, der – wie im Beispiel aus *Men of Valor* – die Information der Bevölkerung in der Heimat repräsentiert, wird die Diskrepanz zwischen dem, was etwa Politiker von Außen wahrnehmen können, und dem, was die Soldaten auf dem Kriegsschauplatz erleben, unterstrichen. Das Schlusswort stellt einen Vorverweis auf die bevorstehende Niederlage der USA im Vietnamkrieg dar, die im Spiel nicht explizit thematisiert wird: „We could win, if they'd just let us."[202]

Trotz dieser engen Anbindungen und die Aufnahme von Topoi aus Vietnamkriegsfilmen können in den Computerspielen eigene dramaturgische Aspekte bei der Darstellung des Konfliktes ausgemacht werden. Auffallend ist etwa die starke Präsenz des Hubschraubers, speziell des ‚Bell UH-1', der vom US-Militär in großer Zahl für verschiedene Zwecke im Vietnamkrieg

---

200 Intro, in: *Conflict: Vietnam.*

201 Abspann, in: *Conflict: Vietnam.*

202 Mission *Der Palast*, in: *Vietcong 2.*

eingesetzt wurde, unter anderem für den Transport von Kampftruppen in die Einsatzgebiete.[203] Der ‚Huey', wie der Hubschraubertyp umgangssprachlich genannt wurde, ist als ikonographischer Ausdruck der US-Kriegsanstrengung in Vietnam eng mit der Erinnerungskultur an den Konflikt verknüpft.[204] Die Flugsimulation *Vietnam Med+Evac* widmet sich ganz diesem speziellen Hubschraubertyp: In den rund 100 Einzelmissionen des Spiels werden Verletzte geborgen, Truppen und Material transportiert, Eingeschlossene ausgeflogen und Patrouillenflüge absolviert.[205] Das Spiel stammt aus einer Reihe von Hubschraubersimulationen mit einem zivilen Hintergrund;[206] in *Vietnam Med+Evac* sind die simulativen Aspekte bei der Steuerung des Hubschraubers lediglich um den Kontext des Vietnamkrieges erweitert. Kampfhandlungen werden vom Spieler nicht vollzogen; die militärische Komponente beschränkt sich auf rein defensive Maßnahmen, um etwa Beschuss vom Boden zu entgehen. Mittelpunkt der Spielhandlung bleibt das „Präzisionsfliegen mit Tapferkeit und Mut, um ihren Huey zu schützen und unsere Jungs aus der Dschungelhölle herauszuholen", wie es der Verpackungstext beschreibt.[207]

In den Shootern, die im Vietnamkrieg angesiedelt sind, ist der Hubschrauber ein fester Bestandteil der Narrationen, auch wenn er hier eine gänzlich andere Funktion einnimmt. Als nahezu regelhaft verwendeter Topos ist in den Spielen der Absturz eines ‚Huey' als zentraler Teil der Narration zu beobachten. Über den Absturz selbst wird entweder in einem einleitenden Text berichtet, meist wird er jedoch aus dem Blickwinkel eines Insassen aufwändig inszeniert, indem die Kamera die Position des Spielercharakters einnimmt. Selbst physikalische Phänomene wie das Rotieren der

---

203 Siehe Art. *‚Helicopters'*, in: *Encyclopedia of the Vietnam War*, hrsg. von Stanley I. Kutler, New York 1996, 222-224.

204 Siehe Alasdair Spark: *Flight Controls. The Social History of the Helicopter as a Symbol of Vietnam*, in: Jeffrey Walsh/James Aulich (Hrsg.): *Vietnam Images. War and Representation*, New York 1989, 86-111.

205 *Vietnam Med+Evac* (PC), Entwicklung: InterActive Vision, Vertrieb: Just Flight, 2003.

206 Vgl. etwa *Search and Rescue 2* (PC), Entwicklung: InterActive Vision, Vertrieb: Swing! Entertainment Media, 2000; *Search & Rescue: Coastal Heroes* (PC), Entwicklung: InterActive Vision, Vertrieb: Global Star Software, 2002.

207 Text auf Verpackung, in: *Vietnam Med+Evac*.

Hubschrauberkabine um die eigene Achse bei einem Ausfall des Heckrotors werden hierbei teilweise in die Inszenierung eingebunden, wie etwa in *Men of Valor*.[208] Gleich zweimal wird das zu steuernde Team im Verlauf der Narration von *Conflict: Vietnam* mit dem Hubschrauber abgeschossen.[209] Auch in *Call of Duty: Black Ops*, einem Shooter, der episodenhaft in verschiedenen Konflikten des Kalten Krieges angesiedelt ist, beginnt die erste Mission zum Vietnamkrieg im Inneren eines abgeschossenen Hubschraubers, aus dem sich der Spielercharakter retten muss, da die Kabine in einem Fluss zu versinken droht.[210] In *Vietcong 2*, dem einzigen Titel, der neben der US-Kampagne eine Reihe von Mission aus der Sicht eines Vietkong-Kämpfers beinhaltet, muss der vietnamesische Spielercharakter den Überlebenden des Absturzes nachsetzen, nachdem seine Einheit einen ,Huey' abgeschossen hat.[211]

Wie besonders dieser seltene Perspektivwechsel in *Vietcong 2* zeigt, erfüllt der Hubschrauberabsturz in den Spielen zum Vietnamkrieg eine konkrete narrative Funktion, und nicht ohne Grund steht er in einer Reihe von Spielen am Beginn der Erzählung. Der Verlust des Hubschraubers nivelliert die technische Überlegenheit und kehrt somit die Machtverhältnisse asymmetrischer Kriegsführung um, indem er den Spielercharakter mit dem Dschungel auf einen Kampfplatz wirft, auf dem der zu bekämpfende Feind potentiell überlegen ist. Die Gegner sich hier – auch im Wortsinn – auf Augenhöhe miteinander konfrontiert, der Spielercharakter muss sich selbst die Guerilla-Taktik zu eigen machen, um erfolgreich sein zu können – ein Topos, der auch in zahlreichen Vietnamfilmen wie etwa *Rambo – First Blood* vorzufinden ist, in dem der Protagonist als heimgekehrter Veteran des Vietnamkrieges einen Rollentausch vollzieht und seinen Häschern in den Wäldern des US-amerikanischen Nordwestens mit den Mitteln der Guerilla-Taktik zu entkommen versucht.[212]

Eine ähnliche narrative Funktion erfüllt ein weiterer Topos, der in dieser gehäuften Form ebenfalls nur in den Spielen zum Vietnamkrieg aufzufinden ist: Der des ,unzuverlässigen Zivilisten'. In einer der ersten Missio-

---

208 Siehe hierzu Mission *Eagle Flight*, in: *Men of Valor*.

209 Siehe Missionen *Unheilvoller Mond* und *Die Zitadelle*, in: *Conflict: Vietnam*.

210 Mission *Victor Charlie*, in: *Call of Duty – Black Ops*.

211 Mission *Checkpoint*, in: *Vietcong 2*.

212 Siehe *Rambo – First Blood*.

nen des Shooters *Conflict: Vietnam* erhält das Team aus vier US-Soldaten, die jeweils als Spielercharakter ausgewählt werden können, den Auftrag, Vietkong-Kämpfer aus einem Dorf zu vertreiben.[213] Am Rand des Dorfes im vietnamesischen Dschungel werden die Soldaten freundlich von einem Ältesten begrüßt: „Willkommen, willkommen. Willkommen in unserem bescheidenen Dorf, GI. Kann ich Euch helfen?" Nachdem die Soldaten den Grund für ihren Besuch genannt haben, versichert der Dorfälteste wortreich, dass sich keine Vietkong im Dorf befänden: „Wir hassen die Vietcong. Vietcong töten und ermorden unsere Leute." Daraufhin fällt aus dem Hintergrund ein Schuss und der Alte sinkt getroffen zu Boden; Vietkong-Kämpfer, die sich – wie das folgende Gefecht zeigt – sehr zahlreich im Dorf befinden, haben ihn aus dem Hinterhalt erschossen. In der Mission, in der das Dorf von Vietkong gesäubert werden muss, können auch die im Dorf umherlaufenden Zivilisten erschossen werden, was ohne direkte Konsequenzen für die Spielhandlung bleibt; der Spielercharakter, der angewählt ist, gibt hierzu lediglich einen jeweils individuellen Kommentar ab. Eine dieser Anmerkungen zur Spielhandlung fasst die Situation zu Beginn der Mission zusammen, in der sich der Dorfälteste nur vorgeblich kooperativ verhält und versucht, die Soldaten zu täuschen: „Verdammt, ich hab einen Dorfbewohner getötet. Ich seh' einfach nicht, wer hier auf unserer Seite ist und wer nicht."

Ein weiteres, instruktives Beispiel für das Auftreten eines ‚unzuverlässigen Zivilisten' findet sich in *Men of Valor*. Bereits in der ersten Missionen des Spiels ist das Squad des Spielercharakters zu einer Aufklärungsmission unterwegs.[214] Auf dem Weg zu einem vietnamesischen Dorf wird einer der Soldaten durch eine ‚booby trap' getötet, eine am Wegrand verborgene Falle mit hervorschnellenden Spießen. Aus dem Dorf kommen dem Squad zwei Männer und eine Frau entgegen; die Vietnamesin wirft sich vor dem Offizier auf die Knie und fleht in gebrochenem Englisch: „We're not VC, GI Number One. Please do not kill us." Während der Offizier seinen Soldaten einschärft, die Dorfbewohner nicht aus Vergeltung zu attackieren, da sie mit dem Anschlag auf den Kameraden nichts zu tun hätten, wirft einer der Vietnamesen eine Granate; beim anschließenden Gefecht zeigt sich, dass jeder, der sich im Dorf befindet, mit einer Waffe in

---

213 Mission *Rambazamba im Dschungel*, in: *Conflict: Vietnam*.

214 Mission *Clearing the Hamlet*, in: *Men of Valor*.

der Hand die US-Soldaten angreift. Auch in weiteren Missionen von *Men of Valor* wandeln sich Zivilisten unvorhersehbar zu Kombattanten, die die Soldaten plötzlich angreifen; selbst aus Lastkähnen, auf denen sich Familien mit schreienden Kinder befinden, werden den Patrouillenbooten der US-Armee unvermittelt Brandsätze entgegen geschleudert.[215]

Abbildung 13: Abgeschossener und abgestürzter ‚Huey' in Men of Valor

Quelle: Screenshot aus *Men of Valor* (PC, Microsoft Xbox), Entwicklung: 2015 Inc., Vertrieb: Sierra Entertainment, 2004.

Der ‚unzuverlässige Zivilist' verdeutlicht in den Spielen als narratives Mittel die Bedingungen der Kriegsführung eines Gegner, der sich die Guerillataktik zueigen gemacht und die Unterscheidung zwischen regulären Truppen und der Zivilbevölkerung aufgelöst hat. Nicht uniformierte Zivilisten sind nicht mehr unmittelbar als friedlich oder feindselig erkennbar; ihre Kooperationsbereitschaft lässt, da sie sich meist als vorgetäuscht er-

---

215 Mission *Night Trip*, in: *Men of Valor*. Die entsprechende Szene ist offensichtlich einer Sequenz aus *Apocalypse Now* entlehnt.

weist, zunächst keine Rückschlüsse auf ihre tatsächlichen Absichten zu. Der ‚unzuverlässige Zivilist' fungiert daher in den Spielen als Ausdruck der feindseligen und unberechenbaren Umgebung eines Kriegsschauplatzes, der keine Front- und Kampflinien kennt, sondern allgegenwärtig ist. In diesem Zusammenhang ist auch zu sehen, dass eine Reihe von Spielen zum Vietnamkrieg auf der Seite der Gegner Frauen als Teil einer zivilen Gruppe darstellt, die einen bewaffneten Kampf gegen die vom Spieler gesteuerte Partei führt, sodass ein als bekannt vorausgesetztes, geschlechterspezifisches Merkmal für einen Kombattanten entfällt.[216]

Als Gegenbild des ‚unzuverlässigen Zivilisten' fügen zahlreiche Spiele diejenigen Bewohner Vietnams in die Narration ein, die sich loyal zur Sache der USA verhalten, die US-Truppen unterstützen und dementsprechend vor den Übergriffen des Vietkong beschützt werden müssen. Bei diesen ‚zuverlässigen Zivilisten' handelt es sich in einer Reihe von Spielen auffallend häufig um Montagnards, also um die indigene Bergbevölkerung, die im Grenzgebiet von Vietnam, Laos und Kambodscha und damit im Zentrum der Kämpfe im Vietnamkrieg siedelt. Die Montagnards sind erst vor rund 150 Jahren in ihre heutigen Siedlungsgebiete eingewandert; sie stellen eine eigene ethnische Gruppierung mit Sprachen und Dialekten dar, die mit dem Vietnamesischen linguistisch nur entfernt verwandt sind. Ihre kulturelle Eigenständigkeit gegenüber den Vietnamesen wird auch in den Spielen betont: So findet das im Dschungel gestrandete Einsatzteam in *Conflict: Vietnam* in einem Montagnard-Dorf Unterschlupf und hilft den Bewohnern, eine ‚Heilige Statue' wiederzubeschaffen, die von Vietkong geraubt worden ist.[217] Nicht selten dient die Darstellung der Unterdrückung der Montagnards als Legitimationsgrundlage für den Kampf gegen die Vietkong. Die Narration des First-Person-Shooters *Line of Sight: Vietnam* etwa ist beinahe vollständig um den Schutz von Montagnard-Dörfern vor den Übergriffen des Vietkong aufgebaut. Der ethnischen Minderheit dabei zu helfen,

---

216 Ein Beispiel hierfür findet sich neben den genannten bei *Shellshock. Nam '67*. Zur Rolle vietnamesischer Frauen im Vietnamkrieg siehe Sandra C. Taylor: *Vietnamese Women at War. Fighting for Ho Chi Minh and the Revolution*, Lawrence 1999.

217 Mission *Heilige Statue*, in: *Conflict: Vietnam*. Vgl. die nahezu deckungsgleiche Wiederaufnahme dieses Handlungsmotivs in Mission *Sacred Statue*, in: *Operation Vietnam*.

das Joch des Vietkong abzuschütteln, wird abschließend zum eigentlichen
Kriegsziel stilisiert: „Protecting those villagers is what this war is all
about", sinniert der Spielercharakter im Abspann des Spiels. „Somehow, I
wanna believe that we're helping to win this war, that the battle that we
won here has made a difference. I will never forget this place."[218]

Eine militärische Beteiligung der Montagnards am Vietnamkrieg an der
Seite der USA hat es historisch tatsächlich gegeben. Die CIA bildete seit
1961 die Angehörigen ethnischer Minderheiten zu einer paramilitärischen
‚Civilian Irregular Defense Group' (CIDG) aus, um die Aktivitäten der sich
verbreitenden Vietkong abzuwehren. Unter den Teilnehmern des Pro-
gramms waren zahlreiche Montagnards, die den Versuchen politischer Ein-
flussnahme sowohl Nord- als auch Südvietnams ablehnend gegenüberstan-
den.[219] Der First-Person-Shooter *Vietcong* referiert direkt auf das Programm, indem in der Narration gezeigt wird, wie US-Spezialeinheiten versuchen, Montagnard-Dörfer für eine Zusammenarbeit zu gewinnen. „Inte-
ressante Leute, diese Montagnards", erklärt ein US-Offizier auf dem Weg
zu einem der Dörfer. „Es war eine gute Idee, aus diesen Stämmen die
CIDG-Soldaten zu rekrutieren. Sie sind wirklich mutige Kämpfer."[220] In
Elite Warriors: Vietnam übernehmen die Montagnards auch eine aktive
Rolle im Krieg: Zu Beginn der Missionen kann der Spieler ein vierköpfiges
Team zusammenstellen und aus einem Pool von Figuren wählen, deren
unterschiedliche Fähigkeiten in einem Steckbrief vermerkt sind. Zwei der
vier Teammitglieder sind dabei in jedem Einsatz Montagnards. „Like all
Montagnards, he's a born hunter and tracker, making him a superb recon
man", wird etwa einer der wählbaren Spielercharaktere beschrieben.[221]

Elite Warriors: Vietnam fußt ausdrücklich auf dem autobiographischen
Erlebnisbericht von John Plaster, einem ehemaligen Mitglied der geheim

---

218 Abspann, in: *Line of Sight: Vietnam* (PC), Entwicklung: nFusion Interactive,
     Vertrieb: Atari Europe, 2003.

219 Siehe Oscar Saleminsk: *The Ethnography of Vietnam's Central Highlanders.*
     A Historical Contextualization 1850-1990, London et al. 2003, 179-205.

220 Mission *Sanitätspatrouille*, in: *Vietcong* (PC), Entwicklung: Illusion Soft-
     works und Pterodon, Vertrieb: Gathering of Developers, 2003. Vgl. auch Mis-
     sion *Drei Cañons*, in: *Vietcong*.

221 Auswahlmenü, in: *Elite Warriors: Vietnam* (PC), Entwicklung: nFusion Inter-
     active, Vertrieb: Bold Games, 2005.

operierenden US-Spezialeinheit ‚Studies and Observation Group' (SOG), die auch im Mittelpunkt des Spiels steht.[222] Dass das Spiel die Montagnards überaus positiv darstellt und prominent in Szene setzt, ist vor diesem Hintergrund kaum verwunderlich: Insbesondere in den Kreisen der ‚Special Forces', die in Vietnam eingesetzt waren, besteht eine geradezu mythisierte Sicht auf die freundschaftliche Zusammenarbeit der US-Truppen mit den Montagnards, die als Topos durch die vielfältige autobiographische Erinnerungsliteratur verfolgt werden kann.[223] Diese Wahrnehmung der Montagnards als loyaler Teil der Bevölkerung, der sich auch ethnisch und kulturell disparat zu den Vietnamesen verhält und im Konflikt eine dritte Partei darstellt, wird von den Spielen zum Vietnamkrieg durchgängig aufgenommen. Der Darstellung der Montagnards kommt hierbei eine legitimierende Funktion in der Beschreibung des US-Kriegseinsatzes in Südostasien zu: Als indigene Gruppe, die im Gegensatz zu den ‚unzuverlässigen Zivilisten' eindeutig an der Seite der USA stehen, die Vietkong ablehnen und deshalb vor ihnen geschützt werden müssen, bilden die Montagnards eine plakative Begründung für das militärische Engagement der USA in einem südostasiatischen Bürgerkrieg.

Die Computerspiele zum Vietnamkrieg zeigen eine erstaunliche Dichotomie: Zum einen orientieren sie sich am stärksten an erinnerungskulturellen Ausdrucksformen anderer Medien. Die Vietnamkriegsfilme bleiben in vielfacher Hinsicht sichtbare Vorlagen für die Spiele, die Musik, Handlungsstränge und gesamte Sequenzen aus den bekanntesten filmischen Vertretern importieren. Zum anderen zeichnen sich die Spiele durch die Etablierung eigener narrativer Topoi und Darstellungsmittel aus: Während der ‚unzuverlässige Zivilist' die auch erinnerungskulturell verankerten Bedingungen der Kriegsführung in Vietnam narrativ verdeutlicht, scheint der Hubschrauberabsturz als ikonographisches Symbol eine Eigenentwicklung der Spiele zu sein, die in annähernd jedem Titel zu beobachten ist. Mit dem Entfernen einer Ausdrucksform asymmetrischer Kriegsführung entledigen sich die Spiele damit der technologischen Überlegenheit der zu steuernden

---

222 Siehe John L. Plaster: *Secret Commandos. Behind Enemy Lines with the Elite Warriors of SOG*, New York 2004. Ein Auszug des Buches in Textform befindet sich als ‚Bonus' auf der Spiele-CD. Vgl. weiterhin John L. Plaster: *SOG. The Secret Wars of America's Commandoes in Vietnam*, New York 1997.

223 Siehe Salemink, *Vietnam's Central Highlanders*, 205-210.

Kriegspartei, die dem Wettbewerbsgedanken eines Spiels in seiner Anlage im Wege stehen würde. Als narrativer Bestandteil fügt sich dies jedoch auch nahtlos in die selbstreferentielle und auf Individuen konzentrierte Darstellung eines Konfliktes ein, der aus Sicht der gesteuerten Kriegspartei verloren ging und in einem unüberblickbaren Schauplatz stattfand, auf dem der technischen Überlegenheit eine nur geringe Relevanz zukam. „Wir haben die Waffen", merkt so ein Soldat in *Conflict: Vietnam* an. „Aber wenn man den Feind nicht sehen kann, dann bringt auch die beste Ausrüstung nichts."[224]

DUCK AND COVER – DER KALTE KRIEG

Der Dritte Weltkrieg lässt sich nicht mehr verhindern. In Stanley Kubricks Film *Dr. Strangelove or: How I Learned to Stop Worrying and Love the Bomb* aus dem Jahr 1964 befiehlt ein paranoider General der US-Luftwaffe seiner Bomberstaffel einen Angriff auf die Sowjetunion.[225] Als der US-Präsident daraufhin den sowjetischen Botschafter konsultiert, um einen Atomkrieg zu vermeiden und den Konflikt diplomatisch zu lösen, wird ihm eröffnet, dass die Sowjetunion als ultimative Abschreckungswaffe eine ‚Doomsday Machine' entwickelt habe. Diese zerstöre im Falle eines Angriffs automatisch, unwiderruflich und durch Computer gesteuert alles Leben auf der Erde. Als die Versuche scheitern, die Bomber zurückzurufen, bleibt den Insassen des ‚War Room' im Washingtoner Pentagon nur noch, über das Dasein nach der atomaren Katastrophe zu fabulieren: Um den Fortbestand der Menschheit zu sichern, sollen ausgewählte Personen 100 Jahre lang in Bergwerksstollen ausharren und auf das Abklingen der Folgen des Atomkriegs warten.[226]

---

224 Mission *Geisterstadt*, in: *Conflict: Vietnam.*

225 *Dr. Strangelove or: How I Learned to Stop Worrying and Love the Bomb*, Regie: Stanley Kubrick, Großbritannien 1964.

226 Siehe auch Paul Boyer: *Dr. Strangelove*, in: Mark C. Carnes (Hrsg.): *Past Imperfect. History According to the Movies*, New York 1995, 266-269; Charles Maland: *A Shifting Sensibility. Dr. Strangelove: Nightmare Comedy and the Ideology of Liberal Consensus*, in: Stephen Mintz/Randy Roberts:

Kubricks Satire entstand unter dem Eindruck der Kubakrise von 1962, als sich die USA und die Sowjetunion tagelang am äußersten Rand einer kriegerischen und damit atomaren Konfrontation befunden hatten.[227] Die grotesk erscheinenden Grundkonstellationen, die die Welt in den Abgrund driften lassen, mussten in *Dr. Strangelove* nur wenig überzeichnet werden: Der Kalte Krieg zwischen den USA, der Sowjetunion und ihren Machtblöcken als einer Auseinandersetzung, die sich in wechselnder Intensität unterhalb der Schwelle zum offenen Krieg befand, war geprägt durch das Wettrüsten der Supermächte, die nukleare Abschreckungsstrategie, die einen Angriff zu einem inakzeptabel hohen Risiko werden lassen sollte, und das diplomatische Abtasten und Austesten des Gegners. Computerspiele, die in der Zeit des Kalten Krieges angesiedelt sind, finden daher keine historischen Ansatzpunkte für dessen Darstellung als kriegerische Konfrontation zwischen den Supermächten; obwohl die Auseinandersetzung maßgeblich durch die militärische Aufrüstung bestimmt und geführt wurde, blieb der Kalte Krieg zwischen den USA und der Sowjetunion ein ‚Nicht-Krieg'.

Die Ära des Kalten Krieges war dennoch keineswegs eine friedliche Zeit. Militärische Konflikte fanden in Form von Stellvertreterkriegen statt, also in kriegerischen Auseinandersetzungen, an denen nur eine der beiden Supermächte direkt beteiligt war, während die gegnerische Seite von der jeweils anderen Supermacht materiell, finanziell oder durch Berater unterstützt wurde. Bei der Konzeption von Computerspielen scheinen diese „heißen Kriege im Kalten Krieg" als historischer Hintergrund nur wenig interessant zu sein,[228] wenn man vom erinnerungskulturell stark präsenten Vietnamkrieg absieht. Im Fall des Koreakrieges parallelisieren die Computerspiele hierbei den Stellenwert der gesamtgesellschaftlichen Erinnerung an den Konflikt in den USA: Eines der wenigen Spiele, das sich dem Ko-

---

Hollywood's America. Twentieth Century America Through Film, 4. Aufl., Malden 2010, 243-254.

227 Als Überblick über die Kubakrise siehe Max Frankel: *High Noon in the Cold War. Kennedy, Khrushchev, and the Cuban Missile Crisis*, New York 2005; Bernd Greiner: *Die Kuba-Krise. Die Welt an der Schwelle zum Atomkrieg*, München 2010.

228 Bernd Greiner/Christian Th. Müller/Dierk Walter (Hrsg.): *Heiße Kriege im Kalten Krieg*, Hamburg 2006.

reakrieg zuwendet, nimmt bereits in seinem Titel *Korea – Forgotten Conflict* darauf Bezug,[229] dass er in der Erinnerungslandschaft als weitgehend „vergessener Krieg" gilt;[230] zwischen den beiden Polen des als heroisch gedeuteten Zweiten Weltkrieges und des als traumatisch empfundenen Vietnamkrieges fällt der Koreakrieg „innerhalb der tradierten amerikanischen Gedenkkultur aus dem Rahmen".[231] Obwohl bei den Machern von *Korea – Forgotten Conflict* offenbar ein Bewusstsein für die nachrangige Bedeutung besteht, die der Koreakrieg in der Erinnerungskultur zu Kriegen des 20. Jahrhunderts innehat, kann in dem taktisch orientierten Strategiespiel nicht das Bemühen entdeckt werden, diesen Umstand durch das Bereitstellen von Informationen zu verändern. Der Koreakrieg bleibt im Spiel ein weitgehend austauschbares Szenario, und trotz der obligatorischen Beteuerung, dass „Daten, historische Ereignisse und alle im Spiel benutzten Gegenstände [...] sich so nah wie möglich an der Wirklichkeit" orientieren würden sowie einer Widmung für all jene, die „in diesem blutigen Kampf ihr Leben ließen", bleibt eine Einführung in Kontext und Verlauf des Koreakrieges auf eine Auflistung der Kriegsteilnehmer und der Opferzahlen beider Seiten beschränkt. „Für genauere Informationen über den Korea-

---

229 *Korea – Forgotten Conflict* (PC), Entwicklung: Plastic Reality Technologies, Vertrieb: Tri Synergy, 2003.

230 Siehe ausführlich Paul M. Edwards: *To Acknowledge a War. The Korean War in American Memory*, Westport 2000. Edwards plädiert dafür, im Fall des Koreakrieges nicht von einem ‚vergessenen Krieg', sondern von einem „ignored war" zu sprechen. Vgl. weiterhin mit dem zusätzlichen Blick auf die koreanische Perspektive Philip West/Suh Ji-Moon (Hrsg.): *Remembering the ‚Forgotten War'. The Korean War through Literature and Art*, Armonk 2001; weiterhin Bruce Cumings: *The Korean War. A History*, New York 2010. Auch die erste deutschsprachige Gesamtdarstellung zum Koreakrieg nimmt den Topos des ‚vergessenen Krieges' bereits im Titel auf. Siehe Rolf Steininger: *Der vergessene Krieg. Korea 1950-1953*, München 2006.

231 Zum erinnerungskulturellen Stellenwert des Koreakrieges in den USA siehe Hubertus Büschel: *Ein vergessener Krieg? Erinnerungen an den Koreakrieg in den USA*, in: Christoph Kleßmann/Bernd Stöver (Hrsg.): *Der Koreakrieg. Wahrnehmung – Wirkung – Erinnerung*, Köln et al. 2008, 192-210.

krieg", wird in einem Hinweis im Handbuch gefordert, „wenden Sie sich bitte an offizielle Quellen zu diesem Thema."[232]

Das taktische Strategiespiel *Cold War Conflicts* führt den Spieler gleich an mehrere „Krisenherde des Kalten Krieges".[233] Von den vier Kampagnen des Titels sind zwei im Koreakrieg angesiedelt – der Spieler dirigiert jeweils US-amerikanische und nordkoreanische Truppen durch die Missionen – und zwei weitere im Nahen Osten. Mit dem Sechstagekrieg 1967 und dem Jom-Kippur-Krieg 1973 wählt *Cold War Conflicts* dabei zwei der arabisch-israelischen Kriege als Rahmen für zwei der Kampagnen aus, die weder häufig in Computerspielen präsent sind noch zu den Stellvertreterkriegen gezählt werden, in denen die Supermächte versuchten, die Verbreitung der eigenen Ideologie zu forcieren.[234] Über die Hintergründe und den Verlauf des Nahostkonfliktes schweigt sich das Spiel weitgehend aus; die Kriege bieten lediglich die Schauplätze an, an denen der Spieler militärstrategische Probleme lösen muss. Der Titel *Cold War Conflicts* scheint sich somit nur auf den zeitlichen Rahmen zu beziehen, in den die dargestellten Kriege fielen und der sie mit einander verbindet.

Als Konfrontation zwischen den Supermächten, jedoch ganz auf die Ebene militärischer Geheimdienste verlegt, die sich in einem inoffiziellen, auf der ganzen Welt stattfindenden Krieg gegenüberstehen, zeigt der First-Person-Shooter *Call of Duty – Black Ops* den Kalten Krieg.[235] Der Spielercharakter blickt hier bei einem Verhör im Jahr 1968 auf seine Einsätze zurück, die den narrativen Rahmen der spielbaren Missionen darstellen. Die aufwändig inszenierten Episoden umfassen die gezielte, vermeintliche Tötung Fidel Castros während der Invasion in der Schweinbucht im April 1961, der sich später als Doppelgänger des kubanischen Revolutionsführers entpuppt,[236] einen Angriff auf den sowjetischen Weltraumbahnhof im kasa-

---

232 Handbuch, in: *Korea – Forgotten Conflict.*

233 Text auf Verpackung, in: *Cold War Conflicts – Days in the Field 1950-1973* (PC), Entwicklung: Red Ice, Vertrieb: Most Wanted Games, 2003.

234 Zum Nahostkonflikt vor dem Hintergrund des Kalten Krieges siehe Bruce Kuniholm: *Die Nahostkriege, der Palästinakonflikt und der Kalte Krieg*, in: Greiner/Müller/Walter, *Heiße Kriege*, 442-468.

235 *Call of Duty – Black Ops.*

236 Mission *Operation 40*, in: *Call of Duty – Black Ops.*

chischen Baikonur, bei dem die Sojus 1-Rakete zerstört wird,[237] mehrere Missionen in Südostasien während des Vietnamkrieges sowie ein Treffen mit Verteidigungsminister Robert McNamara und US-Präsident John F. Kennedy im Pentagon, bei dem das Spiel bereits auf dessen bevorstehende Ermordung referiert.[238] Das übergeordnete Ziel der gesamten Handlung – zu verhindern, dass Schläfer, die nach einer Gehirnwäsche von sowjetischen Militärs in die USA eingeschleust worden sind, eine biochemische Waffe freisetzen – weist unübersehbare Gegenwartsbezüge zu Bedrohungsszenarien auf, die sich nach den Anschlägen des 11. September 2001 und dem ‚War on Terror' in den westlichen Gesellschaften verbreiteten. *Call of Duty – Black Ops* ergänzt realgeschichtliche Ereignisse um rein fiktive Versatzstücke und kombiniert sie zu einer neuen Narration, die in einem geheimdienstlichen Rahmen platziert wird. Wie bereits der Titel des Spiels unterstreicht, soll dadurch ein Teil der Geschichte des Kalten Krieges beleuchtet werden, der durch seinen dezidiert inoffiziellen und dem Blick der Öffentlichkeit verborgenen Charakter besonders viel Raum für Spekulationen, Mythen und Projektionsflächen bereitstellen kann.

Computerspiele, die über diese klandestinen Operationen von militärischen Geheimdiensten hinaus eine offene Konfrontation zwischen den USA und der Sowjetunion zeigen möchten, bewegen sich zwangsläufig auf dem Terrain der ‚Alternate History'. Eine Flugsimulation wie *Wings Over Europe – Cold War: Soviet Invasion* kann die Frage „Was wäre, wenn der Kalte Krieg ein richtiger Krieg gewesen wäre?" beantworten, indem sie schlicht die Flugzeuge der 1960er und 1970er Jahre in Luftkämpfen gegeneinander antreten lässt.[239] Kurze Texte zu Beginn der drei spielbaren Kam-

---

237 Mission *Präsidentenerlass*, in: *Call of Duty – Black Ops*. Die Mission spielt auf den realhistorischen Absturz der Sojus 1 beim Versuch der Landung im April 1967 an. Im Spiel schießen die Mitglieder des Einsatzteams die Rakete beim Start vom Boden aus ab; die Mission ist auf einen Tag im November 1963 datiert.

238 Mission *Pentagon*, in: *Call of Duty – Black Ops*. Als Kennedy einen Besprechungsraum im Pentagon betritt, werden auf einem Bildschirm hinter ihm blitzlichtartig Bilder von Lee Harvey Oswald sowie von seiner Fahrt im offenen Wagen durch Dallas unmittelbar vor dem Attentat eingeblendet.

239 Text auf Verpackung, in: *Wings Over Europe – Cold War: Soviet Invasion* (PC), Entwicklung: Third Wire Productions, Vertrieb: Bold Games, 2006. Das

pagnen umreißen lediglich die kontrafaktischen Szenarien, indem sie die Gründe für den Kriegsausbruch zwischen den Supermächten beschreiben: 1962 eskaliert die Kubakrise, nachdem die US-Marine einen sowjetischen Frachter versenkt hat, 1968 fühlt sich die Sowjetunion durch das Nichteingreifen des Westens bei der gewaltsamen Niederschlagung des ‚Prager Frühlings' zu einem Angriff ermutigt und 1979 sieht Leonid Breschnew als führender Kopf der Sowjetunion schlicht eine günstige politische Großwetterlage gekommen, um „die sowjetische Vormachtstellung auf ganz Europa auszuweiten".[240] Auf den Verlauf der Missionen, die zu den Kampagnen zusammengefügt sind, nehmen diese Ausgangslagen nur insofern Einfluss, als dass sie mit der Nennung einer konkreten Jahreszahl festlegen, welche realhistorischen Flugzeugtypen in den Einsätzen auftauchen.

Strategiespiele, in denen die Missionen zu durchlaufenden Erzählungen verknüpft sind, stehen bei der Beschreibung eines kontrafaktischen Krieges zwischen den Supermächten vor einem größeren narrativen Aufwand, wenn Ausbruch und Verlauf eines Dritten Weltkrieges erklärt werden sollen. *Codename: Panzers – Cold War* wählt die Frühphase des Kalten Krieges, der im Spiel während der Berlin-Blockade im April 1949 eskaliert. Das Intro zeigt die Kollision eines US-amerikanischen Versorgungsflugzeug und eines sowjetischen Abfangjägers über Berlin, dem der massive Vormarsch der Roten Armee in die Westsektoren der Stadt und Deutschlands folgt.[241] Im weiteren Verlauf der Handlung von *Codename: Panzers – Cold War* ist es das Hauptziel der Missionen zu verhindern, dass die Sowjetunion in den Besitz einer Atombombe kommt – der Einsatz von Nuklearwaffen durch die USA wie etwa gegen Japan im Zweiten Weltkrieg wird ausdrücklich ausgeschlossen. Eine ähnliche Struktur der Handlung findet sich in *World in Conflict*, auch wenn das Strategiespiel den kontrafaktischen Ausbruch des Dritten Weltkrieges an das realhistorische Ende des Kalten Krieges

---

Spiel erschien in den USA mit dem Untertitel *Cold War Gone Hot*. Vgl. auch Add-On *Microsoft Flight Simulator 2000: Air Power – The Cold War* (PC), Entwicklung: AlphaSim, Vertrieb: Microsoft, 2001.

240 Beschreibung der Kampagnen *Operation Roter Donner*, *Operation Roter Hammer* und *Operation Roter Blitz*, in: *Wings over Europe – Cold War: Soviet Invasion*.

241 Intro, in: *Codename: Panzers – Cold War*.

verlegt.[242] Die wankende Sowjetunion versucht hier im Jahr 1989 ihren Untergang durch einen massiven Militärschlag gegen den Westen abzuwenden – unter anderem etablieren sowjetische Truppen einen Brückenkopf im US-amerikanischen Nordwesten, indem sie Seattle und dessen Umland einnehmen. Wie in *Codename: Panzers – Cold War* wird der Dritte Weltkrieg zwischen den Supermächten in *World in Conflict* nicht nuklear ausgetragen, sondern bleibt ein hauptsächlich mit konventionellen Waffen ausgetragener Konflikt. Während das Spiel erläutert, dass die NATO-Mitglieder schlicht keinen atomaren Krieg wünschen, erklärt es die Zurückhaltung der Sowjets mit ihrem Glauben, dass die 1983 maßgeblich von US-Präsident Ronald Reagan ins Leben gerufene ‚Strategic Defense Initiative' (SDI) zum Aufbau einer Raketenabwehr erfolgreich umgesetzt worden sei – ein Nuklearschlag unterbleibt im Spiel also nur, weil die sowjetischen Militärstrategen davon ausgehen, dass ein Angriff mit Atomwaffen keinen Erfolg haben und einen Vergeltungsschlag provozieren würde.[243] Um das Geheimnis zu wahren, dass ein funktionsfähiger Schutzschild nicht existiert, gehen die USA im Spiel bis zum Äußersten: Als die Rote Armee von ihrem Brückenkopf in Seattle auf das Forschungszentrum vorrückt, in dem am SDI-Programm gearbeitet wird, bringen die US-Militärs auf eigenem Boden eine taktische Atombombe zur Detonation, um den Vormarsch der übermächtig erscheinenden Sowjetarmee zu stoppen.[244] Der Nuklearkrieg wird paradoxerweise mit den Mitteln der nuklearen Kriegsführung verhindert.

Das SDI-Programm wird häufig als ein gewichtiger Faktor bei der Beendigung des Kalten Krieges gewertet, da es das militärische Gleichgewicht zwischen den Supermächten verschoben und bereits die Ankündigung, ein Raketenschild entwickeln und errichten zu wollen, der Sowjetunion verdeutlicht habe, dass ihre wirtschaftlichen Möglichkeiten nicht mehr dazu ausreichten, um im nuklearen Wettrüsten mit den USA Schritt zu halten. Reagan stellte das SDI-Programm im März 1983 der Öffentlichkeit als friedensstiftende Maßnahme vor: Die Wissenschaftler, die dem Land die

---

242 *World in Conflict.*

243 Zum SDI-Programm siehe Josef Gerner: *Informationen aus dem Weltraum. Die neue Dimension des Gefechts*, Herford 1990; Frances Fitzgerald: *Way Out There In the Blue. Reagan, Star Wars and the End of the Cold War*, New York 2000.

244 Missionen *In die Berge* und *Das letzte Gefecht*, in: *World in Conflict.*

Atombombe in die Hände gegeben hätten, rief Reagan dazu auf „to turn their great talents now to the cause of mankind and world peace, to give us the means of rendering these nuclear weapons impotent and obsolete".[245] *World in Conflict* vertritt in seiner Handlung den Standpunkt, dass dieses Kalkül im Falle einer Konfrontation zwischen den Supermächten aufgegangen wäre. Bereits die falsche Annahme, die Defensivmaßnahmen der USA seien funktionsfähig und würden einen atomaren Angriff wirkungslos werden lassen, sorgt zwar nicht für Frieden, begrenzt den Konflikt jedoch auf eine konventionelle Kriegsführung. Die USA nehmen hierfür im Spiel sogar die radioaktive Verstrahlung des eigenen Landes in Kauf und erbringen ein Opfer, das in der entsprechenden Mission zusätzlich durch eine kleine Gruppe von Soldaten symbolisiert wird, die in einer fiktiven Stadt mit dem bezeichnenden Namen ‚Cascade Falls' zurückbleibt, um dem Bomber die Zielkoordinaten für den Nuklearschlag anzuzeigen.[246] Die Wirkung dieser Aktion parallelisiert die Psychologie der atomaren Abschreckungsstrategie. „Ein Atombombeneinsatz im eigenen Land – Irrsinn, in einer Größenordnung, die nicht einmal unseren eigenen Generälen zuzutrauen wäre", erklärt ein sowjetischer General in einer Erweiterung zu *World in Conflict*, die dem Spiel Missionen aus der Perspektive der Roten Armee hinzufügt.[247] „Die Bombe zerstörte endgültig alle Träume von einem Sieg in Amerika."[248]

Neben der Festlegung, dass eine kriegerische Eskalation des Kalten Krieges von der Sowjetunion ausgegangen wäre, ist bei beiden Strategiespielen die Darstellung des Willens der Supermächte auffällig, einen Nuklearkrieg zu führen: Während die USA und ihre NATO-Verbündeten in den Spielen den Einsatz von Atomwaffen unbedingt ausschließen – auch dann, wenn sie wie im Fall von *Codename: Panzers – Cold War* keine nukleare Vergeltung zu befürchten haben – wird in den Narrationen beider Titel betont, dass die Sowjetunion aus jeweils unterschiedlichen Gründen zwar nicht mit Atomwaffen angreifen kann, dies jedoch ohne zu Zögern tun

---

245 Ronald Reagan: *Address to the Nation on Defense and National Security*, 23.03.1983, in: Weekly Compilation of Presidential Documents 19/12, 442-448, hier 448.

246 Mission *Das letzte Gefecht*, in: *World in Conflict*.

247 Add-On *World in Conflict: Soviet Assault*.

248 Mission *Brudermord*, in: *World in Conflict: Soviet Assault*.

würde, sobald sich die Gelegenheit dazu böte. Die Spiele reproduzieren damit eine westliche, zeitgenössische Perspektive auf den Kalten Krieg, in der die Sowjetunion als „Empire of Evil", wie es Reagan 1983 formulierte,[249] wahrgenommen wurde, dessen undemokratische und expansiv ausgerichtete Ideologie das Vorhalten gewaltiger nuklearer Erst- und Zweitschlagkapazitäten notwendig gemacht habe. Aus Sicht des Westens dienten die Nuklearwaffen lediglich der defensiven Abschreckung, die – wie die Spiele es interpretieren – selbst im Fall eines sowjetischen Angriffes nicht in einer kriegerischen Auseinandersetzung eingesetzt worden wären.

Während bei den genannten Beispielen eine Konfrontation zwischen den beiden Blöcken als konventioneller Krieg dargestellt wird, dessen Ziel es außerdem ist, einen umfassenden Einsatz von Atomwaffen zu verhindern, bieten Globalstrategiespiele ohne lineare Struktur auch die Möglichkeit eines Einsatzes von Nuklearwaffen an – „when diplomacy fails", wie eine Beschreibung von *Supreme Ruler: Cold War* unterstreicht.[250] Der Spieler kann bei diesem Titel entscheiden, ob er das jeweilige Kampagnenziel – den Einfluss des eigenen Machtblockes auf der bipolar aufgeteilten Weltkarte auf den anderen auszudehnen – mit militärischen Mitteln erreichen möchte oder ob er im Kampf der Systeme mit einem politischen und wirtschaftlichen Vorgehen austragen möchte. Einen möglichen Dritten Weltkrieg stellt *Defcon* im Gegensatz zu allen anderen Spielen als reinen Nuklearkrieg dar.[251] Das Strategiespiel aus dem Jahr 2006 ist grafisch schlicht gehalten: Auf einer Weltkarte, die lediglich aus den Umrissen der Kontinente und durch Rauten symbolisierten Städten besteht, platziert der Spieler zunächst Raketensilos, Radarstationen, Flughäfen und Flotten an strategisch günstig erscheinenden Orten des ihm zugewiesenen Gebietes. Als Countdown reduzieren sich im Hintergrund der Spielrunde die verschiedenen Stufen der Skala der ‚Defense Readiness Conditions' (DefCon) des US-

---

249 Ronald Reagan: *Address to the National Association of Evangelicals*, 08.03.1983, in: Weekly Compilation of Presidential Documents 19/10, 364-370, hier 369.

250 Text auf Verpackung, in: *Supreme Ruler: Cold War* (PC), Entwicklung: BattleGoat Studios, Vertrieb: Paradox Interactive, 2011.

251 *Defcon. Global Thermonuclear War* (PC), Entwicklung: Introversion Software, Vertrieb: Valve, 2006.

amerikanischen Militärs. DefCon 1, die Stufe der maximalen Einsatzbereit-schaft, die in der Realität noch nie ausgerufen wurde, ist gleichbedeutend mit dem Kriegszustand und der Durchführung eines massiven Nuklear-schlages. Der Spieler kann nun mit den ihm zu Verfügung stehenden Mit-teln gegnerische Städte bombardieren und militärische Einrichtungen an-greifen. Eine Abwehr des gegnerischen Angriffs ist in begrenztem Umfang möglich, indem Abfangjäger feindliche Bomber abschießen und Raketen-silos, die auf einen ‚Verteidigungsmodus' geschaltet sind, anfliegende Nuklearraketen zerstören können. Die Spielrunde endet, sobald alle Par-teien ihr gesamtes Atomwaffenarsenal zum Einsatz gebracht haben.

Abbildung 14: Ausschnitt aus dem Handbuch von Defcon

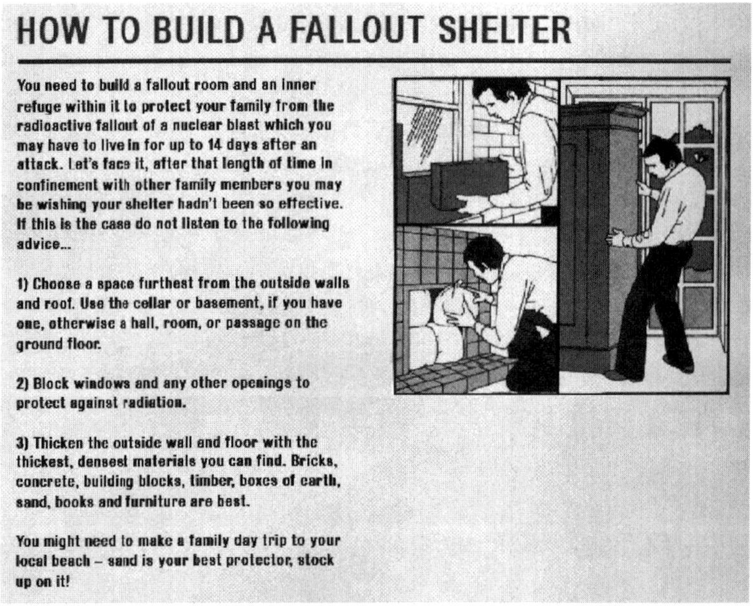

HOW TO BUILD A FALLOUT SHELTER

You need to build a fallout room and an inner refuge within it to protect your family from the radioactive fallout of a nuclear blast which you may have to live in for up to 14 days after an attack. Let's face it, after that length of time in confinement with other family members you may be wishing your shelter hadn't been so effective. If this is the case do not listen to the following advice...

1) Choose a space furthest from the outside walls and roof. Use the cellar or basement, if you have one, otherwise a hall, room, or passage on the ground floor.

2) Block windows and any other openings to protect against radiation.

3) Thicken the outside wall and floor with the thickest, densest material you can find. Bricks, concrete, building blocks, timber, boxes of earth, sand, books and furniture are best.

You might need to make a family day trip to your local beach – sand is your best protector, stock up on it!

Quelle: Handbuch von *Defcon. Global Thermonuclear War* (PC), Entwicklung: Introversion Software, Vertrieb: Valve, 2006.

Der Spieler steuert in *Defcon* die Geschicke ganzer Kontinente, nicht der Supermächte oder ihrer Blöcke. Die Verknüpfung mit dem historischen Kontext des Kalten Krieges wird im Umfeld des Spiels vor allem im Hand-buch vorgenommen, das im Stil einer Zivilschutzbroschüre der 1950er

Jahre gehalten ist: Zwischen den Anleitungen für das Spiel finden sich hier Empfehlungen für Vorbereitungen auf einen Atomkrieg, die durch Grafiken illustriert sind. Neben einer Erklärung der Wirkung von Fallout, einer Auflistung von Gegenständen für ein ‚Survival Kit' und einer Bauanleitung für einen Schutzraum sind auch ‚Nuclear Exchange Survival Tips' aufgeführt. Hier wird besonders – grafisch durch Kapitale hervorgehoben – empfohlen: „Duck and Cover".[252] Das Handbuch spielt hierbei auf eine der berühmtesten Kampagnen der US-amerikanischen Zivilschutzbehörde aus dem Jahr 1951 mit eben diesem Titel an, in der die Zeichentrickschildkröte Bert Schulkindern das richtige Verhalten im Fall eines atomaren Angriffs der Sowjetunion vermitteln sollte.[253]

Defcon ist trotz des Fehlens einer durchgängigen Narration deutlich an den Spielfilm *WarGames* aus dem Jahr 1983 angelehnt.[254] Im Film wird die Steuerung der US-amerikanischen Nuklearstreitkräfte dem Computersystem WOPR (War Operation Plan Response) übertragen, nachdem Ernstfallübungen gezeigt haben, dass fast ein Viertel der Besatzungen der Raketensilos den Befehl zum Abfeuern der Raketen selbst im Fall eines sowjetischen Erstschlages aus moralischen Skrupel heraus nicht ausführt. Das Computersystem beinhaltet ein Simulationsprogramm, das Erstschlagszenarien und strategisch günstige Reaktionen auf einen sowjetischen Angriff errechnen kann. Ein technikbegeisterter Jugendlicher hackt sich in das System ein und glaubt, ein Computerspiel vor sich zu haben; als er das vermeintliche Spiel auf der Seite der Sowjetunion beginnt, löst er damit umfangreiche Vorbereitungen des Computersystems für einen Vergeltungs-

---

252 Handbuch, in: *Defcon*.

253 Siehe Kenneth D. Rose: *One Nation Underground. The Fallout Shelter in American Culture*, New York 2001, 128-129. Zu den Zivilschutzkampagnen der 1950er Jahre siehe Laura McEnaney: *Civil Defense Begins at Home. Militarization Meets Everyday Life in the Fifties*, Princeton 2000; Margot A. Hendriksen: *Dr. Strangelove's America. Society and Culture in the Atomic Age*, Berkley et al. 1997, 87-111; Gerard J. DeGroot: *The Bomb. A Life*, Cambridge 2005, 272-303.

254 Die Entwickler von Defcon bestätigten in Interviews mehrmals ausdrücklich, dass *WarGames* Inspiration und Vorlage für das Spiel gewesen sei. Siehe etwa Kieron Gillen: *Defcon – Interview*, 18.01.2006, in: Eurogamer, URL: http://www.eurogamer.net/articles/i_defcon_pc [Stand: 28.07.2011].

schlag aus, da WOPR nicht zwischen Spiel und Realität unterscheiden kann.

In *WarGames* kann der Dritte Weltkrieg abgewendet werden: Da WOPR gemäß seiner Programmierung versucht, ein Spiel erfolgreich zu absolvieren, muss ihm verständlich gemacht werden, dass das Spiel nicht gewonnen werden kann. Um diesen Lernfortschritt zu generieren, lässt der Entwickler von WOPR das Programm gegen sich selbst Tic-Tac-Toe spielen, ein einfaches Strategiespiel mit geringer Variationsbreite, das bei gleichstarken Gegnern immer mit einem Unentschieden endet. Auf die Fährte der Existenz des Patts gebracht, simuliert das Programm unzählige Varianten eines Nuklearkrieges zwischen den Supermächten, ohne eine Strategie finden zu können, die zum Sieg führt. WOPR bricht daraufhin das vermeintliche Spiel und damit die Vorbereitungen eines realen Nuklearschlages gegen die Sowjetunion ab, da es zur Erkenntnis gelangt ist: „A strange game. The only winning move is not to play."[255]

Die Weltkarte, die die Spieloberfläche von *Defcon* darstellt, reproduziert die Gestaltung der Kontrolltafel im Hauptquartier der US-amerikanischen Nuklearstreitkräfte im Film; der Computerbefehl ‚Global Thermonuclear War‘, mit dem der Hacker das vermeintliche Spiel in *WarGames* startet, ist der Untertitel von *Defcon*. Mit einer Spielrunde wird also jeweils eine der strategischen Versionen eines Nuklearkrieges des Films nachgestellt; das Spiel *Defcon* simuliert WOPR und überträgt dem Spieler die Steuerung einer der beiden Kriegsparteien. Im Gegensatz zu *WarGames* kann ein Nuklearkrieg in *Defcon* jedoch siegreich geführt werden. Während im Film unklar bleibt, welche Siegbedingungen das Computersystem seinen Berechnungen zugrunde legt, die offensichtlich in keiner bekannten strategischen Variante von einer der beiden Seiten erfüllt werden können, sind sie bei *Defcon* nachvollziehbar festgelegt: Für die Anzahl der getöteten Bewohner der bombardierten Städte, die nach einem Treffer auf der Karte in Millionen angezeigt wird, errechnen sich Punkte, deren Summe über Sieg oder Niederlage entscheidet. Die Frage, ob es die vordergründige Intention von *Defcon* ist zu verdeutlichen, dass sich ein militärischer Erfolg in einem Nuklearkrieg ausschließlich nach der Vernichtung menschlichen Lebens bemisst, haben die Entwickler offen gelassen: Das Spiel sei zwar nicht dezidiert als ‚Anti-Kriegsspiel‘ konzipiert worden, enthalte aber „a real

---

255 *WarGames*, Regie: John Badham, USA 1983.

sense of the abject futility of war".[256] Diese Nutzlosigkeit einer Kriegsführung, die ausschließlich auf Vernichtung ausgelegt ist, wird auch mit
den Überlebensmaßnahmen des Zivilschutzes unterstrichen, die mit Blick
auf die Auswirkungen eines Atomkrieges als hilflos erscheinen müssen und
im Handbuch des Spiel eine bewusst parodistische Note enthalten. „It's
Global Thermonuclear War, and nobody wins", lautet dementsprechend die
nachdrückliche Aussage von *Defcon* auf der Verpackung des Spiels. „But
maybe – just maybe – you can lose the least."[257]

Die prägende Erfahrung des Kalten Krieges stellte die Angst vor einer
nuklearen Konfrontation zwischen den Supermächten dar, die verheerende
Folgen gehabt hätte: „[F]or the first time in history no one could be sure of
winning, or even surviving, a great war."[258] Der Aufbau großer Atomwaf-
fenarsenale durch die USA und die Sowjetunion und die von ihnen ausge-
hende Bedrohung, die einen Angriff der Gegenseite durch die gravierende
Schwere der Konsequenzen unmöglich machen sollte, konstituierten den
Kalten Krieg als Konflikt, in dem die Kriegsgefahr zu einem permanenten
Zustand wurde. Dass Computerspiele, die eine alternativgeschichtliche
Konfrontation zwischen den Supermächten darstellen, den virtuellen Kalten
Krieg in ihren Narrationen zu ganz unterschiedlichen Zeitpunkten eskalie-
ren lassen, verweist auf die Vielzahl von realhistorischen Krisensituationen,
in denen eine Verschärfung des Konfliktes hin zu einer militärischen Auseinandersetzung tatsächlich denkbar und keineswegs unwahrscheinlich gewesen wäre.[259] Dass der Dritte Weltkrieg in den Spielen selten mit Atomwaffen ausgetragen und somit der bestimmende Faktor in den strategischen
Planungen beider Seiten ausgeblendet wird, scheint den Medien- und Gen-

---

256 Christian Hoffstadt/Christian Roth: *Interview mit einem Entwickler von
     ‚Defcon'*, 28.07.2008, in: postapocalypse.de, URL: http://postapocalypse.
     simulationsraum.de/2008/07/28/200/ [Stand: 09.05.2011].

257 Text auf Verpackung, in: *Defcon*. Der Untertitel *Global Thermonuclear War*
     wurde in späteren Auflagen des Spiels in *Everybody Dies* geändert.

258 John L. Gaddis: *The Cold War. A New History*, New York 2005, 262. Zu den
     zeitgenössischen Reaktionen auf die permanente Bedrohungssituation siehe
     Bernd Greiner/Christian Th. Müller/Dierk Walter (Hrsg.): *Angst im Kalten
     Krieg*, Hamburg 2009.

259 Siehe Bernd Greiner/Christian Th. Müller/Dierk Walter (Hrsg.): *Krisen im
     Kalten Krieg*, Hamburg 2008.

rekonventionen geschuldet zu sein: Wie bei *Defcon* ersichtlich wird, ist die Darstellung eines Nuklearkrieges im Spiel auf das abstrakte Markieren von Zielen auf einem globalen Kriegsschauplatz beschränkt; militärische Erfolge können in dieser hochgradig technisierten und distanzierten Art der Kriegsführung beim Einschlag der Raketen lediglich durch Lichtblitze auf einer Kontrolltafel angezeigt werden. Für taktisch orientierte Strategiespiele, deren Konzept den Einsatz einer großen Bandbreite von militärischen Einheiten auf räumlich begrenzten und überschaubaren Schlachtfeldern vorsieht, scheiden Atomwaffen als Bestandteil der Kriegsdarstellung daher aus. Bei kontrafaktischen Szenarien wie einem militärisch eskalierten Kalten Krieg, der erinnerungskulturell unmittelbar mit der gegenseitigen nuklearen Bedrohung assoziiert wird, muss dann jedoch mit großem narrativen Aufwand erklärt werden, warum hochgerüstete Atommächte einen Krieg mit konventionellen Mitteln ausgetragen hätten; Nuklearwaffen nehmen als narrativer Topos dennoch einen prominenten Platz in den Spielen ein, indem der Versuch, auch den Gegner von der atomaren Kriegsführung abzuhalten, in den Mittelpunkt rückt. Die Spiele deuten damit zwar an, dass die nukleare Aufrüstung realhistorisch betrachtet revolutionäre Veränderungen des strategischen Denkens erforderlich machte, blenden jedoch zur Wahrung ihrer konzeptuellen Konventionen weitgehend aus, dass sich eine direkte Konfrontation zwischen den USA und der Sowjetunion in der zweiten Hälfte des 20. Jahrhunderts in ihrer absoluten Intensität fundamental von allen bisherigen Kriegen unterschieden hätte.

„IT IS NOT A NINTENDO GAME" – DER GOLFKRIEG UND DIE UN-MISSION *RESTORE HOPE*

Für Jean Baudrillard fand der Golfkrieg nicht statt. Nach der Medientheorie des französischen Philosophen erzeugen Massenmedien eine Simulation der Realität, die wiederum zu einer Virtualisierung der Wirklichkeit beiträgt. Die Grenzlinien zwischen Realität und Imagination würden in diesem Prozess verschwimmen, da das Virtuelle zunehmend an die Stelle dessen treten würde, was unmittelbar wahrgenommen werden kann.[260] In einer

---

260 Siehe Jean Baudrillard: *Agonie des Realen*, Berlin 1978; Jean Baudrillard: *Simulacres et Simulation*, Paris 1995.

dreiteiligen Essayreihe, die während des Golfkrieges in der französischen Zeitung *Libération* veröffentlicht wurde, bezeichnete Baudrillard den Konflikt daher als ‚Nicht-Krieg': Als ein hochgradig medialisiertes Ereignis war der Golfkrieg aus Baudrillards Sicht eine „rotten simulation", deren virtuelles und inszeniertes Bilderspektakel von der Realität entkoppelt gewesen sei, den Blick auf das Konkrete verstellt und gleichzeitig die Wirklichkeit überlagert und ersetzt habe.[261]

Abseits dieser postmodernen Sicht auf die manipulative Macht der Medien, für die Baudrillard bereits zeitgenössisch scharf kritisiert wurde, fand der Krieg im Nahen Osten als historisches Ereignis selbstverständlich sehr wohl statt: Anfang August 1990 besetzte der Irak das benachbarte Emirat Kuwait. Die USA reagierten zunächst mit der ‚Operation Desert Shield', die ein mögliches Vordringen der irakischen Armee nach Saudi-Arabien verhindern und so die Möglichkeit zum Aufbau einer Operationsbasis gewährleisten sollte. An der Spitze einer Koalition aus über 30 Staaten begann die US-Armee im Januar 1991 nach Ablauf eines Ultimatums der UNO mit der ‚Operation Desert Storm', die die Befreiung Kuwaits zum Ziel hatte. Auf eine fünfwöchige Luftoffensive der Koalition gegen irakische Stellungen folgte ein Bodenkrieg, der bereits nach einhundert Stunden mit der Einnahme der kuwaitischen Hauptstadt endete.[262]

Referenzen auf Spiele im Allgemeinen waren während des Golfkrieges auf mehreren Ebenen zu beobachten. Militärs und Medienvertreter beschrieben die Kämpfe bereits zeitgenössisch auffallend häufig mit Sportmetaphern.[263] In prominenter Weise bediente sich der Oberbefehlshaber der

---

261 Siehe Jean Baudrillard: *The Gulf War Did Not Take Place*, Bloomington 1995, 59. Vgl. auch *‚Der Feind ist verschwunden'. Interview mit Jean Baudrillard*, in: Der Spiegel 45/6 (04.02.1991).

262 Für einen Überblick über Vorgeschichte und Verlauf des Golfkrieges siehe Steven Hurst: *The United States and Iraq since 1979. Hegemony, Oil and War*, Edinburgh 2009, 83-113; eine ausführliche Chronologie bei Kevin Don Hutchinson: *Operation Desert Shield/Desert Storm. Chronology and Fact Book*, Westport 1995.

263 Siehe hierzu John Mueller: *Policy and Opinon in the Gulf War*, Chicago und London 1994, 161-163. Zur medialen Inszenierung des Irakkrieges von 2003 als Sportevent vgl. Gerhard Paul: *Der Bilderkrieg. Inszenierung, Bilder und Perspektiven der ‚Operation Irakische Freiheit'*, Göttingen 2005, 54-60.

Koalitionstruppen, Norman Schwarzkopf, im Februar 1991 eines derartigen Vergleichs, als er bei einer Pressekonferenz in Riad den Angriffsplan für die zu diesem Zeitpunkt bereits angelaufene Bodenoffensive erläuterte: Obwohl die Strategie zur Befreiung Kuwaits durch die Umgehung der feindlichen Defensivstellungen und eine großangelegte Schwenkbewegung der Hauptstreitmacht deutlich an den Schlieffen-Plan erinnert, zog es Schwarzkopf vor, den Plan mit einem ‚Hail Mary Play‘ zu vergleichen, einem Angriffsspielzug aus dem American Football.[264] Bei gleicher Gelegenheit relativierte Schwarzkopf jedoch auch die Parallelisierung des Krieges mit einem Spiel, wenn er in Hinblick auf die anhaltenden Kampfhandlungen unterstrich: „It is not a Nintendo game – it is a tough battlefield where people are risking their lives at all times.‘‘[265] Diese Betonung gegenüber den Journalisten, dass es sich bei den dargestellten Operationen nicht um ein Videospiel handle, schien durchaus begründet zu sein: Bereits die Fernsehberichterstattung über die Luftoffensive mit Aufnahmen von Präzisionstreffern aus der Perspektive der Waffen und Bomben hatte das Bild eines hochgradig technisierten Krieges gezeichnet, der mit dem Joystick entschieden zu werden schien.[266] Die Darstellung der Bodenoffensive, die von US-Militärbehörden sorgsam kontrolliert und inszeniert wurde,[267] setzte dieses Bild eines körperlosen und aseptischen Krieges fort, bei dem die menschliche Komponente konsequent ausgeblendet und stattdessen die waffentechnologische Überlegenheit der Koalitionstruppen in den Vordergrund gerückt

---

264 Norman Schwarzkopf: *Central Command Briefing*, 27.02.1991, in: Clayton R. Newell: *Historical Dictionary of the Persian Gulf War 1990-1991*, Lanham und London 1998, 339-362, hier 341. Der Vergleich Schwarzkopfs ist beachtlich und keineswegs naheliegend: Ein ‚Hail Mary Play‘ ist – wie der Name bereits andeutet – ein überaus riskanter und wenig Erfolg versprechender Spielzug, der von in Rückstand liegenden Mannschaften als letztes Mittel eingesetzt wird, um kurz vor Ablauf der Spielzeit noch Punkte zu erzielen.

265 Schwarzkopf, *Central Command Briefing*, 346.

266 Zur Berichterstattung über den Golfkrieg siehe Paul, *Bilder des Krieges*, 365-390.

267 Siehe John R. MacArthur: *Die Schlacht der Lügen. Wie die USA den Golfkrieg verkauften*, München 1998. Vgl. auch Perry Smith: *How CNN Fought the War. A View from Inside*, New York 1991.

wurde.[268] Als „erster totaler elektronischer Weltkrieg" wurde der Golfkrieg auch an der Informationsfront ausgetragen,[269] an der durch Echtzeit-Berichterstattung die Möglichkeit einer unmittelbaren Teilnahme und das „Gefühl einer ‚Teleaktion im Wohnzimmer'" suggeriert wurde.[270]

Bereits in der zeitgenössischen Wahrnehmung verschwammen die Grenzen zwischen medialer Berichterstattung und virtueller Kriegsdarstellung. Die Medienwissenschaftlerin Caryl Rivers berichtete in einem Artikel über die Inszenierung des Golfkrieges, wie sie am vierten Tag der Bodenoffensive durch die Fernsehkanäle geschaltet habe: „At one point, the picture was bouncing between the movie ‚Top Gun' and the coverage of the war. I realized with a start that I couldn't tell which was which." Erst die Einblendung von Tom Cruise habe verdeutlicht, bei welchem Programm es sich um den Spielfilm gehandelt habe. Aufnahmen der Videokamera einer Rakete, so Rivers weiter, habe eine Nachrichtenmoderatorin damit kommentiert, „that the film looked like a video game. She wondered if this video wizardry would prevent people from realizing how deadly serious all this was."[271] Derartige Vergleiche der technisierten und anämischen Ästhetik der Berichterstattung mit Video- und Computerspielen wurden zeitgenössisch häufig gezogen, und der Golfkrieg erhielt mit Bezug auf seine mediale Inszenierung das Prädikat eines „video game war" verliehen.[272] Für die kanadische Publizistin und politische Aktivistin Naomi Klein markierten erst die Anschläge des 11. September 2001 „the end of the shameful era of

---

268   Siehe hierzu ausführlich Markus Lohoff: *Krieg zwischen Science und Fiktion. Zur Funktion technischer Bilder im Zweiten Persischen Golfkrieg*, in: Arbeitskreis Historische Bildforschung (Hrsg.): *Der Krieg im Bild – Bilder im Krieg. Hamburger Beiträge zur Historischen Bildforschung*, Frankfurt am Main et al. 2003, 105-130.

269   Paul Virilio: *Krieg und Fernsehen*, München und Wien 1993, 35.

270   Paul, *Bilder des Krieges*, 372.

271   Caryl Rivers: *Watching the War. Viewers on the Front Line*, in: New York Times, 10.02.1991.

272   Siehe etwa William Hoynes: *War as Video Game. Media, Activism, and the Gulf War*, in: Cynthia Peters (Hrsg.): *Collateral Damage. The New World Order at Home and Abroad*, Boston 1992, 305-326; aus britischer Perspektive Philip M. Taylor: *War and the Media. Propaganda and Persuasion in the Gulf War*, Manchester und New York 1992, 33-51.

the video game war", die mit dem Golfkrieg begonnen habe und durch die Suggestion gekennzeichnet gewesen sei, dass Kriege ohne Verluste und jederzeit technologisch kontrollierbar geführt werden könnten.[273]

Bezieht man diese Aspekte der medialen Darstellung des Golfkrieges auf Computerspiele, die ihn als Grundlage wählen, zeigt sich eine erstaunliche Zirkelreferenz: Aus Sicht der Medien „the war was reduced to little more than a high technology video game which never showed the bloody end results or failure".[274] Video- und Computerspiele, die den Golfkrieg darstellen, greifen ihrerseits wieder auf Bildästhetik und Inszenierung der Medienberichterstattung über den Konflikt zurück; sie bilden damit virtuell ein Ereignis ab, dessen Wahrnehmung selbst im kollektiven Gedächtnis eng mit der Virtualität eines Computerspiels assoziiert und auf sie bezogen wird. Über den Umweg der Fernsehbilder, die den technischen Blick auf einen Krieg in der Realität nutzbar machten, reproduzieren sich die Spiele zum Golfkrieg selbst.

Bereits 1983 hatte sich US-Präsident Ronald Reagan beeindruckt über die motorischen und sensorischen Fertigkeiten von Jugendlichen geäußert, die sie durch den Umgang mit Videospielen erworbenen hätten und die sie für eine militärische Laufbahn als Piloten prädestinieren würden. Reagan stellte hierbei eine Verbindung zwischen dem Beherrschen von Videospielen und der Bedienung komplexer Waffensysteme her: „The computerized radar screen in the cockpit is not unlike the computerized video screen. Watch a 12-year-old take evasive action and score multiple hits while playing ‚Space Invaders', and you will appreciate the skills of tomorrow's pilot."[275] Wenige Jahre später war der Golfkrieg tatsächlich der erste Groß-

---

273 Naomi Klein: *Game Over. The End of Warfare as Play*, in: Los Angeles Times, 16.09.2001.

274 Peter Young/Peter Jesser: *The Media and the Military. From the Crimea to Desert Strike*, Houndsmill 1997, 182.

275 Ronald Reagan: *Remarks to Students and Guests During a Visit to Walt Disney's EPCOT Center*, 08.03.1983, in: Weekly Compilation of Presidential Documents 19/10, 361-364, hier 363. Reagans Ausführungen über Videospiele beginnen mit folgender Passage: „I recently learned something quite interesting about video games. Many young people have developed incredible hand, eye, and brain coordination in playing these games. The air force believes these kids will be our outstanding pilots should they fly our jets." In der

konflikt, der aufseiten der Koalitionstruppen von einer Generation von Soldaten ausgetragen wurde, die mit Video- und Computerspielen aufgewachsen waren. Gleichzeitig war der Golfkrieg auch der erste Krieg, der direkt nach seinem Ende im Medium des Computerspiels dargestellt werden konnte.[276] Zeitgenössische Spiele, die unmittelbar nach dem Golfkrieg veröffentlicht wurden, reproduzieren deutlich das durch die Fernsehberichterstattung entstandene Bild von den Kampfhandlungen und zeigen den technisierten Blick auf den Krieg. Die 1993 erschienene Flugsimulation *Tornado* etwa wurde durch das Add-On *Operation Desert Storm* um 18 Missionen erweitert, die im Golfkrieg angesiedelt sind.[277] Luft-Boden-

---

Forschung zu Computerspielen wird dieser Ausspruch Reagans häufig zitiert, um den Beitrag von Computerspielen zu einer Militarisierung der Gesellschaft zu verdeutlichen und das Interesse des Militärs, diesen Prozess zu unterstützen, nachzuweisen; in den meisten Arbeiten wird der Ausspruch jedoch – vermutlich durch fortlaufende Nachzitation einer Ausgangsquelle – fälschlicherweise auf den 08.08.1983 datiert.

276   Claudia Mast präsentierte 1991 nach dem Golfkrieg in einem Aufsatz eine Statistik der ‚Freiwilligen Selbstkontrolle der Automatenwirtschaft‘, nach der bei den geprüften Titel von „TV-Unterhaltungsautomaten" – gemeint sind Arcade-Spiele, die in Spielhallen aufgestellt waren – zwischen September 1990 und Juni 1991 ein überproportionaler Anstieg an Spielen zu beobachten gewesen sei, die als für Jugendliche ungeeignet eingestuft oder indiziert worden waren. Mast stellt der Statistik die wohl rhetorische Frage an die Seite: „Ist das vielleicht eine Folge der Golfkrise?" Siehe Claudia Mast: *Kriegsspiele am Bildschirm. Anmerkungen zur Berichterstattung über den Golfkrieg*, in: Bertelsmann Briefe 125 (Oktober 1991), 22-29, hier 29. Der Zusammenhang zwischen der medialen Berichterstattung über den Golfkrieg und einer steigenden Nachfrage nach Spielen, die nach damaligen Kriterien als gewaltverherrlichend eingestuft wurden, wie er hier angedeutet werden soll, drängt sich allerdings allein aus dieser Statistik heraus nicht auf und dürfte empirisch kaum nachweisbar sein.

277   *Tornado* (Amiga, DOS), Entwicklung: Digital Integration, Vertrieb: Spectrum Holobyte, 1993; Add-On *Tornado: Operation Desert Storm* (DOS), Entwicklung und Vertrieb: Digital Integration, 1994. Als weitere Flugsimulationen, die im Golfkrieg angesiedelt sind, siehe auch Add-On *F-15 Eagle Strike II: Operation Desert Storm*, Entwicklung und Vertrieb: Microprose, 1992; *Desert*

Angriffen, unter anderem mit lasergesteuerten Raketen und Cluster-Bomben, kommt eine wesentlich größere Bedeutung zu als den in Flugsimulatoren obligatorischen Luftkämpfen mit gegnerischen Flugzeugen; unter den Bodenzielen finden sich neben militärischer Infrastruktur auch Forschungseinrichtungen für ABC-Waffen und Scud-Abschussvorrichtungen – „[t]he classical political distraction target, familiar to all Gulf War fans", wie das Handbuch erläutert.[278] Für die Navigation des Flugzeugs steht eine Funktion zur Verfügung, die Infrarot- und Wärmebilder der anzugreifenden Ziele zeigt und eine „pin-point accuracy" bei der Bombardierung ermöglicht.[279]

Dass die Spiele, die den Golfkrieg thematisieren, in der Mehrzahl Flugsimulatoren sind, erklärt sich nicht nur aus der medialen Darstellung des Konfliktes, die auf den technisierten Blick der Bombardierungen zentriert blieb, sondern auch aus dem Verlauf des Krieges selbst: Während die Luftoffensive der Koalitionstruppen mehrere Wochen dauerte, war der Angriff der Bodentruppen zur Befreiung Kuwaits nach wenigen Tagen ohne nennenswerte Gegenwehr der irakischen Armee beendet. Der Verlauf der Bodenoffensive und die drückende Überlegenheit der Koalition bieten daher schlicht kaum Ansatzpunkte für eine dramaturgisch ansprechende Inszenierung in einem Computerspiel. Es ist daher nicht verwunderlich, dass das Strategiespiel *War in the Gulf* aus dem Jahr 1993 die Kämpfe um Kuwait unter anderen Vorzeichen in die Zukunft verlegt.[280] Ausgangslage des Spieles ist eine erneute Besetzung Kuwaits durch irakische Truppen im Jahr 1995. Da der US-amerikanische Militärhaushalt zuvor deutlich gekürzt worden sei, so erklärt es die Einführung im Handbuch, die die Vorgeschichte in Form von Pressemeldungen erzählt, sei eine Befreiung des Landes mit einem massiven multinationalen Militäraufgebot wie im Golfkrieg

---

Strike: Return to the Gulf (DOS), Entwicklung und Vertrieb: Electronic Arts, 1992; *Jane's Combat Simulations: AH-64D Longbow* (DOS), Entwicklung und Vertrieb: Digital Integration, 1996; *F/A-18 Operation Desert Storm* (PC), Entwicklung: Graphism Entertainment, Vertrieb: Application Systems, 2005.

278 Handbuch, in: *Tornado. Limited Edition mit Operation Desert Storm* (DOS), Entwicklung und Vertrieb: Digital Integration, 1993.

279 Ebd.

280 *War in the Gulf* (Amiga, Atari ST, DOS), Entwicklung: Oxford Digital Enterprises, Vertrieb: Empire Software, 1993.

nicht möglich; stattdessen bietet eine kleine, vom kuwaitischen Emir finanzierte Einsatztruppe den irakischen Invasoren die Stirn. Trotz dieses fiktiven und in die Zukunft verlegten Aufbaus der Narration ist die Geschichte des Golfkrieges nicht nur als deren Hintergrund präsent: Im Handbuch von *War in the Gulf* findet sich eine ausführliche Chronologie des Konfliktes, die eine separate Auflistung der Resolutionen der Vereinten Nationen beinhaltet und tabellarisch aufzeigt, aus den Soldaten welcher Staaten sich die Koalitionstruppen zusammensetzten, die 1991 Kuwait befreiten.[281]

Für Spiele, die den Golfkrieg thematisieren, jedoch nicht in unmittelbarer zeitlicher Nähe zu ihm entstanden sind, bleibt dieses dramaturgische Problem außerhalb der Darstellung der Luftoffensive bestehen. Die beiden Teile des Third-Person-Shooters *Conflict: Desert Storm* richten den Blick dementsprechend ebenfalls nicht auf die kurze und an Kampfhandlungen arme Bodenoffensive im Golfkrieg, sondern auf ein Einsatzteam, dass sich bereits im Jahr 1990 hinter feindlichen Linien im Irak befindet.[282] Die Spiele fokussieren somit die Operationen von Spezialeinheiten, die sich tatsächlich bereits während der Luftoffensive im Irak befanden und durch das Markieren von Bodenzielen mit Lasern zahlreiche Präzisionstreffer der ‚Smart Bombs' aus der Luft erst ermöglichten, deren Einsatz sich allerdings der medialen Wahrnehmung weitgehend entzog. Beide Teile von *Conflict: Desert Storm* orientieren sich in ihrer Bildsprache dennoch an der zeitgenössischen Fernsehberichterstattung: Die Briefings zu Beginn jeder Mission, in denen die Einsatzziele erläutert werden, bestehen auf der visuellen Ebene konsequent aus Satellitenbildern und Luftaufnahmen aus Restlichtverstärkern, deren grünstichige Bilder bereits die zeitgenössische Berichterstattung geprägt hatten. Vom Ende der Kampfhandlungen erfährt das Einsatzteam im Abspann des ersten Teils aus den Fernsehnachrichten, die eine Ansprache des kuwaitischen Emirs zeigen, der den Koalitionstruppen für die Befreiung seines Landes dankt.[283] Der Abspann des zweiten Teils ent-

---

281 Handbuch, in: *War in the Gulf.*

282 *Conflict: Desert Storm* (PC, Microsoft Xbox, Sony PlayStation 2, Nintendo GameCube), Entwicklung: Pivotal Games, Vertrieb: SCi Games, 2002; *Conflict: Desert Storm II* (PC, Microsoft Xbox, Sony PlayStation 2, Nintendo GameCube), Entwicklung: Pivotal Games, Vertrieb: SCi Games, 2003.

283 Abspann, in: *Conflict: Desert Storm.* Die Szene wird im zweiten Teil des Spiel erneut aufgegriffen, als das Einsatzteam im Abspann die gleiche Nachrichten-

hält außerdem eine Szene, die auch in der medialen Wahrnehmung vielfach das Ende der Kampfhandlungen markierte: Die Sequenz zeigt einen irakischen Soldaten, der ein Flugabwehrgeschütz bedient, bevor es von US-Jagdbombern zerstört wird. Nach einem Kameraschwenk ist zu sehen, dass sich die Stellung neben einer einsamen Wüstenstraße befindet, die voller zerstörter und ausgebrannter Fahrzeuge ist.[284] Das Spiel referiert damit auf die Straße nach Basra, über die sich die irakische Besatzungsarmee Ende Februar 1991 aus Kuwait zurückzog. US-Flugzeuge bombardierten den aus rund 1.500 Fahrzeugen bestehenden Konvoi mehrere Stunden lang; nach Schätzungen starben einige Tausend irakische Armeeangehörige bei diesen Luftangriffen, die der Straße nach Basra zu dem Beinamen ‚Highway of Death‘ verhalfen.[285] *Conflict: Desert Storm II* zeigt mit den ausgebrannten Wracks die Konsequenzen des Angriffes und damit die Bilder, die auch von den Medien als ein ikonographischer Ausdruck der Vernichtung der irakischen Armee verbreitet wurden. Das Spiel unterstreicht mit dieser Darstellung des kriegsrechtlich bedenklichen und bereits zeitgenössisch umstrittenen Angriffs[286] zum Abschluss der Narration noch einmal die waffentechnologische Überlegenheit der Koalitionstruppen, die sich vor allem in der militärischen Schlagkraft aus der Luft manifestierte. Die Vorgänge um den ‚Highway of Death‘ werden allerdings von einer rein militärischen Warte präsentiert und im Spiel nicht problematisiert. Das Schlusswort des

---

sendung auf einem Notebook betrachtet, was technisch im Jahr 1991 allerdings nicht möglich war. Siehe Abspann, in: *Conflict: Desert Storm II*.

284 Abspann, in: *Conflict: Desert Storm II*.

285 Siehe John G. Heidenreich: *The Gulf War: How many Iraqis died?* in: Foreign Policy 90 (Spring 1993), 108-125, hier 123-124. Die Zahl der Getöteten auf der irakischen Seite kann – wie für den gesamten Konflikt – nur grob geschätzt werden.

286 Als einer der prominenten Kritiker bezeichnete der frühere US-Justizminister Ramsey Clark den Angriff auf den Konvoi als Kriegsverbrechen und Verstoß gegen die Genfer Konvention. Siehe hierzu Ramsey Clark: *The Fire this Time. U.S. War Crimes in the Gulf*, New York 1992, 52-54; vgl. auch Joyce Chadiac: *The Massacre of Withdrawing Soldiers in ‚The Highway of Death‘*, in: Ramsey Clark u.a. (Hrsg.): *War Crimes. A Report on United States War Crimes against Iraq*, Washington 1992, 90-93.

Abspanns unmittelbar nach der beschriebenen Szene lautet: „Das war's, Jungs, wir haben gewonnen. Es ist Zeit, nach Hause zu gehen."[287] Gegenwartsbezüge zur Zeit der Veröffentlichung sind insbesondere beim zweiten Teil von *Conflict: Desert Storm* nicht zu übersehen. Das Spiel erschien im Jahr 2003 in den USA mit dem Untertitel *Back to Baghdad*, obwohl es nicht als Sequel die Narration des ersten Teils chronologisch fortführt, sondern den Vorgänger innerhalb des dargestellten zeitlichen Rahmens lediglich um neue Missionen ergänzt. Diese vorgebliche Rückkehr „to take care of some unfinished business"[288] referierte auf die Invasion des Irak durch die USA an der Spitze einer „Koalition der Willigen", die im Zuge des ‚War on Terror' nach den Anschlägen des 11. September 2001 bereits seit 2002 geplant worden war.[289] Ziel der Eroberung des Irak war die politische Umstrukturierung des Landes und der Sturz des Regimes von Saddam Hussein – ein Kriegsziel, dass im Golfkrieg von 1991 nicht verfolgt worden war, da die Resolutionen des UN-Sicherheitsrates lediglich die Befreiung Kuwaits vorgesehen hatten.[290] Hauptgrund, den Irak zu besetzen, war für die Koalition dessen vorgeblicher Besitz von Massenvernichtungswaffen, wie der damalige US-Außenminister Colin Powell bei einer Sitzung des UN-Sicherheitsrates im Februar 2002 ausführte: Laut Powell verfügte der Irak über biologische und chemische Waffen, betätigte sich in der Nuklearwaffenforschung und betrieb einen immensen Aufwand, um diese illegalen Aktivitäten vor UN-Inspektoren zu verbergen – Vorwürfe,

---

287 Abspann, in: *Conflict: Desert Storm II.*

288 Text auf Verpackung, in: *Conflict: Desert Storm II.*

289 Siehe zum Irakkrieg in großer Ausführlichkeit Stephan Bierling: *Geschichte des Irakkriegs. Der Sturz Saddams und Amerikas Albtraum im Mittleren Osten*, München 2010.

290 Resolution 660 vom 02.08.1990 verlangte den Rückzug der irakischen Streitkräfte aus Kuwait, Resolution 678 vom 29.11.1990 ermächtigte die Mitgliedsstaaten, „alle erforderlichen Mittel einzusetzen", um die Forderungen der Resolution 660 durchzusetzen, falls der Irak ihnen bis zum 15.02.1991 nicht nachkommen sollte. Siehe Hartwig Bögeholz: *Der Krieg um Kuwait. Eine Chronologie mit allen UN-Resolutionen*, Bielefeld 1991, 10 und 60.

die sich nach dem Sturz des Regimes von Saddam Hussein und der Eroberung des Iraks nicht belegen ließen.[291]

In beiden Teilen von *Conflict: Desert Storm* wird eine Reihe von Missionen von der Suche nach Fabriken, Lagern und Forschungseinrichtungen
dominiert, in denen irakische ABC-Waffen zerstört werden müssen. Im
ersten Teil ist es die Aufgabe des Einsatzteams, mit einem Wissenschaftler
eine irakische Atomanlage zu infiltrieren, um einen nuklearen Gefechts-
kopf, der bereits neben einer passenden Trägerraketen gelagert ist, zu ent-
schärfen und das waffenfähige Plutonium zu bergen.[292] Dieses Motiv wird
im zweiten Teil von *Conflict: Desert Storm* dahingehend variiert, dass in
einer unterirdischen Bunkeranlage Gefechtsköpfe, die mit dem chemischen
Kampfstoff Sarin befüllt sind und die auf die berüchtigten Scud-Raketen
montiert werden können, unschädlich gemacht werden müssen.[293] Das Bild
der irakischen Massenvernichtungswaffe erhält zum Abschluss des zweiten
Teils eine physisch konkrete Form: Das Einsatzteam muss eine in Kuwait
City stationierte, irakische „Superkanone" mit einer Laserzielerfassung
markieren, um einen Präzisionstreffer mit einem Luftschlag zu ermöglichen.[294] Das Geschütz, das mit seiner grotesken Größe eher an den Ersten
Weltkrieg als an moderne Kriegsführung erinnert, hat im sogenannten
,Project Babylon' ein reales Vorbild: 1988 schloss der Irak mit einem kanadischen Ingenieur einen Vertrag über die Konstruktion einer Kanone mit
einer Länge von über 130 Metern und einer Schussreichweite von 1000
Kilometern ab. Anders als in *Conflict: Desert Storm II*, in dem die funktionstüchtige Kanone feuert, blieb es in der Realität allerdings bei den Vorbereitungen: Das Riesengeschütz wurde niemals gebaut. UN-Inspektoren

---

291 Vgl. den Wortlaut der Rede bei Colin Powell: *U.S. Secretary of State's Ad-
     dress to the United Nations Security Council*, 05.02.2003, in: The Guardian,
     URL: http://www.guardian.co.uk/world/2003/feb/05/iraq.usa [Stand: 10.12.
     2010].

292 Siehe Missionen *Auf der Kippe, 28. Februar 1991* und *Ground Zero, 28. Feb-
     ruar 1991*, in: Conflict: Desert Storm.

293 Siehe Mission *Chemische Waffen*, in: *Conflict: Desert Strom II*.

294 Siehe Missionen *Deckung aus der Luft* und *Schwere Waffen*, in: *Conflict:
     Desert Storm II*.

fanden nach dem Golfkrieg im Irak lediglich Pläne, Baumaterial und einen Prototypen des ‚Project Babylon'.[295]

Auch bei der Frage, wie das Ende des Golfkrieges dargestellt werden kann, scheinen die Entwickler von *Conflict: Desert Storm* die politische Lage während der Entstehung des Spiels im Blick gehabt zu haben. Der Golfkrieg endete mit der Befreiung Kuwaits. Obwohl hochrangige Militärs wie Schwarzkopf nach der Befreiung des Emirats darauf drängten, auf Bagdad vorzurücken und die militärische Situation dazu zu nutzen, Saddam Hussein und sein Regime von der Macht zu entfernen,[296] blieb der irakische Diktator im Amt und die staatliche Ordnung unangetastet. *Conflict: Desert Storm* möchte es nicht bei diesem Ende des Golfkrieges bewenden lassen: In der letzten Mission ist es der Auftrag des Einsatzteams, den fiktiven General Aziz auszuschalten, da er auch nach der Befreiung Kuwaits plane, bis „zum letzten irakischen Soldaten zu kämpfen".[297] Die Soldaten dringen im Spiel in die Festung ein, in der sich Aziz mit seinen Gefolgsleuten verschanzt hat, und bringen eine Lasermarkierung an seinem Aufenthaltsort an, der daraufhin durch einen Luftangriff zerstört wird. Aziz verlässt die Trümmer des Gebäudes und versucht zu flüchten; das Spiel endet mit einem gezielten Schuss des Spielercharakters, der den unbewaffneten General niederstreckt.[298] Dass sich die Entwickler für diesen wehrlosen Endgegner, dessen Tod das Ende des Spiels und des Krieges bedeuten, den irakischen Außenminister während des Golfkrieges Tariq Aziz zum Vorbild genommen haben,[299] ist möglich, kann sich jedoch nur auf die Namensgebung beziehen. Offensichtlich ist vielmehr, dass vor allem die Gesichtszüge der Figur nach denen Saddam Husseins gestaltet sind, was auch dadurch unterstrichen wird, dass sie grafisch viel detaillierter und aufwändiger modelliert sind als diejenigen der anderen Figuren im Spiel, die Wiedererkennbarkeit also gewollt und angestrebt zu sein scheint. Indem ein nur na-

---

295 Siehe Art. ‚*Supergun'*, in: Newell, *Historical Dictionary of the Persian Gulf War*, 187.

296 Siehe Lawrence Freedman/Efraim Karsh: *How Kuwait Was Won. Strategy in the Gulf War*, in: International Security 16/2 (Herbst 1991), 5-41, hier 34.

297 Einsatzbeschreibung zu Mission *Gegenangriff*, in: *Conflict: Desert Storm*.

298 Mission *Aziz' Festung*, in: *Conflict: Desert Storm*.

299 Siehe Art. ‚*Aziz, Tariq Mikhail'*, in: Mark Grossman: *Encyclopedia of the Persian Gulf War*, Santa Barbara 1995, 36-38.

mentlich variiertes Alter Ego des irakischen Diktators, der während des Krieges im Rahmen einer politischen und medialen Feindbildrhetorik durch den Vergleich mit Adolf Hitler zum personifizierten Bösen stilisiert wurde,[300] zur Strecke gebracht wird, vollendet der Spieler in *Conflict: Desert Storm* das, was im realen Golfkrieg versäumt worden war und im zeitlichen Umfeld der Veröffentlichung des Spieles noch bevorstand.

Abbildung 15: Saddam Husseins Alter Ego in Conflict: Desert Strom

Quelle: Screenshot aus *Conflict: Desert Storm* (PC, Microsoft Xbox, Sony PlayStation 2, Nintendo GameCube), Entwicklung: Pivotal Games, Vertrieb: SCi Games, 2002.

Der Golfkrieg wurde bereits zeitgenössisch als Ausdruck der Schaffung einer ‚New World Order‘ nach dem Ende des Kalten Krieges betrachtet, in der die USA ihre politischen Prinzipien als letzte verbliebene Supermacht

---

300 Siehe Elihu Katz: *Das Ende des Journalismus. Reflexionen zum Kriegsschauplatz Fernsehen*, in: Bertelsmann Briefe 125 (Oktober 1991), 4-10; Mira Beham: *Kriegstrommeln. Medien, Krieg und Politik*, München 1996, 106-110; Douglas Kellner: *Kriegskorrespondenten, das Militär und Propaganda. Einige kritische Betrachtungen*, in: Barbara Korte/Horst Tonn (Hrsg.): *Kriegskorrespondenten. Deutungsinstanzen in der Mediengesellschaft*, Wiesbaden 2007, 17-38, hier 24-26. Hans Magnus Enzensberger bezeichnete Saddam Hussein während des Krieges etwa als „Hitlers Wiedergänger“. Siehe Hans Magnus Enzensberger: *Hitlers Wiedergänger*, in: Der Spiegel 45/6 (04.02.1991).

weltweit zur Geltung bringen würden.[301] Bereits zwei Jahre nach der Befreiung Kuwaits wurden in Somalia die Grenzen deutlich, die bei der Neustrukturierung der Weltordnung zu erwarten waren.[302] Nach dem Zusammenbruch des Regimes von Siad Barre war in Somalia 1991 ein Bürgerkrieg zwischen rivalisierenden Clans um die Herrschaft des Landes ausgebrochen, der zu einer Hungersnot führte. Nachdem Blauhelmsoldaten der Vereinten Nationen 1992 daran gescheitert waren, einen Waffenstillstand zwischen den Bürgerkriegsparteien zu überwachen und die Verteilung von Hilfsgütern zu koordinieren, entsandten die USA im Dezember 1992 rund 25.000 Soldaten nach Somalia, die die Federführung über die Mission übernahmen. Da eine dauerhafte Befriedung des Landes und die Versorgung der somalischen Zivilbevölkerung nicht durchgesetzt werden konnte, gingen die US-Truppen zum Versuch über, die Milizen als Machtfaktoren in Somalia auszuschalten. Den Höhepunkt der ‚Operation Restore Hope' stellte eine Militäraktion am 3.10.1993 dar, bei der US-amerikanische Spezialeinheiten mehrere Gefolgsleute von Mohammed Farah Aidid, dem Anführer der Habr Gedir-Miliz, in der Innenstadt von Mogadischu verhafteten. Beim Abtransport der Gefangenen wurden zwei Black Hawk-Hubschrauber mit Granatwerfern abgeschossen; während des Versuches der US-Truppen, die Absturzstellen zu erreichen und sie zu sichern sowie dem anschließenden Rückzug wurden 18 US-Soldaten und ein malaysi-

---

301 In seiner Fernsehansprache am 16.01.1991, in der er den Beginn der Luftoffensive gegen den Irak verkündete, sagte US-Präsident George H.W. Bush: „This is an historic moment. We have in this past year made great progress in ending the long era of conflict and cold war. We have before us the opportunity to forge for ourselves and for future generations a new world order – a world where the rule of law, not the law of the jungle, governs the conduct of nations." George H.W. Bush: *Address to the Nation Announcing Allied Military Action in the Persian Gulf*, 16.01.1991, in: The American Presidency Project, URL: http:// www.presidency.ucsb.edu/ws/index.php?pid=19222 [Stand: 01.12.2010].

302 Siehe Stephen F. Burgess: *Operation Restore Hope. Somalia and the Frontiers of the New World Order*, in: Meena Bose/Rosanna Perotti (Hrsg.): *From Cold War to New World Order. The Foreign Policy of George H.W. Bush*, Westport und London 2002, 259-273.

scher Blauhelmsoldat getötet. Nach Schätzungen kam 1.000 Somalier bei den Häuserkämpfen in Mogadischu ums Leben.[303]

Die Schlacht von Mogadischu – das längste Feuergefecht, in das US-Soldaten seit dem Vietnamkrieg verwickelt waren – markierte einen Einschnitt in der Interventionspolitik der USA, wofür erneut die mediale Darstellung des Konfliktes maßgeblich verantwortlich war. Von den Kampfhandlungen selbst existierten keine journalistischen Filmaufnahmen; für die US-amerikanische Öffentlichkeit erwiesen sich jedoch Fernsehbilder als schockierend, die zeigten, wie ein Mob von Somaliern die entkleidete Leiche eines US-Soldaten durch Mogadischu schleifte.[304] Die Bilder dieser Leichenschändung und die öffentlichen Reaktionen auf sie bewogen den US-Präsidenten Bill Clinton zu der Anordnung, auf weitere Militäraktionen in Somalia zu verzichten und die US-Truppen bis März 1994 aus dem Land abzuziehen.[305] Zu einem entscheidenden Einfluss auf die erinnerungskulturelle Wahrnehmung des gesamten Einsatzes in Somalia wurde das 1999 erschienene Buch *Black Hawk Down* des Journalisten Mark Bowden, eine mikrogeschichtlich eng strukturierte Dokumentation, die auf den Transkripten des Funkverkehrs, militärischen Videoaufzeichnungen und Interviews mit beteiligten Soldaten basiert.[306] Das Buch stellte die Vorlage für den ebenfalls stark rezipierten und gleichnamigen Spielfilm von Regisseur Ridley Scott aus dem Jahr 2002 dar.[307] Buch und Spielfilm fokussieren die Kriegserfahrungen der US-Soldaten und deren Aufopferung und Eintreten

---

303 Zu Vorgeschichte und Verlauf der Intervention siehe ausführlich Ron H. Herrmann: *Der kriegerische Konflikt in Somalia und die internationale Intervention 1992 bis 1995. Eine entwicklungsgenetische und multidimensionale Analyse*, Frankfurt am Main et al. 1997; Hans Krech: *Der Bürgerkrieg in Somalia (1988-1996). Ein Handbuch*, Berlin 1996; Anthony Parsons: *From Cold War to Hot Peace. UN Interventions 1947-1995*, London 1995, 198-207.

304 Siehe Michael Birnbaum: *Krisenherd Somalia. Das Land des Terrors und der Anarchie*, München 2002, 110 und Abb. 7. Zur medialen Berichterstattung in den USA siehe Young/Jesser, *Media and Military*, 204-225.

305 Siehe hierzu die politischen Memoiren des US-Präsidenten Bill Clinton: *Mein Leben*, Berlin 2004, 837-844.

306 Siehe Mark Bowden: *Black Hawk Down. A Story of Modern War*, New York 1999.

307 *Black Hawk Down*, Regie: Ridley Scott, USA 2001.

für die eigene Einheit. Ohne eine explizite Benennung des überindividuellen Zieles dieses Einsatzes, treten die politischen Hintergründe des Konfliktes oder die somalische Perspektive in den Hintergrund und werden lediglich als Kulisse für die Darstellung eines kollektiven Heldentums der Soldaten angedeutet.[308]

Die wenigen Computerspiele, die den Einsatz in Somalia thematisieren, orientieren sich sichtbar an diesen Vorlagen. Die First-Person-Shooter *Terrorist Takedown: Conflict in Mogadishu* und *Delta Force: Black Hawk Down* sind jeweils Teile von Reihen, die Operationen von Spezialeinheiten des US-Militärs darstellen.[309] Während ‚Army Rangers‘ die Protagonisten der *Terrorist Takedown*-Reihe bilden,[310] steht die unter strenger militärischer Geheimhaltung agierende ‚Delta Force‘ im Mittelpunkt der nach ihr benannten Reihe. Beide Einheiten waren an der Schlacht von Mogadischu tatsächlich maßgeblich beteiligt. In den Spielen bleiben diese militärischen Einheiten und ihre Einsätze der Hauptbezugspunkt der Handlung: Die Spielercharaktere bleiben namenlos, die Narrationen beschränken sich auf die Aneinanderreihung der Einsätze ohne Zwischensequenzen, die eine individuelle Narration auffächern könnten. Bis zur Darstellung der Ereignisse des 3.10.1993 um die Abschüsse der Hubschrauber über Mogadischu, die den Kern beider Spiele darstellen und den größten Raum in ihnen einnehmen, kann der Spieler in *Delta Force: Black Hawk Down* die Reihenfolge der Missionen in begrenztem Umfang sogar selbst bestimmen und so achronologisch vorgehen.

In beiden Titeln ist der politische Umstand präsent, dass die Einsätze in Somalia im Kontext einer Mission der Vereinten Nationen stattfanden; die Beteiligung von Blauhelmsoldaten wird mit Blick auf die operativen Aspekte jedoch meist als Behinderung und zusätzliche Erschwernis bei den Aktionen der US-Truppen dargestellt. In *Terrorist Takedown: Conflict in Mogadishu* erhalten die dargestellten Rangers in einer frühen Mission im

308 Siehe Frank J. Wetta/Martin A. Novelli: ‚*Now a Major Motion Picture*‘. *War Films and Hollywood's New Patriotism*, in: Journal of Military History 67/3 (Juli 2003), 861-882, hier bes. 878-880.

309 *Terrorist Takedown: Conflict in Mogadishu* (PC), Entwicklung: Jarhead Games, Vertrieb: Groove Games, 2005; *Delta Force: Black Hawk Down*.

310 Im Gegensatz zu Europa wurde das hier besprochene Spiel der Reihe in den USA unter dem Titel *Army Rangers: Conflict in Mogadishu* veröffentlicht.

Spiel den Auftrag, Blauhelmsoldaten zu unterstützen, die nach dem Verteilen von Hilfsgütern durch somalische Milizen bedroht werden. In einer Zwischensequenz vor der Mission drängt ein pakistanischer Blauhelmsoldat den Offizier der Rangers dazu, das Dorf zu sichern: „Wir müssen auf diese Leute aufpassen. Die Rebellen werden sie abschlachten, weil sie uns geholfen haben." Die Antwort konterkariert den humanitären Auftrag der UNO-Soldaten: „Ich bin hier, um Sie zu beschützen. Ich bin nicht der Babysitter für das ganze Dorf!" Erst die Weigerung der Blauhelme, das Dorf zu verlassen und es den Milizen zu überlassen, zwingt die Rangers dazu, ebenfalls zu bleiben, um ihren Auftrag auszuführen.[311] Wie in diesem Fall sind es auch bei *Delta Force: Black Hawk Down* häufig die Einsätze der UNO-Soldaten, die am Beginn der spielbaren Missionen stehen und in denen die Blauhelme beschützt, befreit oder aus einer ausweglosen Lage gerettet werden müssen.[312] In einer Mission von *Delta Force: Black Hawk Down* sollen pakistanische UNO-Soldaten gerettet werden, die bei einem Hinterhalt somalischer Milizen eingekesselt worden sind.[313] Der Aufbau der Mission referiert damit auf realhistorische Ereignisse, als pakistanische Blauhelme im Mai 1993 ein Waffenlager von Aidids Habr Gadir-Miliz inspiziert hatten. Während 24 UNO-Soldaten in den daraus resultierenden Kämpfen ums Leben kamen, kommt die ‚Delta Force‘ den pakistanischen Blauhelmen im Spiel erfolgreich zu Hilfe und rettet sie aus ihrer Belagerung. Kritik an der grundsätzlich humanitären und nicht-militärischen Ausrichtung der UN-Mission in Somalia wird in *Delta Force: Black Hawk Down* auch in wenig expliziter Weise ausgedrückt: In Milizstützpunkten, die in einer Reihe von Missionen infiltriert oder erobert werden müssen, findet sich stets eine große Anzahl an Kisten und Säcken, die durch Aufdrucke als Hilfsgüter der Vereinten Nationen gekennzeichnet sind.[314] Das Spiel deutet so wenig subtil an, dass die humanitäre Mission für eine Beilegung des Konfliktes kontraproduktiv sei, da die Hilfslieferungen der inter-

---

311 Mission *Eine entschlossene Rückkehr*, in: *Terrorist Takedown: Conflict in Mogadishu*.

312 Siehe etwa Missionen *Marka Breakdown* und *Diplomatic Immunity*, in: *Delta Force: Black Hawk Down*.

313 Mission *Besieged*, in: *Delta Force: Black Hawk Down*.

314 Siehe etwa Mission *Radio Aidid*, in: *Delta Force: Black Hawk Down*.

nationalen Gemeinschaft von den somalischen Kriegsparteien abgefangen und für ihre Zwecke missbraucht werden würden.

Auffällig ist die Darstellung somalischer Zivilisten, insbesondere in *Delta Force: Black Hawk Down*. Während in *Terrorist Takedown: Conflict in Mogadishu* keine unbewaffneten Zivilisten auftauchen, trifft man Frauen, Kinder und alte Männer in beinahe jeder Mission von *Delta Force: Black Hawk Down* an. Die Zivilisten, die in den Missionen häufig zwischen den bewaffneten und nicht-uniformierten Milizionären umherlaufen, verhalten sich im Spiel den US-Soldaten gegenüber überaus feindselig: Nähert sich der Spielercharakter, rufen sie „Leave us alone" oder „Go away"; bleibt man über einen längeren Zeitraum in ihrer Reichweite, beginnen die Zivilisten damit, Steine vom Boden aufzuklauben und sie nach den US-Soldaten zu werfen. Treffer der Steinwürfe verursachen ein – wenn auch geringes – Abnehmen der Lebensanzeige des Spielercharakters.[315] Sich gegen die tätlichen Angriffe der Zivilisten zu wehren ist nicht möglich: Neben der permanent und in verschiedenen Formen präsentierten Ermahnung, nicht auf Zivilisten zu schießen, sanktioniert *Delta Force: Black Hawk Down* das Töten einer bestimmten Anzahl von Zivilisten mit dem Abbruch der aktuellen Mission. Für das Spiel erfüllt die Darstellung von Nicht-Kombattanten hauptsächlich zwei Funktionen: Zum einen wird ihre Sicherheit und ihre Versorgung als eigentliches Ziel des Militäreinsatzes auch durch ihre Präsenz angezeigt; zum anderen bewertet das Verhalten der Zivilisten den Zweck des Einsatzes, dessen Nutznießer den Soldaten in *Delta Force: Black Hawk Down* mit offener Ablehnung begegnen.

In der Wahrnehmung des Einsatzes der US-Truppen in Somalia existieren unterschiedliche Auffassungen über die Frage, ob die Militäraktionen als Erfolg gewertet werden können. In einer offiziellen Darstellung des US-Militärs ist dies bejaht worden: Die US-Soldaten hätten ihre Aufträge erfüllt und bewiesen, dass „[t]heir technical competence and physical prowess allow our soldiers, sailors, airmen, and marines to prevail in any operational environment".[316] Der nur aus einer rein operativen Perspektive

---

315 Siehe etwa Mission *Gasoline Alley*, in: *Delta Force: Black Hawk Down*.

316 Siehe Kenneth Allard: *Somalia Operations. Lessons Learned*, Washington 1995, 96. In gleicher Weise äußerte sich Bill Clinton mit Blick auf den Einsatz der Spezialeinheiten: „Anders als die Landung in der Schweinebucht [im Jahr

heraus als Erfolg zu bezeichnende Einsatz in Mogadischu war mit Blick auf seine politischen Konsequenzen für die UN-Mission jedoch ein Phyrrussieg: Mit der Entscheidung der US-Regierung für einen Abzug aus Somalia lief auch die internationale Intervention weitgehend aus; die strategischen Ziele, die Bürgerkriegsparteien zu trennen und humanitäre Hilfe für die Zivilbevölkerung zu leisten, wurden verfehlt.[317] Die Schlacht von Mogadischu, die im Mittelpunkt der Computerspiele zum Einsatz in Somalia steht, kam mit der erfolgreichen Evakuierung der in der Stadt gestrandeten Soldaten zu einem Ende. Ein Konvoi aus Fahrzeugen pakistanischer und malaiischer Blauhelmsoldaten sowie weiterer US-Truppen konnte die mittlerweile versammelten Spezialeinheiten rund 12 Stunden nach dem Beginn des Gefechtes erreichen und in ein Sportstadion bringen, wo sich das Hauptquartier der pakistanischen UNO-Truppen befand. Auch *Terrorist Takedown: Conflict in Mogadishu* beschließt die Narration mit dieser Evakuierung der US-Truppen aus der Gefahrenzone in der somalischen Hauptstadt. In der letzten Mission des Spiels erreicht der Konvoi das rettende Stadion, wo der Spielercharakter von einem Spalier applaudierender US-Soldaten empfangen wird. Ein hochrangiger Offizier salutiert und spricht ein lobendes Schlusswort: „Gut gemacht, Jungs."[318] Mit der Ankunft des Rettungskonvois im Stadion als Schlusspunkt der Narration interpretiert das Spiel die Evakuierung der in Mogadischu verstreuten Soldaten so als er-

---

1961; d.V.] handelte es sich nicht um einen militärischen Fehlschlag". Clinton, *Mein Leben*, 841.

317 Siehe Dirk Metz: *Die Schlacht um das Olympic Hotel am 3./4. Oktober 1993 in Mogadischu/Somalia. Die Niederlage von US- und UN-Streitkräften in einem asymmetrischen Konflikt*, Berlin 2004, hier bes. 29-30. Für Maurice Bertrand fällt der UN-Einsatz in Somalia in eine „Periode der Misserfolge" zwischen den Jahren 1991 und 1994. Maurice Bertrand: *UNO. Geschichte und Bilanz*, Frankfurt am Main 1995, 140. Volker Matthies spricht von der „Operation Enttäuschte Hoffnung". Volker Matthies: *Die UNO am Horn von Afrika. Die Missionen in Somalia (UNOSOM I, UNITAF, UNOSOM II) und in Äthiopien/Eritrea (UNMEE)*, in: Sabine von Schorlemer (Hrsg.): *Praxishandbuch UNO. Die Vereinten Nationen im Lichte globaler Herausforderungen*, Berlin et al. 2003, 41-59, hier bes. 49-51.

318 Mission *Extraktion*, in: *Terrorist Takedown: Conflict in Mogadishu*.

folgreiches Ende der Schlacht; weiterführende Konsequenzen des Einsatzes werden nicht präsentiert.

Auch in *Delta Force: Black Hawk Down* fährt der Konvoi, der die Soldaten evakuiert, unter schwerem Beschuss in das Stadion ein.[319] Das Spiel möchte die Erzählung jedoch nicht an dieser Stelle enden lassen. An das Ende der Kämpfe im Umfeld der abgeschossenen Hubschrauber schließt sich zum Abschluss des Spiels eine Mission an, die einen Zeitsprung in das Jahr 1996 vornimmt. In der Beschreibung zu Beginn der Mission wird erläutert, es ergebe sich durch die Unterstützung einer somalischen Miliz die Chance, Aidids Aufenthaltsort in Mogadischu ausfindig zu machen; der Spielercharakter solle den Anführer der Habr Gedir-Miliz, der „still a major obstacle of stability in the area" sei, in einer Geheimoperation aufspüren und ausschalten. In der Mission kämpft sich der erneut anonym bleibende Spielercharakter durch ein Tunnelsystem, in dem er schließlich Aidid in einer improvisierten Kommandozentrale antrifft. Nachdem Aidid in einem kurzen Feuergefecht getötet ist, setzt der Spielercharakter einen Funkspruch an die verbündete Miliz ab: „Aidid just had a heart attack. I tried my best, but I was unable to revive him." Beim Verlassen des Tunnelsystems zum Ende der Mission funkt der Spielercharakter seine geheimdienstlichen Hintermänner an und vermeldet die erfolgreiche Erledigung des Auftrags; die Antwort lautet: „I'm sure, the entire population here will thank you." Bescheiden und dienstbeflissen erwidert der Spielercharakter: „Just doin' my job, but thanks."[320]

Delta Force: Black Hawk Down verzahnt mit dieser Darstellung eine kontrafaktische Deutung der Todesumstände Aidids mit den zeitgenössisch kursierenden Versionen: Nach der vom Habr Gedir-Clan vermeldeten Fassung starb Aidid am 1.8.1996 an einem Herzinfarkt; anderen Quellen zufolge stand sein Tod in Zusammenhang mit Schussverletzungen, die er sich eine Woche zuvor bei Gefechten mit einer verfeindeten Miliz zugezogen hatte.[321] Das Spiel präsentiert eine andere Version, indem es zeigt, wie der Milizenführer durch die Hand des geheim operierenden Spielercharakters stirbt; mit dem Verweis auf den Herzinfarkt im Funkspruch, die Datierung

---

319 Siehe Mission *Mogadishu Mile*, in: *Delta Force: Black Hawk Down*.

320 Mission *Aidid Takedown*, in: *Delta Force: Black Hawk Down*.

321 Siehe Shaul Shay: *Somalia between Jihad and Restoration*, New Brunswick 2008, 73.

der Mission auf den offiziellen Todestag Aidids und die Unterstützung durch eine mit Aidid rivalisierende, somalische Miliz schließt *Delta Force: Black Hawk Down* diese Darstellung jedoch an den realhistorischen Kontext an, indem es eine Erklärung dafür anbietet, wie die Versionen der Todesumstände entstanden sein könnten. Gleichzeitig integriert das Spiel eine Episode, mit der der Einsatz nachträglich doch noch als Erfolg legitimiert werden kann, indem sie offensichtlich unterstreichen will, dass Feinde des US-Militärs nicht ungestraft davonkommen können. Den narrativen Konventionen von Computerspielen folgend, darf der Spieler in *Delta Force: Black Hawk Down* den Drahtzieher des Gegners auf diesem Weg doch noch zur Rechenschaft ziehen.

Abbildung 16: Aufeinandertreffen mit Mohammed Farah Aidid in Delta Force: Black Hawk Down

Quelle: Screenshot aus *Delta Force: Black Hawk Down* (PC, Microsoft Xbox, Sony PlayStation 2), Entwicklung und Vertrieb: NovaLogic, 2003.

Der Golfkrieg und der UN-Einsatz in Somalia waren Konflikte, die durch die Asymmetrie der Kriegsführung gekennzeichnet waren: Während eine multinationale Koalition 1991 einen Triumph der Technologie feierte und ihn medial als solchen zelebrieren ließ, war der Einsatz in Somalia ein Vorbote jener „neuen Kriege", die Herfried Münkler als Konflikte beschrieben hat, in denen Staaten das Monopol des Krieges verloren haben und lokale Kriegsherren in unübersichtlichen Frontstellungen und mit den Mitteln des Kleinkrieges um Macht und Ressourcen kämpfen.[322] Die Computerspiele, die diese historischen Kriege nach dem Ende des Kalten Krieges darstellen, beachten diese Charakteristika und lassen sie erkennbar in die Konzeption der Handlung einfließen, ergänzen sie jedoch um an ihren Konventionen ausgerichteten Aspekten. Dies wird insbesondere bei Konstruktionen des Kriegsendes deutlich, bei dem der Kopf der gegnerischen Kriegspartei getötet und damit zur Rechenschaft gezogen wird, obwohl dies realhistorisch in beiden Konflikten nicht der Fall war. Was bei der Darstellung des Golfkrieges als Antizipation eines zeitgeschichtlich noch bevorstehenden Vorgangs gedeutet werden kann, ist mit Blick auf die UN-Mission in Somalia ein Umschreiben der Bedeutung der Einsätze US-amerikanischer Spezialeinheiten in Mogadischu, die in den Spielen als militärischer Erfolg präsentiert werden. Auch dieses nichtdeklarierte Kriegsende mit einem interpretationsfähigen Ergebnis verweist darauf, dass sich die ‚neuen Kriege' maßgeblich von den militärischen Konflikten des 20. Jahrhunderts unterscheiden.

---

322 Siehe Herfried Münkler: *Die neuen Kriege*, 3. Aufl., Reinbek bei Hamburg 2007.

„Andere Regeln"

ZUSAMMENFASSUNG UND AUSBLICK

Geschichtliches Erleben ist nur einen Tastendruck entfernt. In Fernseh-
spots, mit denen der Elektronikhersteller Sony seit Februar 2012 sein neues
Konsolensystem bewirbt, treten Spieler aus alltäglichen Situationen über-
gangslos in die Spielewelt über, die nicht in virtueller Grafik, sondern als
Realfilm gezeigt wird. Die Botschaft der Werbung ist naheliegend: Der
Spieler soll durch das Spielen auf der Konsole ein Dabeisein erleben können, das sich von der Realität nicht unterscheidet, in der jedoch „andere
Regeln herrschen": In Boxkämpfen, in Dschungellandschaften oder im
Zweiten Weltkrieg bei der alliierten Landung in der Normandie im Jahr
1944.[1] Video- und Computerspiele, die in einem historischen Setting angesiedelt sind und Vergangenheit darstellen, kreieren eigene geschichtliche
Welten, die Authentizität und Realitätsnähe für sich beanspruchen. Entlang
medienmorphologischer und wirtschaftlicher Voraussetzungen verfolgen
die Spiele eine primäre Zielsetzung, die als zentrale Werbebotschaft auch in
dieser Kampagne enthalten ist: Sie möchten unterhalten, nicht unterrichten.

Computerspiele, die historische Kriege des 20. Jahrhunderts darstellen
und als Vorlage wählen, sind populärkulturelle Medien der Vergangenheitsrepräsentation und als solche Teil einer Reihe von Erinnerungsmedien,
in denen historische Narrative platziert und Geschichtsbilder generiert wer-

---

1 Video *Fernsehwerbung zur Veröffentlichung von PS Vita*, 14.02.2012, in: Sony
 PlayStation Vita, URL: de.playstation.com/ps3/news/articles/detail/item460454
 [Stand: 01.03.2012].

den. Wie in allen Medien hinterlassen die Spezifika von Computerspielen selbst Spuren auf den erzeugten Geschichtsbildern: Genres strukturieren die Inhalte und geben die Perspektive vor, aus der heraus historische Welten und geschichtliches Handeln präsentiert wird. Die Notwendigkeit einer stimmigen Inszenierung schließt bestimmte narrative Aspekte bei der Darstellung historischer Kriege aus und verdichtet Erzählungen auf Eigenschaften, die den medialen Voraussetzungen entsprechen. Während nichtlineare Spiele selbst kontrafaktische Geschichtsversionen produzieren und die mehrdimensionale Prozesshaftigkeit historischen Handelns verdeutlichen, verwenden linear aufgebaute Spiele mit einer vorgegebenen Narration Geschichte vielfach als Setzkasten, dessen Einzelteile entsprechend der zu erzählenden Geschichten ausgewählt, gewichtet und kombiniert werden; auch neue narrative Bestandteile einzubringen wird durch die lediglich als Richtschnur dienende Realgeschichte weder in Details noch bei der Neukomposition größerer historische Kontexte ausgeschlossen.

Konflikte zwischen einerseits den Anforderungen von Genrekonventionen und der prinzipiellen Funktion von Computerspielen als Unterhaltungsmedien einerseits und der Umsetzung des oft selbst erhobenen Anspruches, Geschichte möglichst realitätsnah darzustellen, werden in den Spielen fast ausnahmslos zugunsten der medialen Ansprüche entschieden. Dies gilt sowohl für die Spielekonzepte – wird der Spielercharakter eines First-Person-Shooters getroffen, führt dies eben nicht zum sofortigen Abbruch der Spielrunde – als auch für die entworfenen Narrative: Weil sich die Bedingungen nuklearer Kriegsführung in Strategiespielen nicht ansprechend inszenieren lassen, wird der Einsatz von Atomwaffen in einem eskalierenden Kalten Krieg mit narrativen Mitteln ausgeschlossen; aus dramaturgischen Gründen wird der technologische Stand und numerische Bestand deutscher ‚Wunderwaffen' des Zweiten Weltkrieges maßlos übertrieben; die Komplexität der gezeigten historischen Konstellationen wird auf die handlungsrelevanten Aspekte für ein Spiel reduziert, was bei der Darstellung historischer Kriege eine fast ausschließliche Fokussierung des Militärischen und die Ausblendung von Politik und der zivilen Sphäre bedeutet.

In ihrer narrativen Anlage orientieren sich die Spiele – für die Darstellung verschiedener Kriege unterschiedlich stark ausgeprägt – an anderen Erinnerungsmedien: Gedenken soll durch das bloße Postulat oder die visuelle Repräsentation von Denkmälern und Erinnerungsorten evoziert werden, Handlungstopoi wie das Erzählen von Initiationsgeschichten im Vietnamkrieg können auf äquivalente Muster in anderen Erinnerungsmedien rückbezogen werden. Narratives Importieren, das Zitieren ganzer Sequenzen aus Kriegsfilmen und das virtuelle Übersetzen bildästhetischer Bestandteile ist eine vielfach zu beobachtende Strategie der Spiele, um sich aktiv mit anderen Erinnerungsmedien zu assoziieren. Wie etwa die Darstellung der Piloten des Ersten Weltkrieges verdeutlicht, greifen Computerspiele bei der Auswahl und der Präsentation historischer Ereignisse häufig auf beständige und erinnerungskulturell ausgeformte Geschichtsbilder zurück, die durch die Visualisierung in besonderem Maß bestärkt werden. Spielfilme als populärkulturelle Erinnerungsmedien sind neben ihrer Funktion als narrative Vorlagengeber die wichtigste Referenz der Spiele, wie sich etwa auch bei der Verwendung von Musik, die erst in Filmen erinnerungskulturell aufgeladen worden ist, zeigt. Dass die Spiele eigene erinnerungskulturelle Modi und Darstellungsweisen entwickeln und versuchen, unabhängig von etablierten Vorlagen und entsprechend ihrer eigenen, medienmorphologischen Eigenschaften narrative und gestalterische Schwerpunkte zu setzen, kann nur in wenigen Einzelfällen wie dem Topos des Hubschrauberabsturzes in den Spielen zum Vietnamkrieg nachgezeichnet werden.

Das Ziel dieser Untersuchung war es, eine erinnerungskulturelle Perspektive an Computerspiele anzulegen, nach den Möglichkeiten zu fragen, die ihnen zur Verfügung stehen, Geschichte darzustellen und bei der Betrachtung von Spielen, die historische Kriege des 20. Jahrhunderts als Hintergrund wählen, narrative Muster und Topoi auszumachen und erinnerungskulturelle Querverbindungen zu entdecken. Die Untersuchung hat sich ganz auf die Inhalte von Computerspielen konzentriert und damit zwei wichtige Glieder der medialen Erinnerungskette aussparen müssen: Die Entwickler als Autoren der in den Spielen auffindbaren historischen Welten und die Computerspieler als Mediennutzer und Rezipienten der angebotenen Geschichtsbilder. Die historischen Narrative und Darstellungsweisen von Geschichte sind letztlich das Produkt einer jeweils eingrenzbaren Gruppe von Entwicklern, deren inhaltliche und wirtschaftliche Vorgaben und Zielsetzungen, Informationsquellen und darstellerischen Ansprüche bei der weiteren Analyse von Computerspielen mit einem historischen Hintergrund einbezogen werden könnten.[2] Ein weiterer und heuristisch zweifellos lohnenswerter Schritt bei der Untersuchung der Geschichtsdarstellungen in Computerspielen würde in der Beantwortung der Frage bestehen, was passiert, wenn die virtuellen Vergangenheitsversionen der Spiele auf das Geschichtsbewusstsein und historische Vorwissen der Spieler treffen. Eine kommunikationswissenschaftlich fundierte Analyse auf einer breiten empirischen Datenbasis könnte diese wissenssoziologischen Prozesse beleuchten und Auskunft darüber geben, ob und wie bestehende Vorstellungen von Geschichte im Allgemeinen und bestimmten historischen Ereignissen durch Computerspiele bestärkt, erweitert oder vollständig verändert und wie virtuell dargestellte Geschichtsbilder in den historischen Wissenshorizont transponiert werden.[3]

---

2 Ein Schritt in diese Richtung ist der Aufsatz von Benedikt Schüler, Christopher Schmitz und Karsten Lehmann, der über die Implementierung von Geschichte in Computerspiele aus Sicht von Entwicklern und Publishern Auskunft gibt. Siehe Schüler/Schmitz/Lehmann, *Geschichte als Marke*.

3 Eine ergiebige, kommunikationswissenschaftliche Studie, die in diese Richtung weist und zeigt, wie die Analyse eines empirischen Datenbasis zum Geschichtsbewusstsein von Computerspielern durchgeführt werden kann, hat Agnes Dyszy vorgelegt: Auf der Grundlage einer breiten Datengrundlage wird hier untersucht, welchen Einfluss die Nationalität und Selbstkategorisierung der Spieler auf die Auswahl einer zu steuernden Kriegspartei in Spielen zum Zweiten Weltkrieg nimmt. Siehe Agnes Dyszy: *Konflikt der Nationen. Eine empirische Studie zum Einfluss der Selbstkategorisierung der Spieler als Teil der deutschen Spielnation auf die Nutzung von Zweiter-Weltkrieg-Spielen*, unveröffentlichte Bachelorarbeit am Institut für Journalistik und Kommunikationsforschung, Hochschule für Musik und Theater Hannover 2010.

Verzeichnisse

Spieleverzeichnis

Modifikation *1378 (km)*, Entwicklung: Jens Stober, 2009.

1914 – Die Schalen des Zorns (PC), Entwicklung: h2f Informationssysteme, Vertrieb: rondomedia, 2006.

Air Conflicts (PC), Entwicklung: 3D People, Vertrieb: 1C Company, 2006.

Afrika Korps vs. Desert Rats (PC), Entwicklung: Digital Reality, Vertrieb: Monte Christo Multimedia, 2004.

Aggression – Reign over Europe (PC), Entwicklung: Lesta Studios, Vertrieb: Playlogic, 2008.

America's Army 3 (PC), Entwicklung: Zombie Studios, Vertrieb: U.S. Army, 2009.

Another War: Im Krieg ist jede Reise ein Abenteuer (PC), Entwicklung: Mirage Interactive, Vertrieb: Cenega Publishing, 2002.

Battle for the Pacific (PC, Microsoft Xbox 360, Sony PlayStation 3), Entwicklung: Cauldron, Vertrieb: Activision, 2007.

Add-On *Battlefield 1942: Secret Weapons of World War II* (PC), Entwicklung: Digital Illusions, Vertrieb: Electronic Arts, 2003.

Battlefield Heroes (Browser), Entwicklung: Digital Illusions, Vertrieb: Electronic Arts, 2009.

Battlefield Vietnam (PC), Entwicklung: Digital Illusions, Vertrieb: Electronic Arts, 2004.

Battlefield Vietnam Redux (PC), Entwicklung: Digital Illusions, Vertrieb: Electronic Arts, 2005.

Battlestations Midway (PC, Microsoft Xbox 360), Entwicklung und Vertrieb: Eidos Interactive, 2007.

Battlestations Pacific (PC, Microsoft Xbox 360), Entwicklung und Vertrieb: Eidos Interactive, 2009.

Battlestrike: Call to Victory (PC), Entwicklung: Jarhead Games, Vertrieb: City Interactive, 2005.

Battlestrike: Der Widerstand (PC), Entwicklung und Vertrieb: City Interactive, 2008.

Battlestrike: Secret Weapons (PC), Entwicklung: Direct Action Games, Vertrieb: City Interactive, 2007.

Blitzkrieg (PC), Entwicklung: Nival Interactive, Vertrieb: CDV Software Entertainment, 2003.

Brothers in Arms – Hell's Highway (PC, Microsoft Xbox 360, Sony PlayStation 3), Entwicklung: Gearbox Software, Vertrieb: Ubisoft, 2008.

Brothers in Arms – Road to Hill 30 (PC, Microsoft Xbox, Sony PlayStation 2), Entwicklung: Gearbox Software, Vertrieb: Ubisoft, 2005.

Call of Cthulhu: Dark Corners of the Earth (PC, Microsoft Xbox), Entwicklung: Headfirst Productions, Vertrieb: 2K Games, 2005.

Call of Duty (PC), Entwicklung: Infinity Ward, Vertrieb: Activision, 2003.

Call of Duty 2 (PC, Microsoft Xbox 360), Entwicklung: Infinity Ward, Vertrieb: Activision, 2005.

Call of Duty 4 – Modern Warfare (PC, Microsoft Xbox 360, Sony PlayStation 3), Entwicklung: Infinity Ward, Vertrieb: Activision, 2008.

Call of Duty – Black Ops (PC, Microsoft Xbox 360, Sony PlayStation 3, Nintendo Wii), Entwicklung: Treyarch, Vertrieb: Activision, 2010.

Call of Duty – Finest Hour (Microsoft Xbox, Sony PlayStation 2, Nintendo GameCube), Entwicklung: Spark Unlimited, Vertrieb: Activision, 2004.

Call of Duty – Modern Warfare 2 (PC, Microsoft Xbox 360, Sony PlayStation 3), Entwicklung: Infinity Ward, Vertrieb: Activision, 2009.

Call of Duty – Modern Warfare 3 (PC, Microsoft Xbox 360, Sony PlayStation 3), Entwicklung: Infinity Ward, Vertrieb: Activision, 2011.

Call of Duty – World at War (PC, Microsoft Xbox 360, Sony PlayStation 3, Nintendo Wii), Entwicklung: Treyarch, Vertrieb: Activision, 2008.

Codename: Panzers – Cold War (PC), Entwicklung: Stormregion, Vertrieb: Atari Europe, 2009.

Cold War (PC, Microsoft Xbox), Entwicklung: Mindware Studios, Vertrieb: DreamCatcher Interactive, 2005.

Cold War Conflicts – Days in the Field 1950-1973 (PC), Entwicklung: Red Ice, Vertrieb: Most Wanted Games, 2003.

Combat Mission 3: Afrika Korps (PC), Entwicklung: Battlefront.com, Vertrieb: CDV Software Entertainment, 2003.

Commander: Europe at War (PC), Entwicklung: Slitherine Software, Vertrieb: Matrix Games, 2007.

Commandos 2: Men of Courage (PC, Microsoft Xbox, Sony PlayStation 2), Entwicklung: Pyro Studios, Vertrieb: Eidos Interactive, 2001.

Commandos 3: Destination Berlin (PC), Entwicklung: Pyro Studios, Vertrieb: Eidos Interactive, 2003.

Commandos: Strike Force (PC, Microsoft Xbox, Sony PlayStation 2), Entwicklung: Pyro Studios, Vertrieb: Eidos, 2006.

Company of Heroes: Opposing Fronts (PC), Entwicklung: Relic Entertainment, Vertrieb: THQ, 2007.

Company of Heroes: Tales of Valor (PC), Entwicklung: Relic Entertainment, Vertrieb: THQ, 2009.

Conflict: Desert Storm (PC, Microsoft Xbox, Sony PlayStation 2, Nintendo GameCube), Entwicklung: Pivotal Games, Vertrieb: SCi Games, 2002.

Conflict: Desert Storm II (PC, Microsoft Xbox, Sony PlayStation 2, Nintendo GameCube), Entwicklung: Pivotal Games, Vertrieb: SCi Games, 2003.

Conflict: Vietnam (PC, Microsoft Xbox, Sony PlayStation 2), Entwicklung: Pivotal Games, Vertrieb: SCi Games, 2004.

Darkest of Days (PC, Microsoft Xbox 360), Entwicklung: 8monkey Labs, Vertrieb: Phantom EFX, 2009.

Day of Defeat. Source (PC), Entwicklung und Vertrieb: Valve, 2005.

Defcon. Global Thermonuclear War (PC), Entwicklung: Introversion Software, Vertrieb: Valve, 2006.

Delta Force: Black Hawk Down (PC, Microsoft Xbox, Sony PlayStation 2), Entwicklung und Vertrieb: NovaLogic, 2003.

Desert Strike: Return to the Gulf (DOS), Entwicklung und Vertrieb: Electronic Arts, 1992.

Elite Warriors: Vietnam (PC), Entwicklung: nFusion Interactive, Vertrieb: Bold Games, 2005.

F-15 Eagle Strike II: Operation Desert Storm, Entwicklung und Vertrieb: Microprose, 1992.

F/A-18 Operation Desert Storm (PC), Entwicklung: Graphism Entertainment, Vertrieb: Application Systems, 2005.

First Eagles: The Great War 1918 (PC), Entwicklung: Third Wire, Vertrieb: G2 Games, 2006.

Half-Life 2 (PC, Microsoft Xbox), Entwicklung: Valve, Vertrieb: Sierra Entertainment, 2004.

Hearts of Iron (PC), Entwicklung: Paradox Entertainment, Vertrieb: 1C Company, 2002.

Hearts of Iron II (PC), Entwicklung und Vertrieb: Paradox Interactive, 2005.

Hearts of Iron III (PC), Entwicklung: Paradox Interactive, Vertrieb: snowball.ru, 2009 [russische Version].

Add-On *Hearts of Iron III: For the Motherland* (PC), Entwicklung: Paradox Interactive, Vertrieb: Koch Media, 2011.

Add-On *Hearts of Iron III: Semper Fi* (PC), Entwicklung: Paradox Interactive, Vertrieb: Koch Media, 2010.

Heroes over Europe (PC, Microsoft Xbox 360, Sony PlayStation 3), Entwicklung: Transmission Games, Vertrieb: Ubisoft, 2009.

Homefront (PC, Microsoft Xbox 360, Sony PlayStation 3), Entwicklung: Kaos Studios, Vertrieb: THQ, 2011.

IL-2 Sturmovik (PC), Entwicklung: 1C Maddox Games, Vertrieb: Ubisoft, 2003.

IL-2 Sturmovik 1946 (PC), Entwicklung: 1C Maddox Games, Vertrieb: Ubisoft, 2007.

Iron Storm (PC), Entwicklung: 4X Studio, Vertrieb: Wanadoo Edition, 2002.

Jane's Combat Simulations: AH-64D Longbow (DOS), Entwicklung und Vertrieb: Digital Integration, 1996.

Korea – Forgotten Conflict (PC), Entwicklung: Plastic Reality Technologies, Vertrieb: Tri Synergy, 2003.

Line of Sight: Vietnam (PC), Entwicklung: nFusion Interactive, Vertrieb: Atari Europe, 2003.

Making History. The Calm & The Storm (PC), Entwicklung: Muzzy Lane, Vertrieb: Strategy First, 2007.

Making History II: The War of the World (PC), Entwicklung: Muzzy Lane, Vertrieb: Lace Mamba Global, 2010.

Marine Heavy Gunner Vietnam (PC), Enwickler: BrainBox Games, Vertrieb: City Interactive, 2004.

Master of the Skies: The Red Ace (PC), Entwicklung: Fiendish Games, Vertrieb: Small Rockets, 2000.

Medal of Honor (Sony PlayStation 2), Entwicklung: Dreamworks Interactive, Vertrieb: Electronic Arts, 1999.

Medal of Honor (PC, Microsoft Xbox 360, Sony PlayStation 3), Entwicklung und Vertrieb: Electronic Arts, 2010.

Medal of Honor – Allied Assault (PC), Entwicklung: 2015 Inc., Vertrieb: Electronic Arts, 2002.

Medal of Honor – European Assault (Microsoft Xbox, Sony PlayStation 2, Nintendo GameCube), Entwicklung und Vertrieb· Electronic Arts, 2005.

Medal of Honor – Frontline (Microsoft Xbox, Sony PlayStation 2, Nintendo GameCube), Entwicklung und Vertrieb: Electronic Arts, 2002.

Medal of Honor – Pacific Assault (PC), Entwicklung und Vertrieb: Electronic Arts, 2004.

Medal of Honor – Pacific Assault: Director's Edition (PC), Entwicklung und Vertrieb: Electronic Arts, 2004.

Medal of Honor – Underground (Sony PlayStation, Nintendo GameBoy Advance), Entwicklung: Dreamworks Interactive, Vertrieb: Electronic Arts, 2002.

Medal of Honor – Vanguard (Sony PlayStation 2, Nintendo Wii), Entwicklung und Vertrieb: Electronic Arts, 2007.

Men of Valor (PC, Microsoft Xbox), Entwicklung: 2015 Inc., Vertrieb: Sierra Entertainment, 2004.

Add-On *Microsoft Flight Simulator 2000: Air Power – The Cold War* (PC), Entwicklung: AlphaSim, Vertrieb: Microsoft, 2001.

Mortyr 2093-1944 (PC), Entwicklung und Vertrieb: Mirage Media, 1999.

Mortyr II (PC), Entwicklung: Mirage Interactive, Vertrieb: Vivendi Universal Games, 2004.

Necronomicon: Das Mysterium der Dämmerung (PC, Sony PlayStation), Entwicklung und Vertrieb: Wanadoo Edition, 2001.

Necrovision (PC), Entwicklung: The Farm 51, Vertrieb: 1C Company, 2009.

Necrovision: Lost Company (PC), Entwicklung: The Farm 51, Vertrieb: 1C Company, 2009.

Officers – Operation Overlord (PC), Entwicklung: GFI Russia, Vertrieb: Peter Games, 2009.

Operation Victory: Für König und Vaterland (PC), Entwicklung: Breakthrough New Media, Vertrieb: Kalypso Media, 2005.

Operation Vietnam (Nintendo DS), Entwicklung: Coyote Developments, Vertrieb: Majesco Entertainment, 2007.

Pacific Fighters (PC), Entwicklung: 1C Maddox Games, Vertrieb: Ubisoft, 2004.

Panzer Elite Action (PC, Microsoft Xbox, Sony PlayStation 2), Entwicklung: ZootFly, Vertrieb: JoWooD Productions, 2006.

Platoon. Vietnam War (PC), Entwicklung: Digital Reality, Vertrieb: Monte Cristo Multimedia, 2002.

Prisoner of War (PC), Entwicklung: Wide Games, Vertrieb: Codemasters, 2002.

Red Baron (PC, Sony, PlayStation 2), Entwicklung: Atomic Planet Entertainment, Vertrieb: Davilex Games, 2005.

Red Baron 3-D (PC), Entwicklung: Dynamix, Vertrieb: Sierra On-Line, 1998.

Return to Castle Wolfenstein (PC), Entwicklung: Gray Matter Interactive, Vertrieb: Activision, 2001.

Rise of Flight: The First Great Air War (PC), Entwicklung: neogb, Vertrieb: 777 Studios, 2009.

Rome – Total War (PC), Entwicklung: The Creative Assembly, Vertrieb: Sega, 2004.

Royal Marines Commando (PC), Entwicklung: EX Jupiter, Vertrieb: City Interactive, 2008.

R.U.S.E. (PC, Microsoft Xbox 360, Sony PlayStation 3), Entwicklung: Eugen Systems, Vertrieb: Ubisoft, 2011.

Rush for Berlin (PC), Entwicklung: Stormregion Szoftverfejlesztö, Vertrieb: Deep Silver, 2006.

Search and Rescue 2 (PC), Entwicklung: InterActive Vision, Vertrieb: Swing! Entertainment Media, 2000.

Search & Rescue: Coastal Heroes (PC), Entwicklung: InterActive Vision, Vertrieb: Global Star Software, 2002.

Shellshock: Nam '67 (PC, Microsoft Xbox, Sony PlayStation 2), Entwicklung: Guerilla Games, Vertrieb: Eidos, 2004.

Shellshock 2 – Blood Trails (PC, Microsoft Xbox 360, Sony PlayStation 3), Entwicklung: Rebellion Developments, Vertrieb: ND Games, 2009.

Silent Hunter III (PC), Entwicklung und Vertrieb: Ubisoft, 2005.

Silent Hunter 4: Wolves of the Pacific (PC), Entwicklung und Vertrieb: Ubisoft, 2007.

Silent Hunter 5: Battle of the Atlantic (PC), Entwicklung und Vertrieb: Ubisoft, 2010.

Silent Hunter 5: Battle of the Atlantic – Collector's Edition (PC), Entwicklung und Vertrieb: Ubisoft, 2010.

Sky Aces. Kampf der Reichsadler (PC), Entwicklung: The X Studio Productions, Vertrieb: IncaGold, 2006.

Sniper Elite (PC, Microsoft Xbox, Sony PlayStation 2), Entwicklung: Rebellion Developments, Vertrieb: MC2 France, 2005.

Snoopy vs. The Red Baron (PC, Sony PlayStation 2), Entwicklung: Smart Bomb Interactive, Vertrieb: Namco Bandai Games, 2006.

Sudden Strike (PC), Entwicklung: Fireglow Games, Vertrieb: CDV, 2000.

Supreme Ruler: Cold War (PC), Entwicklung: BattleGoat Studios, Vertrieb: Paradox Interactive, 2011.

Terrorist Takedown: Conflict in Mogadishu (PC), Entwicklung: Jarhead Games, Vertrieb: Groove Games, 2005.

The Entente – World War I Battlefields (PC), Entwicklung: Lesta Studio, Vertrieb: Buka Entertainment, 2003.

The Great Escape – Gesprengte Ketten (PC), Entwicklung: Pivotal Games, Vertrieb: SCi Games, 2003.

The Heat of War (PC), Entwicklung: Groove Games, Vertrieb: City Interactive, 2005.

Theatre of War 2: Africa 1943 (PC), Entwicklung und Vertrieb: 1C Company, 2009.

Tornado (Amiga, DOS), Entwicklung: Digital Integration, Vertrieb: Spectrum Holobyte, 1993.

Tornado. Limited Edition mit *Operation Desert Storm* (DOS), Entwicklung und Vertrieb: Digital Integration, 1993.

Add-On *Tornado: Operation Desert Storm* (DOS), Entwicklung und Vertrieb: Digital Integration, 1994.

U-Boot-Simulator 1. Weltkrieg (PC), Entwicklung: h2f Informationssysteme, Vertrieb: astragon, 2009.

Undercover: Doppeltes Spiel (Nintendo DS), Entwicklung: Sproing Inter-active, Vertrieb: Anaconda, 2007.

Undercover: Operation Wintersonne (PC), Entwicklung: Sproing Interac-tive, Vertrieb: Anaconda, 2006.

Velvet Assassin (PC, Microsoft Xbox 360), Entwicklung: Replay Studios, Vertrieb: Southpeak Games, 2008.

Vietcong (PC), Entwicklung: Illusion Softworks und Pterodon, Vertrieb: Gathering of Developers, 2003.

Vietcong 2 (PC), Entwicklung: Pterodon, Vertrieb: 2K Games, 2004.

Vietnam Med+Evac (PC), Entwicklung: InterActive Vision, Vertrieb: Just Flight, 2003.

War Front – Turning Point (PC), Entwicklung: 10tacle studios, Vertrieb: Digital Reality, 2007.

War Leaders – Clash of Nations (PC), Entwicklung: Enigma Studios, Vertrieb: The Games Company, 2008.

War Leaders – Clash of Nations (PC), Entwicklung: Enigma Studios, Vertrieb: V.2 Play, 2008 [Originalversion].

War in the Gulf (Amiga, Atari ST, DOS), Entwicklung: Oxford Digital Enterprises, Vertrieb: Empire Software, 1993.

Wings of War (PC, Microsoft Xbox), Entwicklung: Silver Wish Games, Vertrieb: Gathering, 2004.

Wings Over Europe – Cold War: Soviet Invasion (PC), Entwicklung: Third Wire Productions, Vertrieb: Bold Games, 2006.

Wings Over Vietnam (PC), Entwicklung: Third Wire Production, Vertrieb: Bold Games, 2004.

Wolfenstein (PC, Microsoft Xbox 360, Sony Playstation 3), Entwicklung: Raven Software, Vertrieb: Activision Blizzard, 2009.

Wolfenstein 3D (DOS), Entwicklung: id Software, Vertrieb: Apogee, 1992.

Wings of Honour (PC), Entwicklung und Vertrieb: City Interactive, 2003.

Wings of Honour – Battles of the Red Baron (PC), Entwicklung und Vertrieb: City Interactive, 2006.

World in Conflict (PC), Entwicklung: Sierra Entertainment, Vertrieb: Mas-sive Entertainment, 2007.

World in Conflict – Collector's Edition (PC), Entwicklung: Massive Enter-tainment, Vertrieb: Sierra Entertainment, 2007.

Add-On *World in Conflict: Soviet Assault* (PC), Entwicklung: Massive En-tertainment, Vertrieb: Ubisoft, 2009.

World War I – Grabenkrieg in Europa (PC), Entwicklung: Dark Fox, Vertrieb: The Games Company, 2005.

WWII Battle Tanks: T-34 vs. Tiger (PC), Entwicklung: G5 Software, Vertrieb: Lighthouse Interactive, 2008.

WW II: Battle over the Pacific (PC, Sony PlayStation 2), Entwicklung: Naps Team, Vetrieb: Midas Interactive, 2006.

FILMVERZEICHNIS

Antz, Regie: Eric Darnell, Tim Johnson, USA 1998.

Apocalypse Now, Regie: Francis Ford Coppola, USA 1979.

Apocalypse Now Redux, Regie: Francis Ford Copolla, USA 2001.

Band of Brothers, versch. Regisseure, USA 2001.

Black Hawk Down, Regie: Ridley Scott, USA 2001.

Bombshell, Regie: Victor Fleming, USA 1933.

Born on the Fourth of July, Regie: Oliver Stone, USA 1989.

Carve Her Name with Pride, Regie: Lewis Gilbert, Großbritannien 1958.

Der Rote Baron, Regie: Nikolai Müllerschön, Deutschland/Großbritannien 2008.

Dr. Strangelove or: How I Learned to Stop Worrying and Love the Bomb, Regie: Stanley Kubrick, Großbritannien 1964.

Enemy at the Gates, Regie: Jean-Jaques Annaud, USA et al. 2001.

Full Metal Jacket, Regie: Stanley Kubrick, USA 1987.

Good Morning, Vietnam, Regie: Barry Levinson, USA 1987.

Indiana Jones und der letzte Kreuzzug, Regie: Steven Spielberg, USA 1989.

Indiana Jones und der Temple des Todes, Regie: Steven Spielberg, 1984.

Inglourious Basterds, Regie: Quentin Tarantino, Deutschland und USA 2009.

Jäger des verlorenen Schatzes, Regie: Steven Spielberg, USA 1981.

James Bond 007 – Man lebt nur zweimal, Regie: Lewis Gilbert, Großbritannien 1967.

Modern Marvels, Staffel 10, Folge 84: Die Berliner Mauer, Produktion: Don Cambou, USA 2003.

Pearl Harbor, Regie: Michael Bay, USA 2001.

Platoon, Regie: Oliver Stone, USA 1986.

Rambo – First Blood, Regie: Ted Kotcheff, USA 1982.

Revenge of the Red Baron, Regie: Robert Gordon, USA 1994.

Saving Private Ryan, Regie: Steven Spielberg, USA 1998.

Siebzehn Augenblicke des Frühlings, Regie: Tatjana Liosnowa, UdSSR 1973.

Taxi Driver, Regie: Martin Scorsese, USA 1976.

The Blue Max, Regie: John Guillermin, Großbritannien 1966.

The Great Escape, Regie: John Sturges, USA 1963.

The Longest Day, Regie: Ken Annakin, Ben Morton u.a., USA 1962.

The Thin Red Line, Regie: Terrence Malick, USA 1998.

Von Richthofen and Brown, Regie: Roger Corman, USA 1971.

WarGames, Regie: John Badham, USA 1983.

We Were Soldiers, Regie: Randall Wallace, USA 2002.

Windtalkers, Regie: John Woo, USA 2002.

BIBLIOGRAPHIE

Adams, Michael C.: *The Best War Ever. America and World War II*, London 1994.

Afflerbach, Holger/David Stevenson (Hrsg.): *An Improbable War? The Outbreak of World War I and the European Political Culture before 1914*, Oxford 2007.

Allard, Kenneth: *Somalia Operations. Lessons Learned*, Washington 1995.

Anderson, Craig A./Douglas A. Gentile/Katherine E. Buckley: *Violent Video Game Effects on Children and Adolescents. Theory, Research, and Public Policy*, Oxford 2007.

Andree, Martin: *Archäologie der Medienwirkung. Faszinationstypen von der Antike bis heute (Simulation, Spannung, Fiktionalität, Authentizität, Unmittelbarkeit, Geheimnis, Ursprung)*, München 2005.

Antal, John: *Brothers in Arms. Hell's Highway*, New York 2008.

Antal, John: *Brothers in Arms. Hell's Highway. The True Story of the 101st Airborne Division during Operation Market Garden, September 17-25, 1944*, Minneapolis 2008.

Appel, Daniel u.a. (Hrsg.): *WeltKriegsShooter. Computerspiele als realistische Erinnerungsmedien?* Boizenburg 2012.

Ashworth, Tony: *Trench Warfare, 1914-1918. The Live and Let Live System*, London 1980.

Assmann, Aleida/Jan Assmann: *Das Gestern im Heute. Medien und soziales Gedächtnis*, in: Klaus Merten/Siegfried J. Schmidt/Siegfried Weischenberg (Hrsg.): *Die Wirklichkeit der Medien. Eine Einführung in die Kommunikationswissenschaft*, Opladen 1994, 114-14.

Assmann, Aleida: *Geschichte im Gedächtnis. Von der individuellen Erfahrung zur öffentlichen Inszenierung*, München 2007.

Assmann, Aleida: *Zur Mediengeschichte des kulturellen Gedächtnisses*, in: Astrid Erll/Ansgar Nünning (Hrsg.): *Medien des kollektiven Gedächtnisses. Konstruktivität – Historizität – Kulturspezifität*, Berlin 2004, 45-60.

Assmann, Jan: *Das kulturelle Gedächtnis. Schrift, Erinnerung und politische Identität in frühen Hochkulturen*, 2. durchges. Aufl., München 1997.

Assmann, Jan: *Kollektives Gedächtnis und kulturelle Identität*, in: ders./ Tonio Hölscher (Hrsg.): *Kultur und Gedächtnis*, Frankfurt am Main 1988, 9-19.

Auster, Albert: *Saving Private Ryan and American Triumphalism*, in: Robert Eberwein (Hrsg.): *The War Film*, New Brunswick 2006, 205-213.

Auster, Albert/Leonard Quart: *How the War was Remembered. Hollywood and Vietnam*, New York et al. 1988.

Bartle, Richard A.: *Designing Virtual Worlds*, Indianapolis 2004.

Baudrillard, Jean: *Agonie des Realen*, Berlin 1978.

Baudrillard, Jean: *Simulacres et Simulation*, Paris 1995.

Baudrillard, Jean: *The Gulf War Did Not Take Place*, Bloomington 1995.

Beham, Mira: *Kriegstrommeln. Medien, Krieg und Politik*, München 1996, 106-110.

Beier, Rosmarie: *Geschichte, Erinnerung und Neue Medien. Überlegungen am Beispiel des Holocaust*, in: *Geschichtskultur in der Zweiten Moderne*, hrsg. für das Deutsche Historische Museum von Rosmarie Beier, Frankfurt am Main 2000, 299-323.

Bender, Steffen: *Durch die Augen einfacher Soldaten und namenloser Helden. Weltkriegsshooter als Simulation historischer Kriegserfahrung?*, in: Angela Schwarz (Hrsg.): *‚Wollten Sie auch immer schon einmal pestverseuchte Kühe auf Ihre Gegner werfen?‘ Eine fachwissenschaftliche Annäherung an Geschichte im Computerspiel*, Münster 2010, 121-148.

Bender, Steffen: *Erinnerung im virtuellen Weltkrieg. Computerspielgenres und die Konstruktion von Geschichtsbildern*, in: Monika Heinemann u.a. (Hrsg.): *Medien zwischen Fiction-Making und Realitätsanspruch. Konstruktionen historischer Erinnerungen*, München 2011, 93-115.

Bertrand, Maurice: *UNO. Geschichte und Bilanz*, Frankfurt am Main 1995.

Bevc, Tobias (Hrsg.): *Computerspiele und Politik. Zur Konstruktion von Politik und Gesellschaft in Computerspielen*, Berlin 2007.

Bierling, Stephan: *Geschichte des Irakkriegs. Der Sturz Saddams und Amerikas Albtraum im Mittleren Osten*, München 2010.

Birnbaum, Michael: *Krisenherd Somalia. Das Land des Terrors und der Anarchie*, München 2002.

Bodnar, John: *The ‚Good War‘ in American Memory*, Baltimore 2010.

Bögeholz, Hartwig: *Der Krieg um Kuwait. Eine Chronologie mit allen UN-Resolutionen*, Bielefeld 1991.

Böhm-Ermolli, Christian: *Politische Symbole im Austrofaschismus und Nationalsozialismus*, in: Norbert Leser/Manfred Wagner (Hrsg.): *Österreichs politische Symbole. Historisch, ästhetisch und ideologiekritisch beleuchtet*, Wien et al. 1994, 65-80.

Bolter, Jay David/Richard Grusin: *Remediation. Understanding New Media*, Cambridge 1999.

Borch, Fred L.: *Comparing Pearl Harbor and 9/11. Intelligence Failure? American Unpreparedness? Military Responsibility?* in: Journal of Military History 67/3 (Juli 2003), 845-860.

Bourke, Joanna: *An Intimate History of Killing. Face-to-Face Killing in Twentieth Century Warfare*, New York 1999.

Bowden, Mark: *Black Hawk Down. A Story of Modern War*, New York 1999.

Boyer, Paul: *Dr. Strangelove*, in: Mark C. Carnes (Hrsg.): *Past Imperfect. History According to the Movies*, New York 1995, 266-269.

Brakelmann, Günter: *Der Kreisauer Kreis. Chronologie, Kurzbiographien und Texte aus dem Widerstand*, 2., korr. Aufl., Münster 2004.

Braun, Robert: *The Holocaust and Problems of Historical Representation*, in: History and Theory 33/2 (März 1994), 172-197.

Brockaw, Tom: *The Greatest Generation*, New York 1998.

Bürger, Peter: *Kino der Angst. Terror, Krieg und Staatskunst aus Hollywood*, Stuttgart 2007.

Burgess, Stephen F.: *Operation Restore Hope. Somalia and the Frontiers of the New World Order*, in: Meena Bose/Rosanna Perotti (Hrsg.): *From Cold War to New World Order. The Foreign Policy of George H.W. Bush*, Westport und London 2002, 259-273.

Burnet, Thomas: *Conspiracy Theories. The Encyclopedia of Conspiracy Theories*, London 2006.

Büschel, Hubertus: *Ein vergessener Krieg? Erinnerungen an den Koreakrieg in den USA*, in: Christoph Kleßmann/Bernd Stöver (Hrsg.): *Der Koreakrieg. Wahrnehmung – Wirkung – Erinnerung*, Köln et al. 2008, 192-210.

Butter, Michael: *Zwischen Affirmation und Revision populärer Geschichtsbilder. Das Genre der Alternate History*, in: Barbara Korte/Sylvia Paletschek (Hrsg.): *History Goes Pop. Zur Repräsentation von Geschichte in populären Medien und Genres*, Bielefeld 2009, 65-81.

Büttner, Ursula: *,Gomorrha' und die Folgen. Der Bombenkrieg*, in: *Hamburg im ,Dritten Reich'*, hrsg. von der Forschungsstelle für Zeitgeschichte in Hamburg, Göttingen 2005, 613-631.

Campbell, John M./Donna Campbell: *War Paint. Fighter Nose Art of World War II and Korea*, Shrewsbury 1990.

Castan, Joachim: *Der Rote Baron. Die ganze Geschichte des Manfred von Richthofen*, Stuttgart 2007.

Chadiac, Joyce: *The Massacre of Withdrawing Soldiers in 'The Highway of Death'*, in: Ramsey Clark u.a. (Hrsg.): *War Crimes. A Report on United States War Crimes against Iraq*, Washington 1992, 90-93.

Chan, Dean: *Dead-in-Iraq. The Spatial Politics of Digital Game Art Activism and the In-Game Project*, in: Nina B. Huntemann/Matthew Thomas Payne (Hrsg.): *Joystick Soldiers. The Politics of Play in Military Video Games*, New York 2010, 272-286.

Chong, Sylvia Shin Huey: *Restaging the War. ,The Deer Hunter' and the Primal Scene of Violence*, in: Cinema Journal 44/2 (Winter 2005), 89-106.

Clark, Ramsey: *The Fire this Time. U.S. War Crimes in the Gulf*, New York 1992.

Clausewitz, Carl von: *Vom Kriege*, 19. Aufl. Bonn 1980.

Clinton, Bill: *Mein Leben*, Berlin 2004.

Copp, Terry/Matt Symes: *The Canadian Battlefields in Italy. Sicily and Southern Italy*, Waterloo 2008.

Cornelißen, Christoph: *Was heißt Erinnerungskultur? Begriff – Methoden – Perspektiven*, in: Geschichte in Wissenschaft und Unterricht 54 (2003), 548-563.

Cull, Nicholas J.: *Saving Private Ryan*, in: The American Historical Review 103/4 (Oktober 1998), 1377-1378.

Cumings, Bruce: *The Korean War. A History*, New York 2010.

Csikszentmihaly, Mihaly: *Das Flow-Erlebnis. Jenseits von Angst und Langeweile: Im Tun aufgehen*, 11. Aufl., Stuttgart 2010.

DeGroot, Gerard J.: *The Bomb. A Life*, Cambridge 2005.

DeLappe, Joseph: *Provocation. dead-in-iraq – performance/memorial/protest*, in: TDR. The Drama Review 52/1 (Frühling 2008), 2-3.

Demandt, Alexander: *Es hätte auch anders kommen können. Wendepunkte deutscher Geschichte*, Berlin 2010.

Demandt, Alexander: *Ungeschehene Geschichte. Ein Traktat über die Frage: Was wäre gewesen, wenn..?* Göttingen 1984.

‚Der Feind ist verschwunden'. Interview mit Jean Baudrillard, in: Der Spiegel 45/6 (04.02.1991).

Deschamps Adams, Helene: *Behind Enemy Lines in France*, in: George C. Chalou (Hrsg.): *The Secret War. The Office of Strategic Services in World War II*, 2. Aufl., Washington 2002, 140-164.

Detering, Sebastian: *Living Room Wars. Remediation, Boardgames and the Early History of Video Wargaming*, in: Nina B. Huntemann/Matthew Thomas Payne (Hrsg.): *Joystick Soldiers. The Politics of Play in Military Video Games*, New York 2010, 21-38.

Detering, Sebastian: *Wohnzimmerkriege. Vom Brettspiel zum Computerspiel*, in: Rolf F. Nohr/Serjoscha Wiemer (Hrsg.): *Strategie spielen. Medialität, Geschichte und Politik des Strategiespiels*, Münster 2008, 87-113.

Diehl, Paula: *Die SS-Uniform als emblematisches Zeichen*, in: Herfried Münkler/Jens Hacke (Hrsg.): *Strategien der Visualisierung. Verbildlichung als Mittel der politischen Kommunikation*, Frankfurt am Main und New York 2009, 127-150.

Dornberger, Walter: *Peenemünde. Die Geschichte der V-Waffen*, 3. Aufl., Frankfurt am Main 1992.

Douglas, William/Brerton Greenhous: *Out of the Shadows. Canada in the Second World War*, Toronto et al. 1977.

Dülffer, Jost: *Über-Helden – Das Bild von Iwo Jima in der Repräsentation des Sieges. Eine Studie zur US-amerikanischen Erinnerungskultur seit 1945*, in: Zeithistorische Forschungen 3/2006, 247-272.

Dyszy, Agnes: *Konflikt der Nationen. Eine empirische Studie zum Einfluss der Selbstkategorisierung der Spieler als Teil der deutschen Spielnation auf die Nutzung von Zweiter-Weltkrieg-Spielen*, unveröffentlichte Bachelorarbeit am Institut für Journalistik und Kommunikationsforschung, Hochschule für Musik und Theater Hannover 2010.

Early, Emmett: *The War Veteran in Film*, Jefferson und London 2003.

Easthope, Anthony: *Realism and its Subversion. Hollywood and Vietnam*, in: Alf Louvre/Jeffrey Walsh (Hrsg.): *Tell Me Lies about Vietnam. Cultural Battles for the Meaning of the War*, Milton Keynes und Philadelphia 1988, 30-49.

Echternkamp, Jörg/Stefan Martens: *Der Weltkrieg als Wegmarke? Die Bedeutung des Zweiten Weltkrieges für eine europäische Zeitgeschichte*, in: *Der Zweite Weltkrieg in Europa. Erfahrung und Erinnerung*, hrsg. von Jörg Echternkamp und Stefan Martens, Paderborn et al. 2007, 1-33.

Edwards, Paul M.: *To Acknowledge a War. The Korean War in American Memory*, Westport 2000.

Encke, Julia: Art. *Sinne*, in: *Enzyklopädie Erster Weltkrieg*, hrsg. von Gerhard Hirschfeld, Gerd Krumeich, Irina Renz, akt. und erw. Studienausg., Paderborn 2009, 1004-1006.

Encyclopedia of the Vietnam War, hrsg. von Stanley I. Kutler, New York 1996.

Engelhardt, Tom: *The End of Victory Culture. Cold War America and the Disillusioning of a Generation*, New York 1995.

Enzensberger, Hans Magnus: *Hitlers Wiedergänger*, in: Der Spiegel 45/6 (04.02.1991).

Erll, Astrid/Ansgar Nünning (Hrsg.): *Cultural Memory Studies. An International and Interdisciplinary Handbook*, Berlin 2008.

Erll, Astrid/Stefanie Wodianka (Hrsg.): *Film und kulturelles Gedächtnis. Plurimediale Konstellationen*, Berlin 2008.

Erll, Astrid: *Medien des kollektiven Gedächtnisses – ein (erinnerungs-) kulturwissenschaftlicher Kompaktbegriff*, in: dies./Ansgar Nünning (Hrsg.): *Medien des kollektiven Gedächtnisses. Konstruktivität – Historizität – Kulturspezifität*, Berlin 2004, 3-22.

Erll, Astrid: *Medien und Gedächtnis. Aspekte interdisziplinärer Forschung*, in: Michael C. Frank/Gabriele Rippl (Hrsg.): *Arbeit am Gedächtnis. Für Aleida Assmann*, München 2007, 87-110.

Esplin, Bruce: *Virtual Nam. Intertextuality and Authenticity in Vietnam War Video Games*, in: Mark Heberle (Hrsg.): *Thirty Years After. New Essays on Vietnam War Literature, Film, and Art*, Newcastle upon Tyne 2009, 310-320.

Etges, Andreas: *The Best War Ever? Der Deutungswandel des Zweiten Weltkriegs in US-amerikanischen Filmen am Beispiel von ,The Best Years of Our Lives' und ,Saving Private Ryan'*, in: Bernhard Chiari/Matthias Rogg/Wolfgang Schmidt (Hrsg.): *Krieg und Militär im Film des 20. Jahrhunderts*, München 2003, 163-178.

Falin, Frances (Hrsg.): *The Indelible Image. Photographs of War – 1846 to Present*, Washington 1985.

Farago, Ladislas: *Aftermath. Martin Bormann and the Forth Reich*, London 1975.

Ferguson, Niall: *Krieg der Welt. Was lief schief im 20. Jahrhundert?* Berlin 2006.

Ferguson, Niall: *Virtuelle Geschichte. Historische Alternativen im 20. Jahrhundert*, Darmstadt 1999.

Fischer, Thomas: *Alles authentisch? Popularisierung der Geschichte im Fernsehen*, Konstanz 2008.

Fischer, Thomas: *Bildschirmgeschichtsbilder*, in: Thomas Stamm-Kuhlmann u.a. (Hrsg.): *Geschichtsbilder. Festschrift für Michael Salewski zum 65. Geburtstag*, Stuttgart 2003, 617-629.

Fitzgerald, Frances: *Way Out There in the Blue. Reagan, Star Wars and the End of the Cold War*, New York 2000.

François, Etienne/Hagen Schulze (Hrsg.): *Deutsche Erinnerungsorte*, 3 Bde., München 2001.

Frankel, Max: *High Noon in the Cold War. Kennedy, Khrushchev, and the Cuban Missile Crisis*, New York 2005.

Freedman, Lawrence/Efraim Karsh: *How Kuwait Was Won. Strategy in the Gulf War*, in: International Security 16/2 (Herbst 1991), 5-41.

Frey, Stefanie: *Von der ,Quatschbude' zum Symbol der Einheit – Das Reichstagsgebäude*, in: Constance Carcenac-Lecomte u.a. (Hrsg.): *Steinbruch Deutsche Erinnerungsorte. Annäherung an die deutsche Gedächtnisgeschichte*, Frankfurt am Main 2000, 237-248.

Fritz, Jürgen: *Langeweile, Stress und Flow. Gefühle beim Computerspiel*, in: ders./Wolfgang Fehr (Hrsg.): *Handbuch Medien: Computerspiele. Theorie, Forschung, Praxis*, Bonn 1997.

Gabor, Mark: *The Pin-up. A Modest History*, London 1974.

Gaddis, John L.: *The Cold War. A New History*, New York 2005.

Geppert, Hans Vilmar: *Der Historische Roman. Geschichte umerzählt – von Walter Scott bis zur Gegenwart*, Tübingen 2009.

Gehlen, Reinhard: *Der Dienst. Erinnerungen 1942-1971*, Mainz und Wiesbaden 1971.

Gerner, Josef: *Informationen aus dem Weltraum. Die neue Dimension des Gefechts*, Herford 1990.

Gieselmann, Hartmut: *Der virtuelle Krieg. Zwischen Schein und Wirklichkeit im Computerspiel*, Hannover 2002.

Girardin, G. Russell: *Dillinger. The Untold Story*, Bloomington 1994.

Gloger, Dana: *Survivor Outraged by Nintendo Game*, in: The Jewish Chronicle vom 14.03.2008.

Goebel, Stefan: *The Great War and Medieval Memory. War, Remembrance and Medievalism in Britain and Germany, 1914-1940*, Cambridge 2007.

Goodrick-Clarke, Nicholas: *Black Sun. Aryan Cults, Esoteric Nazism, and the Politics of Identity*, New York 2002.

Goodrick-Clarke, Nicholas: *The Occult Roots of Nazism. Secret Aryan Cults and Their Influence on Nazi Ideology*, New York 1993.

Greiner, Bernd: *Die Kuba-Krise. Die Welt an der Schwelle zum Atomkrieg*, München 2010.

Greiner, Bernd: *Krieg ohne Fronten. Die USA in Vietnam*, Hamburg 2007.

Greiner, Bernd/Christian Th. Müller/Dierk Walter (Hrsg.): *Angst im Kalten Krieg*, Hamburg 2009.

Greiner, Bernd/Christian Th. Müller/Dierk Walter (Hrsg.): *Heiße Kriege im Kalten Krieg*, Hamburg 2006.

Greiner, Bernd/Christian Th. Müller/Dierk Walter (Hrsg.): *Krisen im Kalten Krieg*, Hamburg 2008.

Grosch, Waldemar: *Computerspiele im Geschichtsunterricht*, Schwalbach am Taunus 2002.

Grossman, Mark: *Encyclopedia of the Persian Gulf War*, Santa Barbara 1995.

Grote, Hans: *Rhythmen des Luftkampfs. Zur Darstellung des Richthofen-Mythos in historischen Comics*, in: Barbara Korte/Sylvia Paletschek/ Wolfgang Hochbruck (Hrsg.): *Der Erste Weltkrieg in der populären Erinnerungskultur*, Essen 2008, 99-117.

Grunewald, Michael: *Vorsicht Computerspiel!* in: ders./Margit Fröhlich/ Ursula Taplik (Hrsg.): *Computerspiele. Faszination und Irritation*, Frankfurt am Main 2007, 11-24.

Günther, Johann: *Digital Natives & Digital Immigrants*, Innsbruck 2007.

Haggith, Toby: *Realism, Historical Truth and the War Film. The Case of Saving Private Ryan*, in: Michael Paris (Hrsg.): *Repicturing the Second World War. Representations in Film and Television*, Basingstoke 2007, 177-191.

Haines, Harry W.: ‚*They Were Called and They Went'. The Political Rehabilitation of the Vietnam Veteran*, in: Linda Dittmar/Gene Michaud (Hrsg.): *From Hanoi to Hollywood. The Vietnam War and American Film*, New Brunswick und London 1990, 81-97.

Halbwachs, Maurice: *Das kollektive Gedächtnis*, Frankfurt am Main 1991.

Hallin, Daniel C.: *The ‚Uncensored War'. The Media and Vietnam*, New York 1986.

Hass, Kristin Ann: *Carried to the Wall. American Memory and the Vietnam Veterans Memorial*, Berkley 1998.

Heidenreich, John G.: *The Gulf War: How many Iraqis died?* in: Foreign Policy 90 (Spring 1993), 108-125.

Helbig, Jörg: *Der parahistorische Roman. Ein literaturhistorischer und gattungstypologischer Beitrag zur Allotopieforschung*, Frankfurt am Main et al. 1988.

Hendin, Herbert/Ann Pollinger Haas: *Wounds of War. The Psychological Aftermath of Combat in the Vietnam War*, New York 1984.

Hendriksen, Margot A.: *Dr. Strangelove's America. Society and Culture in the Atomic Age*, Berkley et al. 1997.

Henzel, Christoph: *Wagner und die Filmmusik*, in: Acta Musicologica 76/1 (2004), 89-115.

Herr, Michael: *Dispatches*, 46. Aufl., New York 2004.

Herrmann, Manfred: *Project Paperclip. Deutsche Wissenschaftler in Diensten der U.S. Streitkräfte nach 1945*, Phil. Diss. Erlangen-Nürnberg 1999.

Herrmann, Ron H.: *Der kriegerische Konflikt in Somalia und die internationale Intervention 1992 bis 1995. Eine entwicklungsgenetische und multidimensionale Analyse*, Frankfurt am Main et al. 1997.

Hillstrom, Kevin/Laurie Collier Hillstrom: *The Vietnam Experience. A Concise Encyclopedia of American Literature, Songs, and Films*, Westport und London 1998.

Hochbruck, Wolfgang/Judith Schlehe/Carolyn Oesterle/Michikio Uike-Bormann (Hrsg.): *Staging the Past. Themed Environments in Transcultural Perspective*, Bielefeld 2010.

Hölsken, Heinz Dieter: *Die V-Waffen. Entstehung – Propaganda – Kriegseinsatz*, Stuttgart 1984.

Hoynes, William: *War as Video Game. Media, Activism, and the Gulf War*, in: Cynthia Peters (Hrsg.): *Collateral Damage. The New World Order at Home und Abroad*, Boston 1992, 305-326.

Huebner, Andrew J.: *The Warrior Image. Soldiers in American Culture from the Second World War to the Vietnam Era*, Chapel Hill 2008.

Hurst, Steven: *The United States and Iraq since 1979. Hegemony, Oil and War*, Edinburgh 2009.

Hüser, Karl: *Wewelsburg 1933–1945. Kult- und Terrorstätte der SS*, Paderborn 1982.

Hutchison, Kevin Don: *Operation Desert Shield/Desert Storm. Chronology and Fact Book*, Westport 1995.

Inglis, Fred: *The Cruel Peace. Everyday Life in the Cold War*, London 1992.

Jäger, Lorenz: *Das Hakenkreuz – Zeichen im Weltbürgerkrieg. Eine Kulturgeschichte*, Wien und Leipzig 2006.

Jäger, Wolfgang: *Historische Forschung und politische Kultur in Deutschland. Die Debatte 1914-1980 über den Ausbruch des Ersten Weltkriegs*, Göttingen 1984.

Joshi, S.T./David E. Schultz: *An H.P. Lovecraft Encyclopedia*, Westport 2001.

Jürgens-Kirchhoff, Annegret: *Niedergeschlagene Soldaten. Die ‚Helden‘ des Ersten Weltkriegs in der bildenden Kunst*, in: Horst Carl u.a. (Hrsg.): *Kriegsniederlagen. Erfahrungen und Erinnerungen*, Berlin 2004, 427-466.

Jürgens-Kirchhoff, Annegret: *Schreckensbilder. Krieg und Kunst im 20. Jahrhundert*, Berlin 1993.

Katz, Elihu: *Das Ende des Journalismus. Reflexionen zum Kriegsschauplatz Fernsehen*, in: Bertelsmann Briefe 125 (Oktober 1991), 4-10.

Keegan, John: *Der Erste Weltkrieg. Eine europäische Tragödie*, Reinbek bei Hamburg 2000.

Keilbach, Judith/Kirsten Wächter: *Photographs, Symbolic Images, and the Holocaust. On the (Im)Possibility of Depicting Historical Truth*, in: History and Theory 48/2 (Mai 2009), 54-76.

Kellner, Douglas: *Kriegskorrespondenten, das Militär und Propaganda. Einige kritische Betrachtungen*, in: Barbara Korte/Horst Tonn (Hrsg.): *Kriegskorrespondenten. Deutungsinstanzen in der Mediengesellschaft*, Wiesbaden 2007, 17-38.

Kennan, George F.: *The Decline of Bismarck's European Order. Franco-Russian Relations 1875-1890*, Princeton 1979.

Kilzer, Louis C.: *Hitler's Traitor. Martin Bormann and the Defeat of the Reich*, Novato 2000.

Klein, Naomi: *Game Over. The End of Warfare as Play*, in: Los Angeles Times, 16.09.2001.

Klevjer, Rune: *The Way of the Gun. Die Ästhetik des singleplayer first person shooters*, in: Benjamin Beil u.a. (Hrsg.): *,It's all in the Game'. Computerspiele zwischen Spiel und Erzählung*, Marburg 2009, 53-72.

Klimmt, Christoph: *Empirische Medienforschung. Kommunikationswissenschaftliche Perspektiven auf Computerspiele*, in: Tobias Bevc/Holger Zapf (Hrsg.): *Wie wir spielen, was wir werden. Computerspiele in unserer Gesellschaft*, Konstanz 2009, 65-74.

Knaller, Susanne: *Ein Wort aus der Fremde. Geschichte und Theorie des Begriffs Authentizität*, Heidelberg 2007.

Knoll-Jung, Sebastian: *Geschlecht, Geschichte und Computerspiele. Die Kategorie ,Geschlecht' und die Darstellung von Frauen in Computerspielen*, in: Angela Schwarz (Hrsg.): *,Wollten Sie auch immer schon einmal pestverseuchte Kühe auf Ihre Gegner werfen?' Eine fachwissenschaftliche Annäherung an Geschichte im Computerspiel*, Münster 2010, 171-198.

Koch, Isabell: *Simulanten, Spieler und Strategen. Das Kriegsspiel und der Zweite Weltkrieg im Computerspiel*, in: Das Archiv. Magazin für Kommunikationsgeschichte 4/2009, 29-35.

Köhler, Esther: *Computerspiele und Gewalt. Eine psychologische Entwarnung*, Heidelberg 2008.

Koldau, Linda Maria: *Mythos U-Boot*, Stuttgart 2010.

Korte, Barbara/Ralf Schneider/Claudia Sternberg (Hrsg.): *Der Erste Weltkrieg und die Mediendiskurse der Erinnerung in Großbritannien. Autobiographie – Roman – Film (1919-1999)*, Würzburg 2005.

Korte, Barbara/Sylvia Paletschek/Wolfgang Hochbruck: *Der Erste Weltkrieg in der populären Erinnerungskultur. Einleitung*, in: dies. (Hrsg.): *Der Erste Weltkrieg in der populären Erinnerungskultur*, Essen 2008.

Koselleck, Reinhart: *Vergangene Zukunft. Zur Semantik geschichtlicher Zeiten*, 2. Aufl., Frankfurt am Main 1993.

Kotte, Andreas: *Theaterwissenschaft. Eine Einführung*, Stuttgart 2005.

Krämer, Sybille: *Das Medium als Spur und als Apparat*, in: dies. (Hrsg.): *Medien – Computer – Realität. Wirklichkeitsvorstellungen und Neue Medien*, Frankfurt am Main 1998, 73-94.

Krech, Hans: *Der Bürgerkrieg in Somalia (1988-1996). Ein Handbuch*, Berlin 1996.

Kreuzer, Anselm C.: *Apocalypse Now*, in: Peter Moormann (Hrsg.): *Klassiker der Filmmusik*, Stuttgart 2009, 219-222.

Krumeich, Gerd: *Konjunkturen der Weltkriegserinnerung*, in: *Der Weltkrieg 1914-1918. Ereignis und Erinnerung*, im Auftrag des Deutschen Historischen Museums hrsg. von Rainer Rother, Berlin 2004, 68-73.

Kücklich, Julian: *Narratologische Ansätze – Computerspiele als Erzählungen*, in: Tobias Bevc/Holger Zapf (Hrsg.): *Wie wir spielen, was wir werden. Computerspiele in unserer Gesellschaft*, Konstanz 2009, 27-48.

Kuniholm, Bruce: *Die Nahostkriege, der Palästinakonflikt und der Kalte Krieg*, in: Bernd Greiner/Christian Th. Müller/Dierk Walter (Hrsg.): *Heiße Kriege im Kalten Krieg*, Hamburg 2006, 442-468.

Kurowski, Franz: *Unternehmen Paperclip. Alliierte Jagd auf deutsche Wissenschaftler*, Rastatt 1987.

Lang, Jochen von: *Der Sekretär. Martin Bormann: Der Mann, der Hitler beherrschte*, 3., völlig überarb. Neuaufl., München 1987.

Langdon, John W.: *July 1914. The Long Debate 1918-1990*, New York 1991.

Langewiesche, Dieter: *Eskalierte die Kriegsgewalt im Laufe der Geschichte?* in: Jörg Baberowski (Hrsg.): *Moderne Zeiten? Krieg, Revolution und Gewalt im 20. Jahrhundert*, Göttingen 2006, 12-36.

Lethen, Helmut: *Versionen des Authentischen. Sechs Gemeinplätze*, in: Hartmut Böhme/Klaus R. Scherpe (Hrsg.): *Literatur und Kulturwissen-*

schaft. Positionen, Theorien, Modelle, Reinbek bei Hamburg 1996, 205-231.

Liesching, Mark: *Hakenkreuze in Film, Fernsehen und Computerspielen. Verwendung verfassungsfeindlicher Kennzeichen in Unterhaltungsmedien*, in: BPjM aktuell 2010/3, 11-17.

Lohoff, Markus: *Krieg zwischen Science und Fiktion. Zur Funktion technischer Bilder im Zweiten Persischen Golfkrieg*, in: Arbeitskreis Historische Bildforschung (Hrsg.): *Der Krieg im Bild – Bilder im Krieg. Hamburger Beiträge zur Historischen Bildforschung*, Frankfurt am Main et al. 2003, 105-130.

Lovecraft, Howard P.: *Herbert West. Reanimator* (1922), in: Sunand T. Joshi/Peter Cannon (Hrsg.): *More Annotated H.P. Lovecraft*, New York 1999, 25-70.

Lowe, Melanie: *Claiming Amadeus. Classical Feedback in American Media*, in: American Music 20/1 (Spring 2002), 102-119.

Lukacs, John: *The Legacy of the Second World War*, New Haven und London 2010.

MacArthur, John R.: *Die Schlacht der Lügen. Wie die USA den Golfkrieg verkauften*, München 1998.

Maland, Charles: *A Shifting Sensibility. Dr. Strangelove: Nightmare Comedy and the Ideology of Liberal Consensus*, in: Stephen Mintz/Randy Roberts: *Hollywood's America. Twentieth Century America Through Film*, 4. Aufl., Malden 2010, 243-254.

Marling, Karal Ann/John Wetenhall: *Iwo Jima. Monuments, Memories, and the American Hero*, Cambridge 1991.

Mast, Claudia: *Kriegsspiele am Bildschirm. Anmerkungen zur Berichterstattung über den Golfkrieg*, in: Bertelsmann Briefe 125 (Oktober 1991), 22-29.

Matera, Dary: *John Dillinger. The Life and Death of America's First Celebrity Criminal*, New York 2004.

Matthies, Volker: *Die UNO am Horn von Afrika. Die Missionen in Somalia (UNOSOM I, UNITAF, UNOSOM II) und in Äthiopien/Eritrea (UNMEE)*, in: Sabine von Schorlemer (Hrsg.): *Praxishandbuch UNO. Die Vereinten Nationen im Lichte globaler Herausforderungen*, Berlin et al. 2003, 41-59.

McEnaney, Laura: *Civil Defense Begins at Home. Militarization Meets Everyday Life in the Fifties*, Princeton 2000.

Memoirs of Nikita Khrushchev, hrsg. von Sergej Chruschtschow, Bd. 2: Reformer. 1945-1964, University Park 2006.

Metz, Dirk: *Die Schlacht um das Olympic Hotel am 3./4. Oktober 1993 in Mogadischu/Somalia. Die Niederlage von US- und UN-Streitkräften in einem asymmetrischen Konflikt*, Berlin 2004.

Michels, Jürgen: *Peenemünde und seine Erben in Ost und West. Entwicklung und Weg deutscher Geheimwaffen*, Bonn 1997.

Millett, Allan R.: *Semper Fidelis. A History of the United States Marine Corps*, New York und London 1980.

Mommsen, Wolfgang: *Die Urkatastrophe Deutschlands. Der Erste Weltkrieg 1914-1918*, Stuttgart 2002.

Mueller, John: *Policy and Opinon in the Gulf War*, Chicago und London 1994.

Müller-Lietzkow, Jörg: *Überblick über die Computer- und Videospielein-dustrie*, in: Tobias Bevc (Hrsg.): *Wie wir spielen, was wir werden. Computerspiele in unserer Gesellschaft*, Konstanz 2009, 241-261, hier 242-245.

Münkler, Herfried: *Die neuen Kriege*, 3. Aufl., Reinbek bei Hamburg 2007.

Muse, Eben J.: *The Land of Nam. The Vietnam War in American Film*, Lanham und London 1995.

Nash, Jay Robert: *Dillinger – Dead or Alive?* Chicago 1970.

Nash, Jay Robert: *The Dillinger Dossier*, Highland Park 1983.

Neufeld, Michael J.: *Die Rakete und das Reich. Wernher von Braun, Peenemünde und der Beginn des Raketenzeitalters*, Berlin 1999.

Newell, Clayton R.: *Historical Dictionary of the Persian Gulf War 1990-1991*, Lanham und London 1998.

Nichols, Randy: *Target Acquired. America's Army and the Video Games Industry*, in: Nina B. Huntemann/Matthew Thomas Payne (Hrsg.): *Joystick Soldiers. The Politics of Play in Military Video Games*, New York 2010, 39-52.

Nimmergut, Jörg: *Deutsche Orden und Ehrenzeichen bis 1945*, München 2001.

Nora, Pierre (Hrsg.): *Erinnerungsorte Frankreichs*, München 2005.

Nora, Pierre: *Zwischen Geschichte und Gedächtnis*, Berlin 1990.

Nünning, Ansgar: *Von historischer Fiktion zu historiographischer Metafiktion*, Bd. 1: Theorie, Typologie und Poetik des historischen Romans, Trier 1995.

Ochsner, Jeffrey Karl: *A Space of Loss. The Vietnam Veterans Memorial*, in: Journal of Architectural Education 50/3 (Februar 1997), 156-171.

OLG Frankfurt a.M.: *Hakenkreuze in Mail-Box*, Urteil vom 18.03.1998, in: Neue Zeitschrift für Strafrecht 1999/7, 356-357.

Oswald, Vadim/Hans-Jürgen Pandel (Hrsg.): *Geschichtskultur. Die Anwesenheit von Vergangenheit in der Gegenwart*, Schwalbach am Taunus 2009.

Ottaway, Susan: *Violette Szabo. ,The Live that I have'*, Barnsley 2002.

Parsons, Anthony: *From Cold War to Hot Peace. UN Interventions 1947-1995*, London 1995.

Paul, Gerhard: *Der Bilderkrieg. Inszenierung, Bilder und Perspektiven der ,Operation Irakische Freiheit'*, Göttingen 2005.

Paul, Gerhard: *Bilder des Krieges – Krieg der Bilder. Die Visualisierung des modernen Krieges*, Paderborn et al. 2003.

Petermann, Sandra: *Rituale machen Räume. Zum kollektiven Gedenken der Schlacht von Verdun und der Landung in der Normandie*, Bielefeld 2007.

Pirker, Eva Ulrike/Mark Rüdiger: *Authentizitätsfiktionen in populären Geschichtskulturen. Annäherungen*, in: dies. u.a. (Hrsg.): *Echte Geschichte. Authentizitätsfiktionen in populären Geschichtskulturen*, Bielefeld 2010, 11-30.

Pisano, Dominick A. u.a. (Hrsg.): *Legend, Memory and the Great War in the Air*, Seattle und London 1992.

Plaster, John L.: *Secret Commandos. Behind Enemy Lines with the Elite Warriors of SOG*, New York 2004.

Plaster, John L.: *SOG. The Secret Wars of America's Commandoes in Vietnam*, New York 1997.

Prensky, Mark: *Digital Natives, Digital Immigrants*, in: On the Horizont 9/5 (Oktober 2001).

Prensky, Mark: *Digital Natives, Digital Immigrants, Part II: Do they really think differently?* in: On the Horizont 9/6 (Dezember 2001).

Quandt, Thorsten/Jeffrey Wimmer/Jens Wolling (Hrsg.): *Die Computerspieler. Studien zur Nutzung von Computergames*, Wiesbaden 2008.

Quart, Leonard: *The Deer Hunter. The Superman in Vietnam*, in: Linda Dittmar/Gene Michaud (Hrsg.): *From Hanoi to Hollywood. The Vietnam War and American Film*, New Brunswick und London 1990, 159-168.

Raczkowski, Felix: *Die Dramaturgie virtueller Kriege. Narration in Strategiespielen*, in: Benjamin Beil u.a. (Hrsg.): *'It's all in the Game'. Computerspiele zwischen Spiel und Erzählung*, Marburg 2009, 121-133.

Reichel, Peter: *Schwarz-Rot-Gold. Kleine Geschichte deutscher Nationalsymbole nach 1945*, München 2005.

Reichert, Ramón: *Government-Games und Gouverntainment. Das Globalstrategiespiel Civilization von Sid Meier*, in: Rolf F. Nohr/Serjoscha Wiemer (Hrsg.): *Strategie spielen. Medialität, Geschichte und Politik des Strategiespiels*, Münster 2008, 189-212.

Reinecke, Stefan: *Hollywood goes Vietnam. Der Vietnamkrieg im US-amerikanischen Film*, Marburg 1993.

Ritter, Hermann: *Kontrafaktische Geschichte. Unterhaltung versus Erkenntnis*, in: Michael Salewski (Hrsg.): *Was Wäre Wenn. Alternativ- und Parallelgeschichte: Brücken zwischen Phantasie und Wirklichkeit*, Stuttgart 1999, 13-42.

Richard, Birgit: *Sheroes. Genderspiele im virtuellen Raum*, Bielefeld 2004.

Ritter, Rüdiger: *Tönende Erinnerung. Überlegungen zur Funktionsstruktur des akustischen Gedächtnisses. Das Beispiel der Schlacht von Stalingrad*, in: Robert Maier (Hrsg.): *Akustisches Gedächtnis und Zweiter Weltkrieg*, Göttingen 2011, 31-42.

Rivers, Caryl: *Watching the War. Viewers on the Front Line*, in: New York Times, 10.02.1991.

Rodiek, Christoph: *Erfundene Vergangenheit. Kontrafaktische Geschichtsdarstellung (Uchronie) in der Literatur*, Frankfurt am Main 1997.

Roeck, Bernd: *Der Reichstag*, in: Etienne François/Hagen Schulze (Hrsg.): *Deutsche Erinnerungsorte*, Bd. 1, München 2001, 138-155.

Rose, Kenneth D.: *One Nation Underground. The Fallout Shelter in American Culture*, New York 2001.

Rosenfeld, Gavriel D.: *The World Hitler Never Made. Alternate History and the Memory of Nazism*, Cambridge 2005.

Rötzscher, Klaus: *Forensische Zahnmedizin*, Berlin et al. 2003.

Rüsen, Jörn: *Historische Orientierung. Über die Arbeit des Geschichtsbewußtseins, sich in der Zeit zurechtzufinden*, Köln et al. 1994.

Rüsen, Jörn/Theo Grütter/Klaus Füßmann (Hrsg.): *Historische Faszination. Geschichtskultur heute*, Köln et al. 1994.

Sabin, Philip: *Lost Battles. Reconstructing the Great Battles of the Ancient World*, London 2007.

Saleminsk, Oscar: *The Ethnography of Vietnam's Central Highlanders. A Historical Contextualization 1850-1990*, London et al. 2003.

Salewski, Michael: *Der Erste Weltkrieg*, 2., durchges. Aufl., Paderborn 2004.

Sandkühler, Gunnar: *Der Zweite Weltkrieg im Computerspiel. Ego-Shooter als Geschichtsdarstellung zwischen Remediation und Immersion*, in: Erik Meyer (Hrsg.): *Erinnerungskultur 2.0. Kommemorative Kommunikation in digitalen Medien*, Frankfurt am Main 2009, 55-65.

Sandkühler, Gunnar: *Die philanthropische Versinnlichung. Hellwigs Kriegsspiel als pädagogisches und immersives Erziehungsmodell*, in Rolf F. Nohr/Serjoscha Wiemer (Hrsg.): *Strategie spielen. Medialität, Geschichte und Politik des Strategiespiels*, Münster 2008, 69-86.

Saunders, Nicholas J. (Hrsg.): *Matters of Conflict. Material Culture, Memory and the First World War*, London und New York 2004.

Sautter, Udo: *Geschichte Kanadas*, 2., aktualisierte Auflage, München 2007.

Schmädeke, Jürgen: *Der Deutsche Reichstag. Das Gebäude in Geschichte und Gegenwart*, 3. Aufl., Berlin 1981.

Schmidt, Patrick: *Zwischen Medien und Topoi. Die Lieux de mémoire und die Medialität des kulturellen Gedächtnisses*, in: Astrid Erll/Ansgar Nünning (Hrsg.): *Medien des kollektiven Gedächtnisses. Konstruktivität – Historizität – Kulturspezifität*, Berlin und New York 2004, 25-43.

Schneppen, Heinz: *Odessa und das Vierte Reich. Mythen der Zeitgeschichte*, Berlin 2007.

Schnürer, Florian: *Kampfflieger, Sportsmen, Chevaliers. Wahrnehmung und Deutung des Luftkrieges im Ersten Weltkrieg in transnationaler Perspektive*, Phil. Diss. Gießen 2012.

Schnürer, Florian: *‚Nun hat der große Flieger Dich geholt...‘ Die Totenfeiern für die ‚Ritter der Lüfte‘ als transnationales Medienereignis*, in: Horst Carl/Janine Hauthal/Martin Zierold (Hrsg.): *Exzellent in Sachen Kultur. Gießener Kulturwissenschaften heute und morgen*, erscheint 2012, 151-176.

Scholz, Kristina: *The Greatest Story Ever Remembered. Erinnerung an den Zweiten Weltkrieg als sinnstiftendes Element in den USA*, Frankfurt am Main 2008.

Schüler, Benedikt/Christopher Schmitz/Karsten Lehmann: *Geschichte als Marke. Historische Inhalte in Computerspielen aus Sicht der Software-*

branche, in: Angela Schwarz (Hrsg.): *, Wollten Sie auch immer schon einmal pestverseuchte Kühe auf Ihre Gegner werfen?' Eine fachwissenschaftliche Annäherung an Geschichte im Computerspiel*, Münster 2010, 199-215.

Schulte, Jan Erik (Hrsg.): *Die SS, Himmler und die Wewelsburg*, Paderborn et al. 2009.

Schultz, Tanjev: *Alles inszeniert und nichts authentisch? Visuelle Kommunikation in den vielschichtigen Kontexten von Inszenierung und Authentizität*, in: Thomas Knieper/Marion G. Müller (Hrsg.): *Authentizität und Inszenierung von Bilderwelten*, Köln 2003, 10-24.

Schwarz, Angela: *, Wollen Sie wirklich nicht weiter versuchen, diese Welt zu dominieren?' Geschichte in Computerspielen*, in: Barbara Korte/ Sylvia Paletschek (Hrsg.): *History Goes Pop. Zur Repräsentation von Geschichte in populären Medien und Genres*, Bielefeld 2009, 313-340.

Schwarz, Angela (Hrsg.): *, Wollten Sie auch schon immer einmal pestverseuchte Kühe auf Ihre Gegner werfen?' Eine fachwissenschaftliche Annäherung an Geschichte im Computerspiel*, Münster 2010.

Shay, Shaul: *Somalia between Jihad and Restoration*, New Brunswick 2008.

Simons, Geoffrey: *The Vietnam Syndrome. Impact on US Foreign Policy*, Basingstoke 1998.

Smelser, Ronald/Edward J. Davies: *The Myth of the Eastern Front. The Nazi-Soviet War in American Popular Culture*, New York 2008.

Smith, Perry: *How CNN fought the War. A View from Inside*, New York 1991.

Spark, Alasdair: *Flight Controls. The Social History of the Helicopter as a Symbol of Vietnam*, in: Jeffrey Walsh/James Aulich (Hrsg.): *Vietnam Images. War and Representation*, New York 1989, 86-111.

Stahl, Roger: *Militainment, Inc. War, Media, and Popular Culture*, New York 2010.

Steininger, Rolf: *Der vergessene Krieg. Korea 1950-1953*, München 2006.

Stevenson, David: *1914-1918. Der Erste Weltkrieg*, Düsseldorf 2006.

Summerhayes, Colin/Peter Beeching: *Hitler's Antarctic Base. The Myth and the Reality*, in: Polar Record 43 (2007), 1-21.

Strub, Christoph: *Trockene Rede über mögliche Ordnungen der Authentizität*, in: Jan Berg/Hans-Otto Hügel/Hajo Kurzenberger (Hrsg.): *Authentizität als Darstellung*, Hildesheim 1997, 7-17.

Taylor, Mark: *The Vietnam War in History, Literature and Film*, Edinburgh 2003.

Taylor, Philip M.: *War and the Media. Propaganda and Persuasion in the Gulf War*, Manchester und New York 1992.

Taylor, Sandra C.: *Vietnamese Women at War. Fighting for Ho Chi Minh and the Revolution*, Lawrence 1999.

The Gallup Poll. Public Opinion 1990, hrsg. von George Gallup Jr., Wilmington 1991.

The Gallup Poll. Public Opinion 1999, hrsg. von George Gallup jr., Wilmington 2000.

Thießen, Malte: *Eingebrannt ins Gedächtnis. Hamburgs Erinnern an Luftkrieg und Kriegsende 1943 bis 2005*, München und Hamburg 2007.

Thomas, Tanja/Fabian Virchow (Hrsg.): *Banal Militarism. Zur Veralltäglichung des Militärischen im Zivilen*, Bielefeld 2006.

Thon, Jan-Noël: *Zur Struktur des Ego-Shooters*, in: Matthias Bopp/Rolf F. Nohr/Serjoscha Wiemer (Hrsg.): *Shooter. Eine multidisziplinäre Einführung*, Münster 2009, 21-41.

Thoß, Bruno: *Die Zeit der Weltkriege – Epochen als Erfahrungseinheit?* in: ders./Hans-Erich Volkmann (Hrsg.): *Erster Weltkrieg – Zweiter Weltkrieg. Krieg, Kriegserlebnis, Kriegserfahrung in Deutschland*, Paderborn et al. 2002, 7-30.

Todman, Dan: *The Great War. Myth and Memory*, London 2005.

Torgovnick, Marianna: *The War Complex. World War II in Our Time*, Chicago und London 2005.

Treitschke, Heinrich von: *Deutsche Geschichte im neunzehnten Jahrhundert*, Bd. 1: Bis zum zweiten Pariser Frieden, Leipzig 1879.

Ullrich, Volker: *Der Kreisauer Kreis*, Reinbek bei Hamburg 2008.

Valant, Gary: *Vintage Aircraft Nose Art*, Osceola 1989.

Virilio, Paul: *Krieg und Fernsehen*, München und Wien 1993.

Wagner-Pacifici, Robin/Barry Schwartz: *The Vietnam Veterans Memorial. Commemorating a Difficult Past*, in: American Journal of Sociology 97/2 (September 1991), 376-420.

Weber, Elisabeth: *Das Hakenkreuz. Geschichte und Bedeutungswandel eines Symbols*, Frankfurt am Main et al. 2007.

Weber, Rene/Ute Ritterfeld/Klaus Mathiak: *Does Playing Violent Video Games Induce Aggression? Empirical Evidence of a Functional Magnetic Resonance Imaging Study*, in: Media Psychology 8/1, 39-60.

Weekly Compilation of Presidential Documents 19 (1983).

Weiß, Hermann (Hrsg.): *Biographisches Lexikon zum Dritten Reich*, Frankfurt am Main 1998.

Wehler, Hans-Ulrich: *Deutsche Gesellschaftsgeschichte*, Bd. 4: Vom Beginn des Ersten Weltkriegs bis zur Gründung der beiden deutschen Staaten 1914-1949, München 2002.

Wells, H.G.: *Little Wars. A Game for Boys from Twelve Years of Age to One Hundred and Fifty and For That More Intelligent Sort of Girl Who Likes Boys' Games and Books* (1913), Lenox 2006.

West, Philip/Suh Ji-Moon (Hrsg.): *Remembering the ,Forgotten War'. The Korean War through Literature and Art*, Armonk 2001.

Weiß, Alexander: *Ludologie, Arguing im Spiel und die Spieler-Avatar-Differenz als Allegorie auf die Postmoderne*, in: Tobias Bevc/Holger Zapf (Hrsg.): *Wie wir spielen, was wir werden. Computerspiele in unserer Gesellschaft*, Konstanz 2009, 49-63.

Weißmann, Karlheinz: *Das Hakenkreuz. Symbol eines Jahrhunderts*, Schnellroda 2006.

Weißmann, Karlheinz: *Schwarze Fahnen, Runenzeichen. Die Entwicklung der politischen Symbolik der deutschen Rechten zwischen 1890 und 1945*, Düsseldorf 1991.

Welzer, Harald: *Das kommunikative Gedächtnis. Eine Theorie der Erinnerung*, München 2002.

Welzer, Harald: *Das kommunikative Gedächtnis und woraus es besteht*, in: Michael C. Frank/Gabriele Rippl (Hrsg.): *Arbeit am Gedächtnis. Für Aleida Assmann*, München 2007, 47-62.

Wetta, Frank J./Martin A. Novelli: *,Now a Major Motion Picture'. War Films and Hollywood's New Patriotism*, in: Journal of Military History 67/3 (Juli 2003), 861-882.

Widerwärtig! DDR-Todesstreifen als Ballerspiel, in: BILD vom 29.09.2010.

Wiesenthal, Simon: *Doch die Mörder leben*, München und Zürich 1967.

Winkle, Ralph: *Der Dank des Vaterlandes. Eine Symbolgeschichte des Eisernen Kreuzes zwischen 1914 und 1936*, Essen 2007.

Wheeler, Richard: *A Special Valor. The U.S. Marines and the Pacific War*, New York 1983.

Winter, Jay: *Remembering War. The Great War between Memory and History in the Twentieth Century*, New Haven und London 2006.

Wood, Jim P.: *Aircraft Nose Art. 80 Years of Aviation Artwork*, London 1992.

Woodward, Bob: *Bush at War*, New York und London 2002.

Yates, Frances A.: *The Art of Memory*, London 1966.

Young, Peter/Peter Jesser: *The Media and the Military. From the Crimea to Desert Strike*, Houndsmill 1997.

Zimmermann, Olaf/Theo Geißler (Hrsg.): *Streitfall Computerspiele. Computerspiele zwischen kultureller Bildung, Kunstfreiheit und Jugendschutz*, 2. erw. Aufl., Berlin 2008.

VERZEICHNIS DER INTERNETRESSOURCEN

1378 (km), URL: www.1378km.de [Stand: 30.01.2012].

Aarseth, Espen: *Computer Game Studies, Year One*, in: Game Studies. The International Journal of Computer Game Research 1/1 (Juli 2001), URL: http://www.gamestudies.org/0101/editorial.html [Stand: 30.01. 2012]

Activision Blizzard ruft Wolfenstein zurück, 22.09.2009, in: Heise Online, URL: http://www.heise.de/newsticker/meldung/145712 [Stand: 23.09. 2009].

Ashcraft, Brian: *Nintendo Won't Release Holocaust DS Game*, 10.03.2008, in: Kotaku, URL: kotaku.com/365711 [Stand: 08.02.2012].

Bombshell Beauties, URL: www.bombshellbeauties.com [Stand: 18.02. 2011].

Canadian Heritage, URL: www.pch.gc.ca [Stand: 08.03.2011].

Trailer *CoD: World at War – BTS Audio*, in: Call of Duty – World at War, URL: www.callofduty.com/CoDWW/reconnaissance/videos#270 [Stand: 21.03.2011].

Conflict Simulation, in: King's College London, Department of War Studies, URL: http://www.kcl.ac.uk/sspp/departments/warstudies/people/professors/sabin/consim.aspx [Stand: 18.02.2012].

Crecente, Brian: *Anti-Defamation League Slams 'Fun' Holocaust Video Game as Horrific and Inappropriate*, 11.12.2010, in: Kotaku, URL: kotaku.com/5712163 [Stand: 08.02.2012].

Eintrag ,Dale Dye', in: IMDB, URL: www.imdb.com/name/nm0245653 [Stand: 19.02.2012].

Video *Dev Diary 1*, in: Brothers in Arms – Hell's Highway, URL: brothersinarmsgame.de.ubi.com [Stand: 19.02.2012].

Doolittle Raiders, URL: www.doolittleraiders.us [Stand: 12.12.2011].

Eisenhower, Dwight D.: *First Inaugural Adress*, 20.01.1953, in: The American Presidency Project, URL: www.presidency.ucsb.edu/ws/?pid =9600 [Stand: 19.02.2012].

Eternity's Child Creator Attempts to Tackle the Holocaust, 23.02.2008, in: Kotaku, URL: kotaku.com/360003 [Stand: 08.02.2012].

Falkenstern, Max: *Ausgelutscht. Diese Game-Szenarien sind längst aus der Mode*, 19.12.2010, in: PC Games, URL: www.pcgames.de/Panorama-Thema-233992/Specials/Ausgelutscht-Diese-Game-Szenarien-sind-laengst-aus-der-Mode-804313 [Stand: 05.01.2011].

Ferguson, Niall: *How to Win a War*, 15.06.2006, in: New York Magazine, URL: http://nymag.com/news/features/22787 [Stand: 09.01.2012].

Video *Fernsehwerbung zur Veröffentlichung von PS Vita*, 14.02.2012, in: Sony Playstation, URL: de.playstation.com/ps3/news/articles/detail/ item460454 [Stand: 01.03.2012].

Fischhaber, Anna/Fabian Reinbold: *Kritiker verdammen Mauer-Baller-spiel*, 29.09.2010, in: Spiegel Online, URL: http://www.spiegel.de/ politik/deutschland/0,1518,720281,00.html [Stand: 31.01.2012].

Gemeinsam für Deutschland – mit Mut und Menschlichkeit. Koalitionsvertrag zwischen CDU, CSU und SPD, 11.11.2005, in: CDU Deutschlands, URL: www.cdu.de/doc/pdf/05_11_11_Koalitionsvertrag.pdf [Stand: 30.01.2012].

Gillen, Kieron: *Defcon – Interview*, 18.01.2006, in: Eurogamer, URL: http://www.eurogamer.net/articles/i_defcon_pc [Stand: 28.07.2011].

Grundsätze der Unterhaltungssoftware Selbstkontrolle (USK), Stand: *01.02.2011*, URL: http://www.usk.de/fileadmin/documents/Publisher_ Bereich/2011-01-31_USK_Grundsaetze_ DE.pdf [Stand: 01.03.2011].

Hakenkreuze in Computerspielen: Debatte auf Bundesebene angestoßen, 30.11.2010, in: Reality Twist, URL: http://www.reality-twist.com/wp/ hakenkreuze-in-computerspielen-debatte-auf-bundesebene-angestosen [Stand: 23.09.2011].

Hoffstadt, Christian/Christian Roth: *Interview mit einem Entwickler von ,Defcon'*, 28.07.2008, in: postapocalypse.de, URL: http://postapo-calypse.simulationsraum.de/2008/07/28/200/ [Stand: 09.05.2011].

Iraqi Memorial, URL: www.iraqimemorial.org [Stand: 12.12.2011].

Making History, in: Muzzy Lane, URL: http://www.muzzylane.com/ml/making_history [Stand: 30.11.2009].

Trailer *Making History II – The War of the World*, in: Making History Gaming Headquarters, URL: http://making-history.com/products/making_history_ii_trailer [Stand: 30.11.2009].

Making History for Education, in: Muzzy Lane, URL: http://www.muzzylane.com/ml/making_history_ edu_features [Stand: 30.11.2009].

Mauerschützenspiel kurz vor Veröffentlichung, 09.12.2010, in: Focus Online, URL: www.focus.de/digital/games/ego-shooter-1378-km-mauerschuetzenspiel-kurz-vor-veroeffentlichung_aid_580211.html [Stand: 30.01.2012].

McWhertor, Michael: *Auschwitz Game Creator Yanks Wolfenstein Mod Amid Pressure*, 21.12.2010, in: Kotaku, URL: kotaku.com/5715739 [Stand: 08.02.2012].

McWhertor, Michael: *Sonderkommando Revolt. Concentration Camp Game Was Meant to Be Fun*, 10.12.2010, in: Kotaku, URL: kotaku.com/5711317 [Stand: 08.02.2012].

Trailer *Medal of Honor – Director's Edition*, in: Gametrailers, URL: www.gametrailers.com/player/2153.html [Stand: 29.02.2012].

Trailer *MoH: Airborne C47*, in: Medal of Honor – Airborne, URL: http://games.ea.com/moh/airborne/home.jsp [Stand: 21.03.2011].

Overview, in: Necrovision, URL: www.necrovision-game.com/html [Stand: 21.04.2011].

Pappu, Sridhar: *No Game About Nazis For Nintendo*, 10.03.2008, in: New York Times, URL: http://www.nytimes.com/2008/03/10/technology/10nintendo.html [Stand: 08.02.2012].

Powell, Colin: *U.S. Secretary of State's Address to the United Nations Security Council*, 05.02.2003, in: The Guardian, URL: http://www.guardian.co.uk/world/2003/feb/05/iraq.usa [Stand: 10.12.2010].

Presserklärung der UOKG, 29.09.2010, in: Union der Opferverbände Kommunistischer Gewaltherrschaft, URL: www.uokg.de/cms/attachments/2010-09-29_PM_UOKG_Game-1378km-Brutalisierung-der-Gesellschaft.pdf [Stand: 20.02.2012].

Presserat missbilligt BILD-Berichterstattung, 17.12.2009, in: Staatliche Hochschule für Gestaltung, URL: http://www.hfg-karlsruhe.de/news/presserat-missbilligt-bild-berichterstattung.html [Stand: 30.01.2012].

Pyle, Richard: *Helene Deschamps Adams, 85, daring French Spy, Rescuer in WWII*, 21.09.2006, in: The Boston Globe, URL: http://www.boston. com/news/globe/obituaries/articles/2006/09/21/helene_deschamps _adams_85_daring_french_spy_rescuer_in_wwii [Stand: 10.02.2011].

Red Baron Pizza, URL: www.redbaron.com [Stand: 30.08.2011].

Red Baron Restaurants, URL: www.redbaron-airport.de [Stand: 30.08. 2011].

Rick Giolito of Electronic Arts and Dale Dye. Interview, 15.02.2002, in: Eurogamer, URL: www.eurogamer.net/articles/i_mohassault [Stand: 19.02.2012].

Schnittbericht Wolfenstein, o.Dat., in: Schnittberichte, URL: http://www. schnittberichte.com/schnittbericht.php?ID=5982811 [Stand: 23.09.2009].

Silent Hunter 5: Ubisoft ruft Collector's Edition zurück, in: Golem, URL: http://www.golem. de/1003/73776.html [Stand: 18.03.2011].

So widerwärtig! Die Morde am Todesstreifen als Online-Spiel, 28.09.2010, in: bild.de, URL: www.bild.de/news/2010/news/computergame-simu- liert-todesschuetzen-grenzsoldaten-fluechtlinge-14115618.bild.html [Stand: 30.01.2012].

Special Operations Warrior Foundation, URL: www.specialops.org [Stand: 09.03.2011].

Telefilm Canada, URL: www.telefilm.gc.ca [Stand: 08.03.2011].

Umstrittenes Computerspiel zum Schießbefehl, 29.09.2010, in: Welt Online, URL: www.welt.de/wirtschaft/webwelt/article9945340/Umstrittenes- Computerspiel-zum-Schiessbefehl.html [30.01.2010].

Unterhaltungssoftware Selbstkontrolle, URL: www.usk.de [Stand: 17.11. 2009].

Wildgruber, Max: *Reality Twist rüttelt am Hakenkreuzverbot*, 10.12.2010, in: IGN De Edition, URL: http://de.ign.com/articles/news/7729 [Stand: 23.09.2011].

Histoire

THOMAS ETZEMÜLLER
Die Romantik der Rationalität
Alva & Gunnar Myrdal –
Social Engineering in Schweden

2010, 502 Seiten, kart., zahlr. Abb., 35,80 €,
ISBN 978-3-8376-1270-7

BETTINA HITZER, THOMAS WELSKOPP (HG.)
Die Bielefelder Sozialgeschichte
Klassische Texte zu einem
geschichtswissenschaftlichen Programm
und seinen Kontroversen

2010, 464 Seiten, kart., 25,80 €,
ISBN 978-3-8376-1521-0

BERND HÜPPAUF
Was ist Krieg?
Zur Grundlegung
einer Kulturgeschichte des Kriegs

Februar 2013, ca. 180 Seiten, kart., 19,80 €,
ISBN 978-3-8376-2180-8

Leseproben, weitere Informationen und Bestellmöglichkeiten
finden Sie unter www.transcript-verlag.de

Histoire

OLIVER KÜHSCHELM, FRANZ X. EDER,
HANNES SIEGRIST (HG.)
Konsum und Nation
Zur Geschichte nationalisierender
Inszenierungen in der Produktkommunikation

März 2012, 308 Seiten, kart., zahlr. Abb., 31,80 €,
ISBN 978-3-8376-1954-6

ANNE KWASCHIK, MARIO WIMMER (HG.)
Von der Arbeit des Historikers
Ein Wörterbuch zu Theorie und Praxis
der Geschichtswissenschaft

2010, 244 Seiten, kart., 23,80 €,
ISBN 978-3-8376-1547-0

SARAH ZALFEN, SVEN OLIVER MÜLLER (HG.)
Besatzungsmacht Musik
Zur Musik- und Emotionsgeschichte
im Zeitalter der Weltkriege (1914-1949)

September 2012, 336 Seiten, kart., 32,80 €,
ISBN 978-3-8376-1912-6

Leseproben, weitere Informationen und Bestellmöglichkeiten
finden Sie unter www.transcript-verlag.de

Histoire

**Leseproben, weitere Informationen und Bestellmöglichkeiten
finden Sie unter www.transcript-verlag.de**